名师在研修中成长

MINGSHI ZAI YANXIU ZHONG CHENGZHANG

广元专家型名师培养实践

《名师在研修中成长》编委会／编

西南師範大學出版社
国家一级出版社 全国百佳图书出版单位

图书在版编目(CIP)数据

名师在研修中成长：广元专家型名师培养实践 /《名师在研修中成长》编委会编. — 重庆：西南师范大学出版社, 2020.7
ISBN 978-7-5697-0249-1

Ⅰ. ①名… Ⅱ. ①名… Ⅲ. ①师资培训－研究 Ⅳ. ①G451.2

中国版本图书馆CIP数据核字(2020)第133587号

名师在研修中成长

——广元专家型名师培养实践

MINGSHI ZAI YANXIU ZHONG CHENGZHANG
GUANGYUAN ZHUANJIA XING MINGSHI PEIYANG SHIJIAN

《名师在研修中成长》编委会 编

责任编辑：罗 勇
责任校对：畅 洁
封面设计：闰江文化
排 版：张 祥
出版发行：西南师范大学出版社
网 址：http://www.xscbs.com
地 址：重庆市北碚区天生路2号
邮 编：400715
电 话：023-68254353
经 销：全国新华书店
印 刷：重庆荟文印务有限公司
幅面尺寸：170 mm×240 mm
印 张：22.5
字 数：398千字
版 次：2020年7月 第1版
印 次：2020年7月 第1次印刷
书 号：ISBN 978-7-5697-0249-1

定 价：68.00元

《名师在研修中成长》编委会

春风化雨　静待花开

广元市教育局局长　杨松林

教育是国之大计，党之大计。教育大计，教师为本。为全面实施“科教兴市，人才强市”战略，2013年下半年，广元市人民政府下发了《关于实施名师工程的意见》，市教育局为全面落实文件精神，相应出台了各项配套文件。2014年起，启动广元名师选拔培养工作，实施“搭平台、施培训、做示范、创风格”策略，全面建设教师队伍，尤其重视对广元名师和学科带头人的全方位培养，以期造就一批教育教学领航人。

搭平台。有了舞台，梦想就容易绽放。为了使广大名师发挥作用，我们制订了“广元名师工作室”制度。凡被评选上的广元名师，根据个人专业能力，可牵头成立名师工作室。广元名师作为名师工作室主持人，有相对独立的工作环境和设施，每个名师工作室由1名主持人、6~8名骨干教师组成。在主持人的带领下，开展常规性学习、研讨等活动，让广元名师有平台展现自己的才能，带动其他骨干教师成长。

施培训。荀子曰：“学不可以已。”新的知识、新的技术、新的观念层出不穷。作为一名教师，如果不学习、不接受新的东西，怎么能很好地传道、授业、解惑呢？要想使广元名师成长为教育型专家、教育教学领航人，对其加大培训是必须的。我们从基层到高层设计并实施了名师通识性培训、学科专项技能培训、高校高级研修，到我国教育发达地区进行名校名人跟岗研修培训等，力图让广元名师在理论和实践上通过专家指点，提高个人教育教学水平。

做示范。教育家叶圣陶说过：“行为知之始，知为行之成。”有了新的理念、新的理论以及名家指点，并且将这些理念变成自己的真知灼见，提高自己的教育教学水平，从而形成广元名师自己的风格，实现广元名师带骨干教师的目的。名师根据自身特长，结合培训所学，给名师工作团队成员、学校教师、社会群众做专题讲座，上示范课，指导课题（论文）研究与写作。不仅广元名师主动联系薄弱学校，定期组织工作室成员送教到其他学校，而且市教师培训中心每年均设计项目，也组织广元名师下基层学校，开展示范引领活动。

创风格。一位名师要有深厚的理论功底和扎实的课堂教育教学驾驭能力，要想得到同行认可和让学生满意，必须在自己的教育教学实践、探索中形成自己独特的教学理论及风格，让自己成为一面旗帜，带动一所学校、一个地域的同行学习与实践。在培养名师过程中，广元师培部门在“专家引路、名师实践示范”的基础上，要求名师从教育教学过程中的小问题入手，挖掘问题根源，探索问题实质，提出问题解决的方法，从而形成小论文、小课题的写作与研究，在得到问题探讨解决策略后，逐步培养名师进行专项论文调研、思考与写作，最后引导名师进行教育教学的课题研究，形成自己的特色与风格。提炼个人风格是一个对理论深入学习消化、实践示范自我反省纠正、归纳总结提升的艰苦历程。跨越了这个历程，名师成长为一位专家型、学者型大师就指日可待，个人的教育教学风格也就能够初步形成。

正如习近平所说：“一个人遇到好老师是人生的幸运，一个学校拥有好老师是学校的光荣，一个民族源源不断涌现出一批又一批好老师则是民族的希望。”教师是教育事业的关键，只有不断加强教师队伍建设，强化一线教师的培养与培训，才能让更多教师成长为优秀教师。只要树立标杆，引领示范带动教师队伍整体素质提高，便会一路花开。我深信会有更多好老师在广元扎根，让广元的孩子在家门口就能受到优质教育。

2020年5月

（作者简介：杨松林，中共广元市委教育工委书记、广元市教育局党组书记、广元市教育局局长、四川省教育学会副会长）

CONTENTS

目 录

第四章

理论探讨与课题研究

第五章
成长案例

Chapter ❶

第一章

广元名师专项培养设计与实践概述

广元名师专项培养研修方案

浙江师范大学 〇 杨光伟

广元市教师培训中心 〇 程勇

一、指导思想

根据《国家中长期教育改革和发展规划纲要(2010—2020年)》及《基础教育课程改革纲要》等要求,遵循名优教师专业发展的客观规律,以《中小学教师专业标准》为导向,以“理论引领、实践浸润、反思提炼”为培养路径,以“全面提升教师教科研核心素养”为培养方向。坚持思想性与专业性相结合,既加强师德和专业理念教育,激发教师发展动力,又遵循学科教学规律和教师学习规律,提高教师专业能力;凸显理论性与实践性相结合,既注重理论知识学习,又注重帮助教师在实践中改进技能和方法;注重适应性与引领性相结合,既适应教师现实需求,又突出研修内容对教师专业成长的引领。定位高端性,凸显个性化,缩短名优教师的成长周期,促进广元市中小学教师队伍建设,推动广元市基础教育的进一步发展。

二、研修目标

1.总目标

基于深化课程改革的时代背景,针对名优教师专业发展的内在需求,通过主题式培训,以教育理念的转变为核心,逐步提升培养对象的教育教学水平、教育管理能力和教学研究能力，培养和打造一支师德高尚、理念先进、教学艺术精湛、个性鲜明、研究成果突出、在省市内外有“专业影响力”的名师队伍，助其从优秀走向卓越，从而成为广元市实施素质教育、开展课程改革的中坚力量。

2.具体目标

(1)更新职业理解和学生发展认识，提高在学科教学中践行师德的能力。

(2)了解国内外教育发展、课程改革、课堂转型的最新动态与趋势，更新知识结构。

(3)深入理解学生学习的规律和方法，优化教学设计，创新教学实践，提高教学水平，形成富有独特个性的教育教学艺术。

(4)掌握学科教学研究方法，提炼教学经验和特点，提高教学研究能力。

三、研修内容

(1)教育教学理论：当代世界基础教育课程现状与改革发展的趋势；基础教育改革的基本走向以及问题与对策；教师专业发展与教师综合素养探讨；新课程实施中的若干问题探讨；校本课程的开发与开设；新课程课堂教学策略与教学评价的创新与实践；等等。

(2)现代教育技术：现代教育技术发展的趋势及其在中小学的应用；在新课程教学中运用现代教育技术的实践及其相关问题分析；当代微课资源建设与智慧教育；等等。

(3)教育科学研究：教育研究的一般理论与方法，主要包括课例研究、调查研究、观察研究、行动研究等。

(4)综合实践与应用：在导师的指导、带领下，研修班学员将学习成果综合运用到工作实践中，提高解决实际问题的能力，逐步形成个人的教育教学特色和风格。

四、培养人数

广元市中小学名师50余人。

五、研修模式与培养方式

本项目研修周期为两年，每年集中培训两次(每次集中培训一周左右)。研修模式以“集中学习+跟岗实践+在岗研修”为主，采用导师帮带、基地实习、自主学习等方式进行。

（1）导师帮带：为学员配备理论导师与实践导师，针对学员的个性化发展规划开展指导工作。理论导师队伍由浙江师范大学教授、副教授（具有博士学位）或报纸、杂志主编等专家担任；实践导师队伍聘请省内特级教师担任。

（2）基地实习：学员的实践导师所在学校或工作范围内重点学校即为实习基地学校。在培养周期内，实践导师在基地学校安排学员集中跟岗实践一周左右，带领学员参加具有一定影响力的教学研讨活动两次，每次2～3天。

（3）自主学习：培养期间，所有学员必须制订“个人发展规划”，并据此建立自我研修档案。在导师指导下，自主研读教育教学理论专著、核心期刊论文，自主开展课题研究，独立撰写研究论文。

六、课程计划

主题一：明确价值导向，提升教育理念			
研修阶段	课程内容	课时	授课形式
第一阶段 共计5天	集中学习5天		
	项目启动仪式及研修说明等	3	项目组组织
	师德规范与践行策略	3	专题讲座
	模范教师师德报告（功勋教师）	6	专题讲座
	现代课程理念	6	专题讲座
	职业发展规划探讨	3	交流互动
	积极心理学与教育	3	专题讲座
	师生关系与关爱学生案例研修	6	案例探讨
	在岗研修1		
	为开题做准备：撰写课题研究开题报告	8	导师指导
	教育理论著作选读（导师推荐）	6	自主研修
	远程学习导师指定的课程（选修）	2	自主研修
主题二：提升科研能力，促进专业发展			
研修阶段	课程内容	课时	授课形式
第二阶段 共计5天	集中学习5天		
	理论导师聘任及个性化发展规划指导	3	项目组组织

续表

研修阶段	课程内容	课时	授课形式
第二阶段 共计5天	中小学教师教育研究的现状及对策	6	专题讲座
	如何做文献综述	3	专题讲座
	教师论文的写作与投稿技巧	3	专题讲座
	学员读书沙龙	3	交流互动
	如何进行教育调查	3	专题讲座
	课堂教学误区及其矫正	6	专题讲座
	教研员论坛:科研素养提升	3	交流互动
	在岗研修2		
	导师指导课题研究,撰写教学论文	8	导师指导
	核心期刊论文研读(导师推荐)	6	自主研修
	远程学习导师指定的课程(选修)	2	自主研修
主题三:关注教育热点,拓展教育视野			
研修阶段	**课程内容**	**课时**	**授课形式**
第三阶段 共计5天	**集中学习5天**		
	国内外课程改革的趋势	6	专题讲座
	高考改革背景下的走班教学	3	专题讲座
	“互联网+”背景下的学校教育	3	专题讲座
	校本课程的设计、组织与开发	6	专题讲座
	学校教学中的法律风险与规避	3	专题讲座
	微课设计与同课异构	3	交流互动
	有效教学的标准与实施	3	专题讲座
	特级教师论坛:领导教学变革	3	交流互动
	在岗研修3		
	发表论文、参加论文评比、申报研究课题	8	导师指导
	学科教学理论著作选读	6	自主研修
	课题研究答辩准备	2	自主研修
主题四:丰富实践经验,凝练教学风格			
研修阶段	**课程内容**	**课时**	**授课形式**
第四阶段 共计8天	教学实践活动(跟实践导师一起备课、听导师上课、到导师所带班级试教、与导师一起评课、写跟岗日志等)	24	跟岗实践

续表

研修阶段	课程内容	课时	授课形式
第四阶段 共计8天	4所名校参观访学	12	交流访学
	教学成果汇报课	6	示范公开课
	学术成果汇报	6	学术讲坛
合计23天		186	

七、研修成果

所有学员完成达到教育硕士学位论文水平与质量的课题研究论文1篇(2万字以上),且须通过专家组答辩;在培养期间确保在中文核心期刊上公开发表教学论文至少2篇,或在地市级及以上教科规划课题或教研课题立项1项,或完成达到出版要求的学术专著1部。

八、培训项目与培训团队

浙江师范大学继续教育学院承接广元市中小学名师培养研修项目,每个项目组班人数为50人。

实行“首席教师”负责制。每个项目配备一名有正高职称、在学科教学领域内有较高专业水准与声誉的专家学者作为“首席教师”,全面负责培训设计、实施、总结等专业工作。首席教师全程参与和指导培训活动,对培训质量全面负责。

实行“双导师”制。每个项目为青年骨干教师配备理论导师与实践导师,以加强对学员的全程指导。理论导师队伍由浙江师范大学教授、副教授(具有博士学位)或报刊主编组成;实践导师队伍由省内特级教师组成。

实行“双班主任”制。每个项目配备正副班主任。正班主任负责培训的管理等日常工作,副班主任负责培训的考勤、纪律以及生活等事务。

实行“学术助理”制。为参训教师配备教师教育学院研究生,担任学术助理,帮助教师搜集资料,并全程参与教师的项目研究。

广元名师专项培养研修实施方案修正

○ 广元市教师培训中心项目实施组

广元市教师培训中心按照市教育局《关于举办广元名师专项培养研修班的通知》(广教函〔2017〕271号)安排,已顺利开展第一期主题为“明确价值导向,提升教育理念”的培训。为确保该项工作的针对性与实效性,浙江师范大学广元名师专项培养研修班项目组根据广元名师现状,建议对专项培训方案中的培训方式做部分调整。我中心认为这些调整建议有利于培训目标的实现,特报请市教育局研究。

关于项目实施方式调整的建议如下:

(1)建议为每名学员安排“双导师”。我市原培训方案设计为单纯的集中培训。浙师大建议我市参照“绍兴名师”培训方案,为每名参训学员聘请一名“理论导师”和一名“实践导师”,按照学员学科组建6个学科导师指导组,对参训学员现状与个性发展进行研究与诊断。“双导师”根据调研结果实行“一对一”专职指导和个性化培养。

我们研究后认为,实行“双导师”制,在对参训学员进行全方面调研诊断后,进行“一对一”的精准化、个性化培训,能较好地达到培训效果,可以实行。

(2)建议来广元开展集中培训。我市原培训方案设计4次培训均在浙师大进行。浙师大建议组织培训专家、导师到广元开展2次培训,可以节约学员差旅费用。

我们研究后认为，到广元开展培训，虽然可以让其他非项目对象教师参加，并节约学员差旅费，但专家、导师到广元的差旅费、接待费用我方承担得较多。我们建议：可以在浙江培训3次，“教学风格形成”的实践环节可以在广元进行，以利于专家到课堂开展诊断。

(3)建议开展“名师专项培养科研课题”项目。浙师大研究我市系统培训方案后认为，两年后参训学员要实现“两提高两形成”，建议启动针对全体培训学员的“专项培养科研课题项目”，各学员或共同或个人申报开展课题培训。

我们认为，该措施在浙师大“绍兴名师”培训中实施效果明显，我市可以进行，具体工作由市教科所开展。

东风掀起垂杨舞　更作荷心万点声

——第一期广元名师专项培养实践与成果

广元市教师培训中心 ○ 程勇

为了全面提升广元市中小学名师的教育教学水平、教育管理能力和教学研究能力，培养和打造一支师德高尚、理念先进、教学艺术精湛、个性鲜明、有专业影响力的广元名师队伍，2016年下半年我市开始启动“第一期广元名师专项培养”项目，迄今已告一段落。在此期间，通过聆听教育专家的报告、讲座和参加驻校研修以及沙龙研讨等活动，参训人员开阔了视野，增长了见识，教育教学水平得到提高，教育观念得到更新，教育科学理论得到发展，达到了预期效果。现将项目实施情况具体汇报如下。

一、深刻领悟，科学规划

1.项目规划设计

2016年，市教育局领导指示：设计教师培训项目必须具有针对性、连续性、有效性。市教师培训中心深刻领悟领导指示精神，积极构思方略，拟定专项培养方案，得到领导认可。2017年初，根据年度培训项目安排，市师培中心启动项目设计工作，先后与浙江师范大学、陕西师范大学、西南大学、四川师范大学等高校联系，邀请各高校根据我们的培训目标设计培训方案，最后浙江师范大学以“指导思想明确、项目思路清晰、主题安排合理、综合性价比高”的优势获得项目的承办资格。

2.培养模式确认

本项目研修培训周期确定为两年，自2017年至2019年，每年度组织集中培训两次，每次集中学习一周左右。研修模式以“集中学习+跟岗实践+在岗研修”为主，采取导师帮带、基地实习、自主学习等方式进行。既注重对名师的师德修养、教育理念、教育技术等通识性培训，又结合不同学科、不同学段，为名师聘请了浙江师范大学教授、副教授以及浙江省内教育理论界专家等担任理论导师，同时聘请了浙江省特级教师、名师担任实践导师，开展具有针对性的个性化指导，实行双导师制。培养期间，所有学员必须按要求制订个人发展规划，并据此建立自我研修档案。在导师指导下，学员自主研读教育教学理论专著、核心期刊论文，自主开展课题研究，独立撰写研究论文。

3.领导亲临指导

不论是项目设计规划，还是项目实施，市教育局局长杨松林、副局长谢正臣都全程参与指导，修改培训方案，提出具体要求，并与项目首席专家杨光伟老师沟通交流，商讨项目实施办法。

承办单位浙江师范大学领导高度重视广元师训项目，浙江师范大学继教学院原副院长吕关心、生化学院副院长陈烽等领导也都亲自参与培训项目的过程监管和实际指导。

二、分段实施，循序提升

本项目培训分五个阶段进行，坚持以理论引领、实践跟进、循序渐进、逐步提高的原则开展工作。

第一阶段（2017年7月14日至21日）：提出培训目标，明确价值导向。

7月14日，在广元为研修班举行动员会，广元市教育局党组书记、局长杨松林亲临会议并发表重要讲话，要求广元市名师带着宽阔的胸襟、广阔的视野去学习“浙派”名师先进的教育教学理念，提高广元名师的自身素质。同时，他提出力争通过两年的连续性培训提高广元名师人文素养和学科专业能力，实现逐步形成具有个人特色的有效课堂教学模式和形成个人教育教学理论的“两提高两形成”目标。

7月15日，简短的开班典礼后，以明确名师价值导向的集中学习任务开始了。

全国模范教师、温州瓯海中学郑小侠老师做了题为“创造和谐的师生关系，享受幸福的教育生活”的讲座。

浙江省义乌中学省特级教师、全国劳模吴加澍做了题为“从优秀到卓越——谈教师的三项修炼”的讲座。

浙江省东阳市教育局基教科科长、教科所所长沈兵做了两堂精彩的讲座。

第二阶段(2017年11月6日至12日)：提升科研能力，促进专业发展。

研修过程中，按照规划实施“聘请导师、互动答辩、跨市名师交流、听专家讲座、参访名校、思考自身课题”的培训策略，即聘请理论导师、实践导师，实行双导师制，导师与学员互动答辩解决学员科研课题中存在的问题，指导学员做课题，浙江绍兴市名师与广元名师跨市结对交流，听取专家就如何撰写教研论文，如何进行论文投稿，如何制订专业发展规划等主题讲座。

在本次培训基础上，学员按专家指导，思考教育科研的本质，厘清思路，撰写课题报告，进行课题研究。学员在研究过程中遇到困难可以随时获得导师的指点与科研助理的帮助。

第三阶段(2018年3月23日至4月1日)：丰富实践经验，凝练教学风格。

该阶段跟岗研修培训：按照跟岗培训计划，50名学员按学科被安排到浙江师范大学附中、杭州高级中学、金华五中、绍兴市第一中学等19所名校，近距离与浙江名师、实践导师学习交流一周，同实践导师一起备课、上课，参与导师的团队教研、专著组稿及送教等交流活动。

第四阶段(2018年11月4日至10日)：关注教育热点，拓展教育视野。

该阶段培训主要涉及教育热点及学校教育教学变革。宋教授告诫名师们：教师要依法执教、依法管理、依法处理违纪学生，教师要加强学生的“预防被害”教育，教师也要学会用法律武器保护自己。

浙江师范大学博士生导师张立新指出，信息技术驱动下的教育变革要求教师功能重新定位，教师必须进行转型。

根据安排，名师们从金华赴绍兴，参访“课改及信息技术应用先进学校”柯桥区实验中学和绍兴市第一中学，听取了校长“从‘统一’走向‘定制’”的报告。柯桥区实验中学利用信息技术进行的“四学”教学改革，以及其作为百年名校的校园文化、培养的社会名流、历年的高考成绩给名师们留下了深刻的印象。

第五阶段(2019年3月至7月):总结提炼,展示成果。

参训学员根据项目规划从本学期开始着手总结提炼培训,重温丰富的历程,回味精彩的讲座,书写培训收获,思索未来行程。收集参训学员的全部总结材料和培训后的成果汇报材料。本阶段安排了培训总结提炼、成果展示、课堂教学展示、专家指导、后续培养工作安排等内容。

三、感悟真切,效益显著

市教育局领导的高度关注,浙师大领导、专家的科学筹划和精心组织,以及严格执行规划是培训成功的关键。浙江专家、名师的敬业精神和人格魅力激励着广元名师不断奋进,思考未来个人的成长、学校教育的发展。

培训期间,参训学员将所学所见及时运用于自己的教育教学实践和人生规划中,见效明显。广元中学参训学员李现文老师在2018年广元名师考评总结会上说:"了解到跟岗导师包建新比自己还年长两岁,他不仅要上语文课、任学校副校长、管理一个高中年级,还发表论文多篇、著书两部、办专题讲座,我真要重新起步,不断前行。"旺苍县英萃中学参训学员赵洪波老师在总结中说道:"从教育思想到教育情怀,从课堂教学到课题研究,从课程开发到教学改革,每一次评课都是一次思想的碰撞和融合,每一次交流都是一次心灵的沟通和理念的传递。"利州区西城中学参训学员黄勇校长谈到专项培养时说:"让我们收获了许多先进而又实用的教学方法及学校管理经验,开阔了视野,更新了理念,让我在每次培训后的返校工作中,学思践悟,不断提升。"利州区教研室参训学员解学英老师在总结中谈道:"两年的集中培训虽已结束,但我的研修学习永远在路上……重塑我的学科教学观,向浙江名师学习,树立教育的理想和信念,提升教育的爱与智慧,为利州师生阅读和英语学科教学质量更上一层楼贡献自己的力量!"青川县关庄中学参训学员王海蓉老师总结道:"在两年的培训中,至少让我收获了五个'得到':一是教学理念得到了提升;二是自身素质得到了全面提高;三是教学方法得到了极大改进;四是教学效果得到了明显进步;五是教学资源库得到了进一步丰富。"参训的每一位学员都从培养中有所收获,开始思考和探索个人的教育教学改革,个人的教育教学风格也逐步形成。学员基本达到了"提高广元名师人文素养和学科专业能力,逐步形成具有个人特色的有效课堂教学模式和形成个人教育教学理论"的双重目标。

经初步了解和统计，参训学员于2017年9月至2019年3月在科研立项、结题，论文发表，教育教学获奖等方面的成果呈井喷式增长，基本转变了“做课题难、发表文章不易”的思想观念。其间，参训学员立项或结题课题人均2项（其中省级以上课题11项）；在各类报刊发表论文人均3篇（其中教育重点刊物30篇）；获得各级各类教育教学奖励人均2项（其中省级三等奖以上有40余项次，省级一等奖以上6项次以上）。参训学员孔祥平、何凯让、祖金祥、杨小芳、曾蓉等在课题研究、论文发表、课堂模式构建等方面积极性高、成效显著。参训学员李春燕、谭平、石晓燕、王海蓉、徐守丽等在条件艰苦的情况下同样参与到教学科研与课堂改革中。参训学员凡晏清、吴晓东、黄大兆等被评选为广元市第三批名师；李现文、任勇、尹华松等被评为广元市第九批科技拔尖人才；佘维学、宋伏建、任勇、刘廷平、陈东海、李正生等被评为特级（正高级）教师。

四、反思过往，砥砺前行

一年一度的师培工作已经启动，如何增强师培工作的有效性，是我们师培部门必须思考的问题。虽然这次承办培训机构组织严密、安排科学，但有些方面还有待完善：一是师培部门和参训学员准备不够充分，未充分抓住这次培训安排的双导师制机会，未充分借鉴导师智慧来发展自己；二是跟岗研修交流平台的长期交流机制未有效建立等。在今后的培训中，我们要改进工作策略，从而进一步提高培训的实效性。

继续密切关注第一期专项培养学员的后期发展，继续强化其与浙江名师之间的联系，深层次开展一对一特色名师培养，把广元市名师锻造成为有一定影响力的学科卓越教师。坚持分学科、分类别进行研修，继续开展有针对性的连续性专项研修，让广元师培工作真正具有针对性、连续性、有效性，为广元教育培养更多优秀教师，为广元教师队伍能力的提高做出“师培人”的贡献！

桃李春风日，花开正当时

——“广元名师专项培养计划”浙江师范大学研学班班委总结

苍溪县教研室 ◎ 孔祥平

正是江南好风景，落花时节又逢君。在这草长莺飞、群芳吐艳的日子里，我们迎来了名师的聚会，这次聚会是期望，是盛宴，是体会，更是思想的洗礼。我有幸担任第一期广元名师专项培养计划培训班的班长，深感荣幸。下面，我代表班委把培训期间所做工作做简要汇报。

一、服务与情感同在

2017年7月14日，根据市委、市政府“四名工程”要求，广元市50余位名师远赴浙师大开启名师专业成长的两年4期专项研修之旅。培训中，我们坚持“合作、共享、共赢”的服务理念，组建了班委，分工明确，责任到人，保证本次培训在学习、管理、宣传、成果等方面的高效性。具体工作如下：

一是做好培训服务工作。学习培训前班委们积极参与浙师大、师培中心关于本次培训内容的讨论、分组的设置、跟岗学校的选择标准、宣传报道的要求、成果展示等具体事宜，并对其进行思考和提出建议。培训中，班委们建章立制，制订各项学习与管理制度，带头学习。

二是做好协调与沟通工作，加强学员与授课教师、学员与学员之间的交流和互动。学员之间增进了解，为名师今后探讨教育教学中遇到的一些问题与困惑提供交流平台。

三是组织好宣传工作，及时汇报学员的学习、思想、感悟和收获。培训期间，共计发布简报26期，规定每期培训都要出6期以上的简报，每个县区名师轮流撰写，每次集中总结汇报简报一份。在《广元日报》、《环球时报》、《教育导报》、四川教育在线等媒体，或者省市县教育官方网站发布广元名师工程培训活动。

二、历练与收获共生

两载岁月，历练与快乐同在，成长与收获共生。两年浙师大研修，我们相约春夏秋冬，逐梦的路途虽然千里，取经的初心却是依然不改。始于足下的是实实在在的丰盈的收获，不枉短暂而又漫长的40天时间，因为除了余杭的美好记忆，还有躬行施教的丰硕成果。

每一位学员都经历了一场灵魂的洗礼，找到了名师从优秀到卓越的路径：加强愿景修炼、学术修炼和心智修炼，加强德行和审美修养，提高人格魅力。成为有底气、有眼界、有根基的名师，不仅要敬业，而且要乐业，担负起沉甸甸的责任，不辜负“名师”的称号。

每一位学员都感受到浙江名校厚重的历史文化、先进的办学理念和管理过程的精心与精细，看到了各名校学科教研活动开展的有效性，以及在促进教师专业成长的过程中所开展的扎实有效的活动。学员们更感受到了名师敬业精业的精神，感受到了榜样的力量，并开始反思自我，努力向他们学习。

每一位学员都开阔了视野，更新了教育理念。教育的改变是一场革命。课堂改革是一场心灵的革命，也是一场理念和教育技术的革命，更是行为的革命。通过培训，我们学到了东部教育强省课程改革的先进理念和实践经验，先进而又实用的教育教学方法及学校管理经验，让我们在前进的过程中少走弯路，让我们的教育教学改革方向正确、实践有效。

三、学习与实践当先

回首两年的浙师大培训，班委均能带头学习，从未迟到早退，在跟岗学校中努力实践，兢兢业业，力争取得真经。特别是学习委员李春燕名师，虽然身患近20年的疾病，行走不方便，但仍然坚持学习，4次集中学习从未缺席，还不时拿起相机为大家留下难忘的瞬间。她还写下感人的心得体会——《生命以痛吻我，我要报之以歌》，这正是广元名师的追求，与学习同在，与初心同行。

四、关怀与恩情难忘

整个学习培训过程，我们全体学员都满怀感谢、感动、感恩之心。

感谢广元市教育局领导，是你们高瞻远瞩，为“培养广元教育的本土专家，让广元的孩子能在家门口上好学校，遇到好老师，享受优质教育资源”而深谋远虑、精心策划本次远赴浙江的研修之旅。杨局长临行前的嘱托言犹在耳，对广元名师发展的殷殷之情我们将铭记于心。

感动于广元市继续教育办公室、师培中心领导。启程之时的切切寄语，开班典礼上对研修提出的“两个提升、两个形成”的要求：“广元名师将发扬广元人精神，刻苦努力，精准研修，形成广派名师，服务广元教育。”殷殷期望，怎能忘怀？更感动的是你们提前谋划、精心筹备，两年四次几十天的不离不弃、形影相随。每一次讲座的相守，每一次游学的相伴，你们的责任和担当，你们的呵护与关怀，让每一位学员倍感温暖。你们辛苦了！谢谢您们！

感恩浙江师范大学以项目首席专家杨光伟主任为首的项目实施团队，事无巨细地为我们悉心安排，周全考虑。你们为我们提供舒心怡人的学习环境，精心设计的专项研修活动，为适应我市名师发展需求，因材施教。学员理论提升、教育科研指导、跟岗导师研修、研学返岗实践四个研修阶段的培训课程由浅入深，循序渐进。课程设计精彩纷呈、科学合理；游学活动贴近实际、学来可用；精心挑选的导师博学多识、胸藏万汇。不管是理论讲座还是研学跟岗，我们接收到的都是最前沿的教育理念，与时俱进的时代强音。专家、导师的新思想使我们的教育科研更具活力，更有水平，也更有力地引领广元教师向专业化、团队化发展，建立起可持续发展的教育科研生态环境。谢谢你们，让我们享受了教育前沿理论的饕餮盛宴。

锦字难书拳拳意，痴心不忘殷殷情。你们的将伯之助、殷切期望，我们将永远铭记于心，我希望广元名师的后期培训继续前进，创新培训方式，打造具有自我特色的卓越名师队伍，让名师都有自己的绝活。

Chapter ❷

第二章

专项培养学习活动纪实

芙蓉峰下情似火，婺州校园学如潮

四川省苍溪中学 ○ 祖金祥

广元市民盟烛光初级中学 ○ 史小红等

2017年7月14日上午8时30分，广元名师专项培养研修班赴浙江师范大学培训前动员会在广元市实验小学学术报告厅举行，会议由广元市教师继续教育办公室、师培中心主任程勇主持，广元市教育局党组书记、局长杨松林亲临会议并做重要讲话，他要求广元名师要带着宽阔的胸襟、广阔的视野去学习“浙派”名师先进的教育教学理念，提升广元名师素质。广元市继教办、师培中心副主任安仁玉同志强调研修的纪律要求。11时30分，在程勇主任带领下，50余名名师走进浙江师范大学，开启为期一周的研修学习。

7月15日上午8时30分，“广元名师专项培养研修班”开班典礼在浙江师范大学生命与化学学院三楼多功能教室举行，由浙江师范大学生命与化学学院副院长陈烽教授主持。

首先，浙江师范大学继续教育学院副院长吕关心做开班致辞并发表讲话，他介绍了浙江师范大学辉煌的办学历史和学院雄厚的师资力量，以及本次高级研修的目的、方式和方法，学院将尽全力为广元名师做好服务工作，完成名师培养任务和目标。广元市继教办、师培中心主任程勇对本次研修提出“两个提升、两个形成”的要求，希望广元名师发扬广元精神，刻苦努力，精准研修，形成“广派”名师，服务广元教育。最后，由生命与化学学院党委书记徐建鹏教授安排本次培训的相关服务，介绍了班主任杨东。

上午9时,我们迎来开班后第一堂课——浙江师范大学毛醒策教授的精彩讲座"国学文化与师德修养"。毛教授从解读国学的含义和背景入题,谈到儒道文化的区别与联系,旁征博引,谈古论今,贯通中西,让我们饱享了一场国学盛宴,让我们明白教师在传承传统文化中的使命感和责任感。

下午2时,天气酷热,但名师们学习热情高涨,顶着酷暑用脚步丈量与浙师大的距离,去迎接浙江名师的再次熏陶。

下午2时30分,全国模范教师、温州瓯海中学郑小侠老师带来专题讲座"创造和谐的师生关系,享受幸福的教育生活"。郑老师通过3个小时的讲座,彰显了名校精品教育的风采,一个个典型生动的教育教学案例和一张张感人至深的教学图片具体形象地展示了他如何成为学生的"宗教教主"——唤醒学生的梦想,点燃学生的激情,塑造一个又一个鲜活的生命。

7月的金华骄阳似火,但聆听大师讲座的我们却如饮甘霖。所有的名师如饥似渴,认真记录讲解要点,每个人都感悟颇深。在毛醒策教授的讲解中,我们进一步感受到国学的博大精深,让我们在国学的海洋中畅游并借用其精华加强对师德师风的培养;在郑小侠老师的分享中,我们感受到他如火的教育激情,感受到他对学生的无私关爱,敬佩他对教育事业的虔诚,也让我们对先进教育大省的教育教学工作有了更深刻的认知和感悟。这就是我们努力前进的方向,用更强的责任感和使命感,办让人民满意的教育,培养社会主义接班人。

顶酷暑勤修炼　携激情求发展

广元市剑门关高级中学 〇 黄大兆
青川县板桥乡上马小学 〇 徐守丽等

2017年7月16日是我们在浙江师范大学学习的第二天。天刚放亮,似火的骄阳激情四射地亲吻着远道而来的“取经者”。上午的学习还未开始我们就已汗流浃背,但不管热浪如何肆无忌惮,我们依然热情不减地投入到机会难得的学习中。正式上课时间未到,全体学员都已整齐地坐在教室里,静静等待着今天的培训。

上午,我们继续聆听浙江温州瓯海中学优秀班主任郑小侠老师热情洋溢、以事例为主的讲座——“创造和谐的师生关系,享受幸福的教育生活”。讲座主要涉及以下五个方面:①尊重学生的成长规律。他指出,人的成长是有规律的,从出生到18岁,什么时候开始识字,什么时候开始数数,什么时候开始叛逆,这些都是有规律可循的。在培养学生的过程中一定要遵循规律,循序渐进地引导他们成长。②研究应试的秘诀。郑小侠老师认为高考也是一种技能,其学习策略就是不断重复—抓住黄金知识点—把握好学习节奏,改变现有学段,安排抢跑式学习—抓住学习的黄金时间点(每天睡前半小时)回顾当天的学习内容—学习不欠账—学习速度快。③以全体学生为本。首先,以学生为本。教育教学关系中有三类角色:一是行政人员,二是教师,三是学生。教育教学应该以学生为主,但目前我们的现状却相反,学生没有真正的自主权。其次,以全体学生为本。教育教学是面向全体学生的,我们既要培养社会精英,也要促进社会阶层的流动。④以学生的终身发展为本。⑤教师的心态与自我完善。幸福是一种心态,教师的自我完善包括科学的时间管理、悦纳教育事业等。

下午,浙江省义乌中学退休物理教师、省特级教师、全国劳模吴加澍做了题为“从优秀到卓越——谈教师的三项修炼”讲座。吴老师认为,优秀教师的修炼是指教师的专业发展。第一次专业发展包括教学技能、教学经验、教学艺术,是教师走向成熟的阶段;第二次专业发展包括教学哲学、教育信仰,是教师追求卓越的阶段。吴老师具体从三个方面来展开:

(1)教师为什么要修炼。吴老师说,教师必须靠自身的修炼才有可能成为真正的名师,我们要像著名特级教师于漪老师说的那样:“我一辈子做教师,一辈子学做教师。”

(2)教师怎么修炼。教师的修炼要像清代诗人袁枚说的那样:“学如弓弩,才如箭镞。识以领之,方能中鹄。”其中的“学”和“才”指的是学术素养,“识”指的是思维方式,“鹄”指的是明确的目标。意思是说我们要不断提升自己的学术素养,在充满哲理的思维方式的引领下,向自己的奋斗目标努力前进。

(3)优秀教师的三项修炼。①愿景修炼:不断追求卓越。教师的成长如果仅靠外部激励机制(如评优晋级),那是走不远、提不高的,更重要的动力来自内在,源于教师的心态与追求。教师的职业心态有三种:一是从业,追求的是功利价值;二是敬业,追求的是社会价值;三是乐业,追求的是自我价值。很多人是混合心态,但最好的应该是乐业,它可以体现在工作中自得其乐,生活上知足常乐,对同事助人为乐。顾泠沅说过:“名师的产生就是追求卓越的结果。”②学术修炼:提升学术修养。教师应有底气、有眼界、有根基。其中最重要的是有眼界,即宽广的学科视域,也就是教师对所任教学科的内涵及本质的理解与把握。③心智修炼:学会哲学思考。教育哲学体现在教师的价值取向和思维方式上,它帮助我们理解教学理念,从而形成教学策略,指挥教学行为,影响教学效果。哲学思考最好的方法是“案例+反思”,要求对教学本源问题进行思考,主要包括为何教、为谁教、教什么、怎么教四个问题。

这两堂讲座让我们受益匪浅,感触颇深。在班主任工作中,我们要像郑小侠老师那样,做一个懂教学规律、懂学生心理、懂学生成长规律的智慧的班主任。郑小侠老师的故事告诉我们:一要有爱心,爱学生、爱教育、爱管理,只有“爱”才能创造出伟大的教育;二要有智慧,班主任工作是一项充满艺术的工程,没有智慧只有努力是做不好的;三要有激情,这是做好班主任工作的精神源泉,要用自己的激情点燃学生心中的信念,让他们在人生之路上豪情万丈。关键是持续不断的激情,只有持续的激情才能维系一位老师源源不断的爱心与奉献精神。特别要像郑老师说的那样“教育的精髓在垂范,做孩子鲜活的榜样”,这才是一个优秀班主任的职责所在。我们还要像吴加澍老师那样做一个睿智儒雅的哲学型老师。参加此次学习的是市级名师或正高级教师后备人员,都已经取得一定的成绩,但按吴老师的观点,这只是走过第一次专业成长之路,只能算是比较成熟的老师,离优秀的名师还有很远的距离。要想成为真正的名师,必须加强修炼,追求卓越,不负名师的责任与担当。我们像“小学生”一样虚心而虔诚地学习着,时而快速地记着笔记,时而发出会心的微笑,感受收获的喜悦和成长的快乐。

明洁身自爱是净　铸内外兼修之美

四川省旺苍中学 ○ 曾蓉
四川省剑阁中学 ○ 刘绍志等

2017年7月17日，浙江师范大学学习第三天，依旧艳阳高照，酷暑难耐。但是无人缺席，无人敷衍，课上跟老师积极互动，课下与老师热烈探讨，虚心求教，展示出了广元名师求学以进、不断提升的激情。

早起，我们穿过静美的青青草坪去教室，课间听蝉鸣交响乐，午餐享丰盛的美食，让人觉得学习不那么辛苦。今大吐苍和朝天的老师联合值日，为专注于授课的教师和认真听课的学员补注开水。更重要的是，今天的专家带给我们题为"转型期的社会道德问题与教师师德修养""名师的责任与担当"的讲座，优雅不失情趣，让人回味无穷，给人以积极的正能量，让人恨不得马上行动，做一名有道德的、有专业修为的优秀名师。

导师印象：蔡志良教授优雅沉稳，学识渊博，剖析问题深刻。他是浙师大硕士研究生导师，马克思主义一级学科思想政治教育专业硕士点负责人，国际儒学联合会会员，教育部"国培计划"专家库首批人选，浙江省伦理学会副会长，浙江省教育学会中学政治课教学分会副会长，浙江省教育学会德育管理专业委员会副主任……他虽集多种荣誉和头衔于一身，但谦和、优雅的气质，渊博的知识，宽阔的视野，对社会现象的深刻研究和忧患意识以及深沉的社会责任感令我们深深折服。绍兴市教育教学研究院成员莫国夫老师所做的讲座专业、朴实，案例翔实、讲解耐心。他那扎实的实战经验、无私的分享像一盏指路明灯，既提升了我们的理论涵养，又给我们指点了操作方法，带给我们当下最需要的专业发展实践操作策略。

课程收获：通过培训，我们提高了思想认识。

人的道德水平必然会受到社会道德环境的影响。转型期的社会道德问题：一是利字当头，见利忘义；二是自私自利，人伦丧失；三是诚信缺失，坑蒙拐骗，而且涉及范围广，影响程度深；四是漠视生命，危及生活；五是丢丑国际，形象严重受损。

正视问题原因，寻找最佳策略。转型期的社会道德问题突出的原因：一是多元价值并存引起道德困惑，道德相对主义与去道德化盛行；二是复杂的社会环境导致价值迷失；三是生活境遇带来道德隐患；四是利字当头，扭曲义利关系；五是过度竞争破坏人际关系和谐。

加强德行修养，提升人格魅力。教师的专业发展基于高尚的思想道德修养与深厚的智能素质。习总书记说："做好老师，要有理想信念，要有道德情操，要有扎实学识，要有仁爱之心。"增强理想信念，注重基础性修养，即以诚实守信为核心的为人之德，以责任为核心的为世之德，以爱国为核心的为民之德。守持核心价值观，秉承传统美德，传承优秀道德遗产。

注重风度仪表，提高审美修养。追求道德意识的高要求，道德行为的榜样性，道德影响的深远性，道德情感的纯洁性。拒绝不良诱惑，多交益友净友。掌握修养方法，提升道德境界。夯实德育理论，提高德育艺术。

名师的三种教育常识。教育首先是科学，其次是艺术。名师是靠一个完整的人的形象去工作；优秀的专业能力是一种高尚的师德。教育有一定的规律可循，不遵循规律，就是高耗低能，要用个人的人格魅力和天赋把教育变成一种艺术。好的教学不能停留在技术层面，而应来自教师自身的认同，内心的完整。

名师的四种武器：接地气，有视野，会研究，上好课。一课成名、只会写文章的老师是假优秀。名师要立足于自己的教学现场，立足于工作室成员的生命处境，要加强人文阅读、教育类阅读、学科阅读、专业发展的方向性阅读。会研究就是要重实效，求改进，问学理，有招数。课堂教学是教师的立身之术，要有工作室课堂研修的策划意识，倡导求真的课堂评论文化。

名师的生命格局修炼。名师要传承儒家“家国天下”的济世情怀,从存量思维转为增量思维,时刻准备着面向未来的U盘化生存。

课后反思:高山仰止,景行行止。松性淡如古,鹤情高不群。两位专家课堂讲解生动,提供的方法策略操作性强;同时又如醍醐灌顶,让我们感知自身的差距和提升的空间。

我深深体会到广元市委、市政府和市教育局给予我们的这个学习机会是十分宝贵的,我深刻明白名师的称号是基于高尚的思想道德修养与精深的智能之上的。这要求我既要仰望星空,又要脚踏实地,不断自我完善,努力成为广元名师团队中的优秀一员。

洁身自爱是净,内外兼修是美。在讲座中,两位专家都给我们开列了阅读书单,这是促进我们成长的良方。我们要坚持阅读,积极实践,修立身之德,握济世之才,重视生命的过程和质量,追求生命的终极价值,让我们一起前行吧。

深谋远虑构课程建设大格局
精耕细作谱办学质量新篇章

广元外国语学校 ○ 陈东海
广元市利州中学 ○ 伍小瑜等

从四川广元出发，远赴浙江金华，广元市名师、正高级教师后备人选连续性培训在浙江师范大学已经进行到第六天。室外烈日炎炎、蝉声阵阵，滚滚热浪逞威风；室内讲论声声、目光灼灼，殷殷学子展风貌。浙江省东阳市教育局基教科科长、教科所所长沈兵的两堂讲座“课程顶层设计与实施的问题及对策——区域性推进义务段学校课程建设的实践与思考”“东阳‘高质量’背后的区域有效教学实践”，深深吸引了在座的50多名参训教师。案例剖析、成果分享、经验交流、思想碰撞，一句句富有哲理的论断，一道道课程开发的大餐，淡去了38℃高温的暑热。沈老师上午的讲座主要分析课程顶层设计与实施的问题，提出相应的对策，然后介绍东阳市在课程顶层设计上的系统做法及思考。下午的讲座介绍东阳市近年的教育质量，以及高质量背后的六大举措，分别是：聚焦课程，向顶层设计要质量；真心减负，向规范办学要质量；每天60分钟，向阳光运动要质量；有效教学，向课堂40分钟要质量；借教育云，向“互联网+”要质量；抓牛鼻子，评价牵引绿色质量。沈兵老师既是东阳市教育局行政管理干部和业务部门领导，又是浙江师范大学教授。他的讲座内容更多的是他们教育局的工作思路和过程展示，事例丰富，娓娓道来，让我们在听故事的过程中感受到了东阳市教育局抓教育质量的点点滴滴，感受到了他们的务实求精，让我们深受启迪。

(1)教育管理部门,包括学校各处室,只有谋划工作用心,推进工作细心,组织管理精心,才能不负上级领导所托和广大学生家长所望,做出实实在在的成绩。东阳市新课程改革和教育质量能走在浙江省前列,离不开教育局局长、基教科科长、教科所所长等领导的高瞻远瞩和务实开拓。在课程开发中,不仅扎实做好顶层设计,还扎实抓好过程实施。他们的工作做得很细很实,比如课程开发先抓校长,强力推行;强力不是停留在发文件、喊口号上,而是制订出时间表和检查考核办法,局长亲自带头一个镇、一所学校地检查督促。又如抓新教师培训,是将全市新教师集中在一个地方,用一周至两周的时间,让新教师读一本教材、备课,让学科带头人、教坛新秀等骨干教师进行一对一点评、指导,然后回过头再读教材、再备课,整个过程实施军事化管理,让新教师脱胎换骨,效果显著。再如,促进教师专业成长也不是靠一纸空文,而是建设“三飞工程”,制订详细的实施方案和措施,重抓落实。这些工作不仅在全省树立起大家学习的榜样,而且快速地提高了教师的业务能力和师德修养,提高了教育质量。

(2)没有做不到,只有想不到;没有做不好,只有不愿做。沈老师身兼两个重要职务,行政事务及其他烦琐之事不少,可是我们看到的不是一个行政领导,而是一个学者、一个专家,他把大量的时间用在业务管理和具体的工作落实中,到一线,下深水,勤思考,细指导。他的细心、智慧创造了很多教育经验,取得了丰硕的成果。我们从事的工作不是什么高精尖,只要有责任心,做有心人,带着开创意识去思考、去开展工作,就没有做不好的。

(3)我行我思,我思我成。沈兵老师富有哲理的话语俯拾皆是,句句都闪耀着思想的光芒。谈到个人成长,他强调要“自我构建”,就是“吸纳别人的,唤醒自己的”,重新构建自己的认识体系,听别人的课,也要“听别人的,想自己的”;“智慧教师,精彩演讲”,教师要完善自己的语言媒介,使语言简洁、生动,富有启发性和示范性;“听课笔记看态度,现场评价看水平”,认真地听课评课,可以考量教师的能力;“上好一节课不算有水平,打磨一节课不算搞教研”“由磨一节课转向磨一类课,这就是教研”“由磨课转向磨师,这就是课改”,真正的“教研要科研化”,要有目标、有计划、有方案、有总结、有系统性;教学“真正的媒体是语言,教学效率低是因为语言表达能力差”,教师要修炼自己的语言;教师要认真对待每一堂课,要“把课堂当成礼堂,把讲台当成舞台”;教师也要注重自己的外在形象,适度地打扮自己。这些从实践中总结的经验,对我们的教学、教研具有很强的指导意义。

听大家讲课,如沐春风,时间在悄然流逝,思考却久久不止。沈老师的分享和阐述,启人心智,让我们豁然开朗;反观自省,差距立现。临渊羡鱼,不如退而结网,在以后的工作中我们要善于学习,勤于实践,努力提升自己的文化素养和专业素养,形成自己的教育风格和理论,为广元的教育发展贡献自己的智慧和力量。

相约浙师大　逐梦科研路

苍溪县东溪中学 ○ 谭平

2017年11月，参加广元名师专项培养研修的50余名教师在市继教办领导的带领下奔赴浙师大，再次踏上名师专业成长逐梦之旅，再度开启梦想智慧之门。

今天的教师不生活在未来，未来的学生将生活在过去。此次浙师大之行，只为探求提升名师教育科研能力之路径，寻求促成教师未来专业发展之良方。

11月7日上午8时30分，导师聘任仪式在浙师大会议厅举行。聘任仪式由陈烽副院长主持，杨光伟博士对学员发展现状做诊断分析，然后按学科学段分为五个组，每组的导师由学院的一位副院长、一位博士与一位一线名师组成。每个组的学员都与导师亲密合影，热情互动。

第五组学员与导师合影

分组完成之后，班主任杨东对培训内容做详细安排。最后，在广元市继续教育中心办公室程主任的寄语中，拉开本次以“课题研究、论文写作指导”为目标的研修序幕。

11月7日上午9时始，各小组学员与专家“零距离接触”，向导师“寻诊问药”；双导师以学员当前专业发展现状的诊断分析为依据，以学员自身专业发展痛点为切口，要求学员从现状剖析、课题开题和课题论证等方面进行研讨。导师在“问诊把脉”后，对学员的课题思考“痛点”进行“开药方”，让学员顿悟今后课题研究的方向。

各小组“问诊把脉”

11月7日下午，理论与实践导师深入浅出地诠释了“当代教师为何需要谋求持续的专业发展”“当今教师需要什么样的专业素养”“如何提升教师理论专业发展的实效”三个问题，并以“反思性教学”为例，提出“小切口”与“真课题”的实践策略。

在此次名师专业发展规划中，双导师与学员初步拟定了线上线下——“诊断互助、论题聚焦、课题定位、资源援助”的对接措施。

在名师课题探究成长之路上，我们每一位学员都感触颇深，受益匪浅。人要想恒立于天地，必须选择做一棵有思想的苇草。新时代教师思想和专业之成长，有四种境界：由“晚境”（职初型教师）到“稳境”（成熟型教师），再到“醇境”（专家型教师），最后到达“化境”（卓越型教师）。

在今后的教育道路上，我们将坚持“为未来而教，为未知而学”，以朝圣的心情，行走在教育者的追梦路上……

智慧育人　提炼成文

四川省剑阁中学 ○ 任勇

2017年11月10日，50余名广元名师聚精会神地聆听浙江专家的精彩讲座，其中一场是由杭州大成实验中学校长王盛之主讲的“智慧教育及其学校实践”，另一场是由《教学月刊》主编吴颂华主讲的“教学论文写作的规矩与方圆”。

一、讲座主要内容

（一）“智慧教育及其学校实践”

王盛之校长主要讲解了他们学校如何利用信息技术开设智慧课堂并进行精准教学。

1.智慧教育的真谛

通过构建技术融合的生态化学习环境，通过人机协同的数据智慧、教学智慧与文化智慧，本着“精准、个性、优化、思维、共享、创造”的原则，让教师能够施展高成效的教学方法，让学习者能够获得适宜的个性化学习服务和美好的发展体验，使其由“不能”变为“可能”，由“小能”变为“大能”，从而培养具有良好的价值取向、较强的行动能力、较好的思维品质的人才。

2.智慧课堂六要素

“教学案”是实施课堂教学的方案。它的核心思想是：因材施教，让学生有目标地主动学习，及时反馈矫正，享受学习与发展的快乐。以“教学案”为载体的智慧课堂主要包括了六个要素:学情调查、目标问题、交流展示、学能监测、反思评价、拓展提高。

3.建设美丽学校、发展智慧教育方案

(1)指导思想:以《关于深化义务教育课程改革的指导意见》为方针,坚持"美丽校园、幸福成长"的办学思想,践行"建设美丽学校,提升教育品质"的核心理念。改革教育模式,推行因材施教。以"互联网+教育"为策略,促进学生全面而有个性地发展。

(2)内容目标:积极推进基于现代教育技术和网络教育资源的新型教学模式,创设有利于个性化发展的开放性学习环境,促进信息技术和课堂教学的深度融合,以智能化教学促进个性化学习。办学生喜欢、人民满意、具有智慧教育特色的美丽学校。

(3)主要举措:以"数字化教学案"为抓手,使用基于数字化教学案的智慧课堂教学系统软件辅助教学,实现线上学习与线下学习的有机结合,让学生学会主动学习。打破传统课堂教学的时空限制,精准教学,激趣增智,创生智慧。

4.六大战略

(1)培育品质美好、学习良好、学习主动、勤奋进取、心怀感恩的美丽学生。

(2)培养怀抱理想、肩负责任、脑富智慧、心系学生、手备技术的美丽教师。

(3)塑造共担责任、共研方法、共铸品行、共促发展、共享幸福的美丽家长。

(4)营造灵动思维、智慧教学、民主氛围、快乐学习、共同成长的美丽课堂。

(5)打造班容清雅、班风纯正、学风浓郁、求索创新、和谐快乐的美丽班级。

(6)建设环境怡人、数字管理、科技特色、文化育人、温馨平安的美丽校园。

(二)教学论文写作的规矩与方圆

1.什么是教学论文

教学论文是将教育科学中新的理论、实践、经验、成果用恰当的方式、严谨的科学态度、准确的语言加以介绍和表达的专业性论述文章。

2.教师为什么要写教学论文

教学论文可以传播科研成果,交流实践经验,启迪学术思想,考核业务水平。

3.教学论文的六大要素及要求

教学论文的六大要素包括：题名、署名、摘要、关键词、正文、参考文献。它们各自的要求是：

(1)题名：最好不要超过20个字，核心概念不要太多，表达要精准。

(2)署名：真实、正确。

(3)摘要：不超过300个字，不用第一人称以及"本人""作者"等，避免出现文章中没有的内容，避免出现图标和公式，不要分段。

(4)关键词：关键词一般为4组，是对于表达论文中心内容具有实质性意义的名词或名词词组，中间用分号隔开，最后不加标点，避免出现介词、副词等。

(5)正文：包括资料的梳理、框架的搭建、文字的表达、图表的制作、格式的编排、附件的准备等。正文一般5000字左右。

(6)参考文献：要严谨、诚实、规范。

4.教学论文的几个重要环节

(1)科学选题："写什么"永远比"怎么写"重要。

选题的来源：来自教学、来自阅读、来自学生、来自社会、来自活动、来自会议。换个说法，论文的选题可以从教学方法钻研中获得、从教材研究中获得、从教学反思中获得、从学法指导中获得、从解题探讨中获得、从课堂观察中获得、从理论学习中获得、从学科借鉴中获得。

(2)正文组成的六个方面：问题的提出(背景)、目标与假设(研究的目的)、研究过程与方法(实施的过程)、结果与分析(效果)、研究结论、问题与讨论(反思)。

(3)正文的规范格式：正文用五号宋体，题目用二号以上字体。署名用四号或小四号楷体；文章各级标题的序号依次为"一、""(一)""1." "(1)""①"，中间可以跳过，但不可倒置；文章的图和表应该分开标注，不要简单称为"图表"。每个图和表都应有标题或标出连续号，如"图1""表2"。

(4)写法上的三种基本类型：方法型、观点型、随笔型。

5.好论文具备四个品质

好论文具备的四个品质包括：选题内容要原创，语言文字要通顺，逻辑层次要清晰，参考文献要规范。

6.教学论文写作的三重境界

（1）第一重，实用境界：立意准确，理例相适，文字流畅，具可读性。（常用稿）

（2）第二重，华美境界：立意深刻，理例厚实，文字优美，具观赏性。（良好稿）

（3）第三重，高效境界：立意高远，理例精当，文字清新，具启迪性。（优质稿）

7.论文常见的毛病及改进方法

（1）选题不当。有些人觉得论文选题越时髦越好、越热门越好、越大越好，实则不然。改进的关键是沉下心来，去掉浮躁。

（2）题目不当。题目模糊、不确切，过大或过小，这是因为思路不够清晰，定位不够准确。改进的关键是认真研究，苦心钻研，画龙点睛。

（3）平庸。此类论文符合一般的论文要素，但是看不出它好在哪里。要么是资料的堆砌，要么就是讲课的实录，没有新的观点和见解，也没有论证过程，有的只是向读者证明人人共知的无须争议的观点。有的索性写成工作总结，无论是语言还是内容都是口语式的汇报和经验总结。这是由前期资料的收集不足和后期的提炼不足造成的。改进的关键是要选好材料，收集大量的资料，包括前人研究的资料和自己观察记录的资料。

（4）假大空，故弄玄虚，写得煞有介事，有这个理论还有那个理论，唯独没有自己的看法。这是因为理论素养不够。虽然说教学论文以实践为主，但是每一种有意义的实践，都是在某种理念的基础上进行的尝试和探索。改进的关键是读书、进修、做笔记、思考。

（5）文不从字不顺。论文烦琐拗口、文题相左、语言干瘪、杂乱无章。这是因为语言表达能力差，对语文教育的工具性认识不够。改进方法是提高自己的语言表达能力。

二、听讲座后的感悟

王盛之校长于2013年提出的“美丽校园，幸福成长”的办学思想和他的“智慧教育”实践历程，让我们看到了在新技术支持下新的办学模式的优越之处。大家对这样美丽的育人方式充满憧憬。学校从课堂、班级、校园、教师、学生、家长六个维度在杭州率先开展“美丽校园”建设系列活动，在短短几年内，学校的排名快速上升，这样的发展速度让我们惊奇，也让我们折服，是我们学习和借鉴的榜样。

教学论文是名师都比较擅长的技能，但也有不少教师不完全了解教学论文写作与投稿的过程和细节。吴颂华主编的讲座让我们更加清楚地认识到教学论文的特点，让我们深入了解教学论文的写作规范和写作要领，有助于我们将自己的教学所得提炼成论文。

今天的两堂讲座让我们受益匪浅，我们要认真领悟讲座精髓，努力提高自己的信息技术运用能力和教学论文写作能力，充分发挥名师的引领示范作用，带动更多教师走上教育改革与教学科研之路。

朝觐·研究·反思　优化学科教学基因

四川省苍溪实验中学 ○ 刘廷平

一、跟岗前调整心态：朝觐

此次广元名师专项培养研修班第三次集中学习及跟岗培训，安排我们到百年名校金华一中，跟随实践导师物理特级教师楼松年进行跟岗学习。通过上网了解，跟岗学习就要到非常有能力的学校跟随非常有能力的导师，我感觉我们非常幸运，遂产生了向课改榜样朝觐的念头。为了最大限度地得到提升，我开始了跟岗前的精心准备。

1.认识跟岗学校

通过网络搜索，认识了金华一中：浙江省首批一级重点中学、首批一级普通高中特色示范学校、全国体育卫生先进单位、浙江省模范先进集体、浙江省百年名校、浙江省科研百强学校，也是最先开展国际教育的高中学校之一。我国新闻学创始人邵飘萍、诗坛泰斗艾青、著名史学家吴晗、著名教育家陈望道、著名经济学家千家驹、著名画家张书旗、著名文艺理论家冯雪峰等都曾就读于此。这些专家学者中有科学院学部委员、科学院院士和工程院院士共19人，专家、学者、教授共4000多人。

2.认识跟岗导师

多方了解导师楼松年：男，物理特级教师、高级教师、省优秀教师、金华市名教师。浙江义乌人,毕业于浙师大物理系,中学骨干教师浙师大研究生班结业。长期任金华一中教务主任、高三年级组组长、金华市物理学会理事、浙江省中学物理竞赛特聘教练员、物理竞赛主教练。教学成绩在各次大考中均名列年级前茅,荣获首届全国中学物理教学改革创新大赛浙江省一等奖、全国三等奖,第二届浙江省普通高中青年物理教师教学大赛浙江省三等奖。发表的文章和出版的专著约30万字,其中参编出版教学用书6册,发表国家级论文10余篇。

3.了解学科团队

物理学科主任徐祯、副主任何晓萍均是在课堂教学中颇有建树的老师,也都获得过部优、省优。

4.内外协调沟通

内部协调沟通:与本组名师学员苟明湘、朱有光、尹华松、梁建平老师互通信息,了解学习需求,共商跟岗保障,计划跟岗要点。

外部联系沟通:与导师沟通,并通过导师及浙师大杨博士与学校沟通,获得跟岗学校的支持和重视,完善对接程序与信息,安排好最有利于我们进行工作体验的吃、住、行,为专心跟岗学习做好条件保障。

5.搞好岗位交接

安排并交接好自己的岗位工作:找好人、调好课、交接好工作内容及做事程序、安抚好学生,让自己能专心跟岗学习。

6.确定跟岗要点

计划跟岗重点观察点:依据自己的实践,罗列困惑点,整理现状矛盾,拟定跟岗观察点,预期重点收获。

二、跟岗中务实行动:研究

(一)汇集多方信息,认真制订计划

星期一上午,与导师楼松年见面、交流,获取导师详细的指导计划,在导师的带领下熟悉学科团队的领军人员及其特长、学科活动内容与对应的时间等信息。然后组内商谈制订跟岗计划,并与相关人士接洽。

跟岗学习听课计划表

<table>
<tr><th rowspan="2">节次</th><th colspan="5">星期</th></tr>
<tr><th>星期一</th><th>星期二</th><th>星期三</th><th>星期四</th><th>星期五</th></tr>
<tr><td>第一节</td><td rowspan="9">全天
跟岗
导师</td><td>赵启明</td><td>叶招环</td><td>苏静</td><td rowspan="9">全天
跟岗
导师</td></tr>
<tr><td>第二节</td><td>俞翠华</td><td>徐华兵</td><td>阮长久</td></tr>
<tr><td>第三节</td><td>杨军伟</td><td>陶汉斌</td><td>何正寅</td></tr>
<tr><td>第四节</td><td>何晓萍</td><td>胡凡</td><td>楼松年</td></tr>
<tr><td>第五节</td><td>朱登淇</td><td>讨论交流</td><td>楼松年</td></tr>
<tr><td>第六节</td><td>楼松年</td><td rowspan="4">跟岗教研组
活动</td><td>徐祯</td></tr>
<tr><td>第七节</td><td>楼松年</td><td>傅雪萍</td></tr>
<tr><td>第八节</td><td>刘光辉</td><td rowspan="2">讨论交流</td></tr>
<tr><td>第九节</td><td>胡安文</td></tr>
</table>

（二）带着目标有重点地观察课堂

（1）星期一下午，听导师在不同班级上讲同一节教材内容，学习导师因学生而异的课堂教学处理方法。

（2）星期二，重点学习研究高一教学，考察基本选点为同一教学内容，以观察学习教学进度管理、集体备课、同课异构、个性化教学。

（3）星期三，重点学习研究高二教学，重点关注选课走班教学，选课走班下不同层次的班级教学，观摩教研活动。

（4）星期四，重点学习研究高三教学。

（5）星期五，重点跟岗导师，考察国际部班级教学，与学科团队深度交流。

（三）积极拓展渠道获取信息

（1）主动向导师发问请教。

（2）抓住机会与任课教师交流。

（3）走访同行。

（4）和与导师结对的徒弟交流。

（5）适时询问学生。

（四）充分利用时间进入现场考察

（1）观察学生向教师请教问题的数量与质量，观察教师的答疑指导方法。

(2)观察学生的就餐秩序与相应的学校管理。

(3)观察师生的锻炼情况。

(4)观察教师的诊学活动。

(5)观察教师的值课活动。

(6)观摩教职工大会和教研活动。

三、跟岗后主动对照:反思

(一)及时交流感受

每节课后,只要能有几分钟时间的空隙,我们都要在一起谈谈自己的感受,说说自己最感兴趣的点。

(二)故意抛出对立意见引起讨论

每天都要总结并概括出整体感受,然后尝试分析前因与后果,并展望引进到自己所在学校会产生的效果。为了引起大家深刻的讨论,在组长的引导下,我们组内每天会自动分成意见相反的两组进行辩论。

(三)结合自身实际谋划新思路

待基本形成共识后,我们就转换交流策略,变成分析引进到自己所在学校操作需要注意的方面和需要创造的条件,互相进行补充、评估和启发。

四、跟岗收获:要尝试为学科教学优化基因

(一)大方、大气、大度

金华一中约有2400名学生,共编成了60个班,建筑面积有12万平方米,拥有432亩校园用地,可谓是对教育的硬件投入非常大方了。

校园布局大气,园林规划档次高,环境优美。

教师学科课程表上日均上课时间不到70分钟,说明对教师工作量的认定不仅仅体现在上课时间上。对教师工作量的大度,让教师有精力对教学精益求精。

结合本地实际和自己的岗位职责,我们应该用大度的心态,大气的规划,大方的精力,踏踏实实研究教学,促进广元教育跨越式发展。

(二)让教师基于真实的体悟实现新的成长

同一年级同层次班教学进度基本一致,说明学校在集体规划和备课上有力

度，但每位教师的课堂处理方式和技巧却各不相同，学校也未因有卓有实绩的特级教师而统一课堂教学模式。这些情况都表明学校对教师个人很尊重，容许教师依据自己的认识进行实践检验，认可“小鲜花”也有其特有的价值，强调学生课堂反馈信息的价值和对教学的重要性。

（三）更新价值观对教学技术的改进有重要作用

楼老师的课在实验设计与改进上让人倾倒。不过，仔细想想，其思考逻辑也在我们的正常逻辑范围内，但为何我们几十年都未朝这些方向去思考呢？思来想去，其问题意识的敏锐性、改进措施的实用性、应变处理的技巧性，归根结底应得益于其教学价值观的引导。更新教学的价值观，更新关于知识的价值观，才能让我们走入新的境界。

（四）基于形成学科核心素养的需要来组织教学

楼老师的课，容量大，环节紧凑，衔接自然，学生容易接受。之所以能实现如此效果，是因为楼老师优化了例题解读、基础复习、例题解答、理论概括、经验总结间的逻辑顺序，如此不断地刺激学生产生新的学习期待，又及时搭设阶梯满足学生的探究欲望，使学生获得成功感，顺应了学生探究、理解、内化的心理需要，激励学生主动去不断前进，而这也培养了学生的学科核心素养。基于学生学习研究当前实际问题的需要，按照通常的逻辑展开，在实际遇到的困难处，着力引导与示范，发挥众人的才智，想新办法进行突破。

（五）点滴细微都有必要以高度的热情来研究

对一些表面看来未经深思熟虑、随场而出的评价语，经回味，其语气、重复方式、重复遍数都有深度思考。即使是同一教学内容，在面对不同层次的班级时，根据不同班级学生的基础、气质特点，采用不同的语言表达方式，采用不同的激励调控方式，充分调动学生的进取欲望，促进学生主动学习。

五、结语：感慨与感谢

本次跟岗，收获颇丰，震撼了我们的心灵，扩展了我们的视野，更新了我们的价值观，优化了课堂处理技术。愿我们能有更多的交流学习机会，促进我们的专业更好更快地成长。

谢谢楼松年老师及其团队！谢谢金华一中！谢谢市县教育局！

教育的火花再次激发

广元市利州中学 ○ 刘有江

2018年3月25日至3月30日，广元市初中物理名师刘德勇、刘有江二人在广元市教育局的统一安排下，到浙江省台州初级中学跟岗学习，在指导教师郭海平的细致安排下，顺利完成为期一周的跟岗学习任务。

我们在郭海平老师的带领下参观了校园，学习校园文化建设、办学理念、学校管理；了解学生情况、学校历史、办学成就等。

郭海平老师曾获“全国五一劳动奖章”，有浙江省劳动模范、浙江省特级教师、全国化学教学改革优秀教师等称号；二次获全国初中化学竞赛园丁奖，三次获浙江省初中科学（或化学）竞赛优秀辅导教师奖；为中国教育学会科学教育分会理事、浙江省基础教育课程改革专业指导委员会成员、浙江师范大学硕士专业学位研究生实践指导教师、台州学院兼职教授等。

在听课中，我们感受到新课有新意，课堂情境的创设激起了学生的好奇心，整个课堂都以该情境为主线，充分利用实验进行探究学习。在交流中，郭老师通过耐心的解答为我们解决了工作室在发展过程中遇到的问题。谈到初三复习，他强调以考点为依托，夯实基础，注重引导学生思维的逻辑性，扩大复习面和课堂容量，由浅入深、层层推进，以期取得好的效果。

此外，郭老师还为我们准备了一场接地气的讲座，其要点如下：

(1)只有充分的准备才有高效的课堂，课件不是教案，没有充分的准备是肯定上不好课的。

(2)简案和详案哪个好？若我明天上课，我会写详案。若我后天上课，我会准备多种预案。

(3)备课时你读了几遍教材？一遍是肯定不够的。各部分有什么作用？要深入、充分理解教材的意图，不能有偏差。

(4)备好课不代表能上好课，但上好课一定要备好课。

(5)读教参的目的是防止我们理解教材时产生偏差，偏离主轴。

(6)目标设置也很重要，课堂效果要用它去检验，三维目标都要有。

(7)学生举手人数是增加了还是减少了，这是判断你教学好坏的标准之一。

(8)情境不是上某节课的敲门砖，不能分散学生的注意力，情境应贯穿整个教学过程。

(9)学生想说尽量让学生说，不要与学生争着说。

(10)理科需要练题，但要精选。

本次跟岗学习，再次激发了我对教育的激情火花，让我已有的教育观念与“浙派”名师的教育理念深度融合，为形成自己的教学风格打下了坚实的基础。

高中语文组跟岗实践学习

——名师工作室组稿会观摩小记

四川省剑阁中学 ○ 任勇

在跟岗的第二天,我们列席了实践指导教师包老师的名师工作室会议,会议主要内容是商讨工作室专著的组稿工作。参加会议的是包老师所属名师工作室的部分成员和专门聘请的编辑人员。

包老师说他们要编辑出版一本关于创意写作教学方面的书,编书目的有两个:一是为工作室承研的省级课题做准备;二是为工作室的三年考核准备素材。

当然,最根本的目的还是提高教师的语文写作教学水平,使学生的写作变得更容易。同时,他对“创意”进行了深入浅出的解释:所谓创意,就是同中求异,与别人不同,与传统教学方法不同。

接着,他为每个参会的工作室成员分配了写作任务:在两个月之内完成论述类和叙述类两个教学案例,每篇7000字。

然后,包老师以《说服:论述文的核心》作为样章,详细地讲解了稿件的写作要求。他说,每个案例要由“教学视点”“课堂导图”“课堂呈现”“教学反思”等几部分组成。他要求每个案例都必须是自己完成课堂实践后的真实案例,不能靠想象去编造。

最后是参会成员提出自己的疑问或困惑,由包老师一一解答。

在本次活动中,我们再一次被包老师敏捷的思维、清晰的思路和睿智的教学观念所震撼。

草长莺飞二月天　忙趁东风促发展

——广元名师初中英语组跟岗学习纪实

广元市利州区中小学教研室 ○ 解学英

2018年3月26日至30日，广元市初中英语名师组解学英、徐海燕、史小红、赵洪波、黄勇一行五人来到浙江省衢州市华茂外国语学校，在浙江省英语特级教师陈露的指导下开展了为期一周的跟岗学习。我们先后参与了以下活动：观摩加拿大外籍教师授课；聆听加拿大外籍教师讲座；观摩七年级英语组集体备课；了解学校师生管理情况；了解学校运用"极课"情况；了解华茂外语教师专业发展管理现状；在教师办公室和老师交流；参加九年级复习课例研讨；参加八年级听说课课例研讨；体验衢州市中考听力测试——模拟机测；观摩2018年衢州市柯城区初中英语教师24小时培训暨学业评价研讨会；参加名师送教活动；导师送书交流经验。

一、课例研究真磨课

1.九年级复习课

陈露名师工作室成员Vicky老师要在柯城区教学研讨会上展示一节九年级复习课，主要内容为阅读理解的难题，主旨大意是解题方法指导和英语长难句的分析方法指导。研修小组五位老师和陈露老师一起认真观课，为接下来的磨课做好基础准备工作。

磨课是实践导师陈露为我们准备的研修重头戏，她不仅为我们提供了观摩优秀课例的好机会，也给我们提供了实战演练的机会。Vicky的教学要求高、难度大，需要达到两个不同的目标。她的设计构思巧妙，语言准确流畅，较好地完成了教学目标，给予我们很多启发。在磨课环节，从全区展示课高标准出发，跟岗五人真诚地与大家交流研修，如开课应开门见山，节约时间突破重难点；教师应赏识学生、激励学生；注重对学生思维的引导。徐海燕老师提出了具体改进意见，如分析干扰项的思维方式，厘清英语长难句的内涵，增加理解长难句的方法。这些建议得到了指导教师陈露的认可。

2.八年级听说课

陈露名师工作室成员吴老师要参加校外的赛课，她准备了一节八年级听说课，研修小组五位老师和陈露老师一起认真观课。

吴老师教学设计能力强，课程内容丰富、环环相扣，较好地完成了教学目标。但从优质课和赛课的标准来看，还有很多值得改进之处，大家畅所欲言、无拘无束地说出自己的想法。这种思想的碰撞激发出智慧的火花，令我们受益匪浅。

二、区级培训有实效

研修期间恰逢柯城区召开为期一天的教学培训会，陈露老师特意安排我们参加了这次培训会，给我们提供了学习机会。会上，我们观摩了三节九年级复习课：一是词汇复习，二是写作指导，三是阅读指导。此外，还听了杭州第十四中学孔慧敏老师的讲座“新课改下的英语阅读”，让我们看到了教育强省在促进教师专业成长方面所开展的实实在在的活动，看到了其学科教研活动开展的有效性。

Vicky老师吸收了我们提出的改进意见，并在此基础上进行了创造性的发挥。她在2018年衢州市柯城区初中英语教师24小时培训暨学业评价研讨会的展示课上表现出色，受到区教研员和老师们的一致肯定和好评，我们作为参与磨课的一员，也感到很高兴。

三、名师送教真精彩

陈露老师为让我们能更深入了解和学习她和她的名师工作室成员所开展的省级课题，特意安排了“特级教师进校园暨陈露和郑仁飞名师工作室联谊活动”。送教学校为衢州市常山县育才中学，学校教科室主任郑仁飞也是陈露老师工作室的成员，他负责相关组织安排工作。常山育才学校鲍芝娟老师的“Memory”写作课和衢州市华茂外国语学校雷骁老师的以“NSE Book3B Revision Module A Writing”为内容的课程，都是非常精彩的过程性写作实践课。

省特级教师陈露为老师们做了专题讲座。陈老师以“基于NSE教材模块话题下的写作教学”为话题，探讨了如何有效开展中考复习教学的设计与实施问题。她从解读课标中写作的五级标准入手，结合NSE教材话题，以及近年来的中考写作命题趋势，提出研读教材，并运用教材中的“Module Tasks”做文章。为此，她列出了教材中每个模块的写作话题及要求学生学会的能力点。另外，她还提出教师应多关注人文、社会生活，就课标所列话题结合学习与生活实际进行写作训练。这样就可以把写作训练和话题复习相结合。

本次送教活动有主题（写作课教学研讨），有引领（特级教师陈露做了关于写作教学的专题讲座），有交流（有两节课例及点评），有成长（我们通过看课例、听讲座,深入了解什么叫过程性写作,学会了如何引导学生一步步写出好文章),是一次初中英语写作教学研讨的精神盛宴。

一周的跟岗研修,让我们之间没有了距离感,只有亲近融洽的沟通和交流。愉快的时间总是短暂的,一周的跟岗研修结束了,但我们的研修才刚刚开始。陈露老师及其团队成员给予我们的专业指导,让我们获得了宝贵的教学方法和教育智慧,他们敬业精业的精神更是深深地感染着我们。

学习新理念新技术　促进教育教学

广元市苍溪城郊中学生物教师 ○ 王清平

2018年11月4日至10日，我参加了为期一周的广元名师专项培养研修班第四次集中研修培训。我抛开了日常教学的烦琐，走进教室好好当了一回学生，倾听他人的声音，观照过往的自己。这是收获满满的一周。

参加培训的广元名师

5日上午，名师们聆听了衢州市教研室何其平书记“专业发展与人格修养——名师成长的永久内驱力”的讲座。何其平书记从“如何应对时代的变化”“如何顺应教育的改革”“如何修炼高尚的人格”三个方面，由重庆公交车坠桥事件说起，结合古今中外的教育理论，深入浅出地给广元名师进行了专业成长培训，特别是结合了中国文化精神、传统文化特色、历代名人故事，最后归结到“仁为本，义为重，礼为先，智为辅，信为实”的人格修养高度。何其平书记告诉名师们“未来已来”，未来学校、未来教育要求教师要观全局，告诉大家如何做学生和家长心目中的好老师。

11月5日下午，浙江师范大学教授宋高初做了题为“中小学教师教育教学过程中的法律责任风险及规避”的讲座，通过理论加案例（视频与文字相结合）的形式，讲了刑事责任、行政责任、民事责任的概念等，着重就学生管理中容易发生的被追责的“校园欺凌事件的预防与处置”问题，为大家上了一堂生动实用的法律课。宋教授告诫名师们：教师要依法执教、依法管理，加强学生的“预防被害”教育，在依法依纪处理违纪学生的同时，教师也要学会用法律武器保护自己。

6日上午，浙师大周晓燕教授做了题为“基于学校特色的课程规划与拓展课程建设”的专题讲座。其中“选课走班，课程设计开发，彰显选择性”的理念值得我们学习和思考——义务教育阶段的我们应如何围绕“尚善文化”去构建、开发学校课程体系？如何才能培养学生的个性特点？如何实现常规教学模式与新时代的选课走班模式接轨？作为中学生物教师，我对浙江大学附属中学的课程“私人定制”必修课分层走班教学非常感兴趣。最后，周晓燕教授还为名师们分享了浙江康桥中学和秋瑾中学的学科走班分层教学。

6日下午，浙江师范大学博士生导师张立新教授做了题为“信息时代的教师专业发展”的讲座，指出信息技术驱动下的教育变革要求“教师功能重新定位、教师必须进行转型”。从知识库、智慧圈、能力棒等方面传授了“全球大脑，分布式认知理论，智能教学系统”等前沿教育理念，让人耳目一新。

7日上午，浙江师范大学黄立新老师讲授了“微课设计”，分享了“情境中的微课制作”的五种简单易行、可复制的制作方法，各类软件内容丰富、功能强大、过程逼真、效果明显。下午，丽水实验学校校长刘必水讲授了“探寻从经验教学转向基于实证精准教学新范式”，利用大数据实现从经验教学转向基于实证精准教学新范式的转变，全面提高学校的教育教学及管理水平！

8日上午，名师们从金华奔赴绍兴。我们下午到柯桥区实验中学考察，听取了校长董健康所做的题为“从‘统一’走向‘定制’”的报告。报告中，董校长鼓励学生“异想天开”的做法值得推广，相信学生的想象力和潜力是无穷的。柯桥区实验中学的“四学”教学改革——善思考、会选择、能自主、敢创新，给名师们留下了深刻印象。

9日上午，我们来到绍兴一中，参观了学校校史馆，聆听了正高级、特级教师陈柏良为我们讲述的“存古开新，兼容并包”的办学理念，解读了校训“求真”(鲁迅)的深层内涵。作为一所百年老校，其悠久的办学历史、深厚的文化积淀、辉煌的教学业绩，深深地震撼着我们每一位学员！“勿忘历史”是一所学校得以长久发展的根，“传承历史”是一所学校得以长久发展的魂。

1.体会

绍兴是一座历史文化名城，孕育了教育家蔡元培先生，也是鲁迅和周恩来的故里。“教育是面向未来的事业”，浙江省作为教改的先驱，无论在校本研修还是在教学改革方面，都是21世纪以来在全国颇具影响力的项目。浙江省教改走在全国的前列，通过此次培训，我受益匪浅。

2.今后规划

(1)教学创新。带领学科教师，按照“136生本化自信课堂”要求，按年级、基地班、重点班、平行班、复习班等不同层次要求，分层设计教学方案，通过“吸纳别人的，唤醒自己的”“听别人的，想自己的”“由磨一节课转向磨一类课”，通过听课、评课自我构建高效课堂。

(2)教研创新。继续在全市高中校区创新开展“名师送教到校”教师培训的示范课展示和举办讲座，加快县、市立项的教育科研课题研究及成果推广，提升高中教师的教育教学科研水平，继续做好全市高三诊断试题的高质量命题工作，起好导向、引领作用。

品名士文化，得专家真传

剑阁县普安中学 ○ 王锡洪

3月23日，广元名师一路向北，来到春光明媚、人杰地灵的浙江，踏进了文化底蕴深厚的浙师大，接受名士文化的熏陶，眼前豁然开朗。

专家点拨，促提升。杨博士的“做好名师，必须做好‘三课’”给我们指明了方向。抓住课堂教学、课程建设、课题研究，是做好名师的基础和前提。现代技术的快速发展，新课堂教学研究是摆在我们面前的新课题。E时代的课程改革，要求我们加强优质资源的开发与积累，做好作业习题的研究，在强化专业学科的同时关注学科融合。在课程改革趋势走向私人定制（个性化的教育）的背景下，杨博士一针见血地指出当前我们所面临的困境：①固守原来的教学模式（不愿破茧化蝶）；②接受新鲜事物能力欠缺（习题教学成为学科教学的主流，除了学科还是学科，跨界能力弱）；③最缺解决教学问题的办法。因此，我们的名师应该努力走出当前的困境，走进新时代的教育。

蒋文云主任以“未来已来，将至已至，新时代，新教育，新思考”为主题，给我们全面而系统地分析了当前国内国际的教育形势和发展趋势，要求我们要不断强化学习，要做中学、议中学、悟中学。要具备跨界思维，学会用碎片化时间来学习。明确教育的终极目标是生活与人生。要做一个有思想的教师，将教育理解为一门技术。通过项目驱动、问题导向、课题研究等来提高我们的教学水平。

分组指导，导向明。数学组与导师进行了面对面的交流，张维忠教授对如何做好课题研究，再次给予了精心的指导。他提出课题研究的方向要着眼于一个“新”字。在新时代、新技术、新要求、新背景之下我们应该从以下六个方面入手：①数学与德育（立德树人）；②数学的核心素养；③课程改革（高中选修课，初中小学的拓展）；④数学解题（数学方法、考题研究、数学文化）；⑤数学老师的专业发展（怎样当好数学老师）；⑥教学设计，课例研究。

跟岗实践，取真经。3月25日，我离开金华前往绍兴市，接受了绍兴名士文化的熏陶。毛泽东曾写过“鉴湖越台名士乡”的诗句，由此可见，绍兴市名师辈出，久负盛名。当地的先进文化思想深深地影响着我们。

为期5天的跟岗实践，在导师潘建德的精心安排和指导下，我们看到了什么是真正的现代教育，什么是现代技术下的高效课堂；我们领略了上虞人办学的先进教育理念，人们钟爱教育的情怀，老师敢为人先的敬业精神，学生超越自我勇于创新的学习品质。这些都让我们真正地从灵魂深处受到了触动。

访名校，受熏陶。在跟岗期间，导师安排我们参观考察了上虞区的重点名校,如上虞实验学校、春晖中学、春晖外国语学校、华维外国语学校等。我们走进学校,感受到了简洁朴实的校园文化彰显出的师生敢为人先的精神风貌。花红柳绿的校园环境,更显充满生机、和谐美丽的育人氛围。洁净的校园,展示了学校科学的管理。这样的校园的确是孕育英才的摇篮。

观课堂,促发展。我们走进课堂,听了十多节课。让我们深受感动的是,所有老师的课堂语言简洁、逻辑严谨、节奏紧凑。课前没有认真研究教材、研究学生、研究教法和反复斟酌是不可能达到这种效果的。老师们的投入让我们十分感动。在我所听的数学课、科学课中,概念教学又是一大亮点。老师们能将一个个抽象的概念渗透到生活情境中,注重将概念的来龙去脉、内涵和外延讲得清清楚楚,真正做到了让学生通过理解记住知识,而不是简单机械地记忆。例如,朱折峰老师在七年级科学课堂上讲解学习速度这一概念时,给出了一幅学校运动会上百米赛跑的场景:几个学生在跑道上,有裁判在计时,有观众在观看。老师设计了这样两个问题:一是裁判是用什么方法判断谁跑得快的?二是观众又是如何判断谁跑得快的?师生将之总结为裁判法和观众法,通过判断谁跑得快,来深挖概念的内涵。裁判比较的是时间,在相同的路程下,谁用时短,谁就跑得快。观众是看谁跑在前边,在相同时间内谁跑的路程多,谁就快。通过这样的情景,学生把表示物体运动快慢的物理量速度记在了大脑深处。

潘建德导师现场指导

此外,教学还注重知识的拓展与延伸,加强学生思维的训练。例如,刘和珍老师在应用平方差公式做整式的乘法时,给出了“$(2-1)(2+1)(2^2+1)(2^4+1)\cdots$

$(2^{64}+1)$的值是多少”这样的题目。通过变式推广到求“$(1-x)(1+x+x^2+\cdots+x^x)$”的值，到二项式“$(a+b)^x$”展开式的项和系数等问题，根据规律计算“$(x-2y)^5$”的值。教学中，有的老师把基本图形模块化。例如，陈婧老师讲神奇的45°角时，将含有45°角的图形放在平面直角坐标系中，这样无论45°角如何摆放，最后都能利用全等来解决。

拜名师，取真经。在与潘建德名师工作室成员交流的过程中，我们听取了上虞区教研室数学名师郦兴江讲的关于中考复习的策略与方法，让我们茅塞顿开，收获满满。郦兴江老师给我们讲了两个理论：平均学习保持率；学习金字塔理论(美国，埃德加·戴尔)。郦老师在这两个理论的基础上指出，我们在教学中要明确师生的角色，突出学生的主体地位，让学生勤动手实践，这样才能达到事半功倍的教学效果。在复习课上，他指出了教师教学的三个误区：①复习课是新授课的压缩版(大容量、快节奏)；②讲不透，练来凑(理解变记忆，探究变听懂)；③难度盲目拔高(片面追求难、繁的练习题)。他认为目前学生学习的现状是盲目地买资料，大量地做练习，重复着无效的劳动。他的观点真是一针见血。郦老师在指出误区的同时，也提出了一些有效的改进方法：①研读考试说明，以题目串练习，推动基础知识点的复习，即基础知识复习习题化；②精心讲，重视练，让学生在课堂上真正经历审题与解题的过程；③变式拓展在解题教学中深入人心，要加强构建模型意识；④重视学法指导，注重反馈检测；⑤要重视个性化辅导。可以说，郦老师说的每一点都是真经。他还讲到，复习教学应该教知识、教方法、教思考。总之，要做到四个字——抓、讲、知、找。抓：抓常规，教学要慢，作业要精，批改要勤，反馈要快。讲：讲思路，只讲套路是最懒的办法。知：知学生，了解学生是最好的法宝。找：找问题，没有问题是最大的问题。复习教学要重视基础概念题(70%)、中档题(20%)、课本变式题、生活情境题、简单应用性问题、条件开放题、阅读理解题、几何动态变换题。

通过这段时间的学习,我得出如下三点感悟:①博学。广博的学识是教师的根本,只有不断地学习,才能不断地提升和发展,才能适应新时代,才能让新的技术为教育服务,从而做一名合格的教师。②多思。学会思考,能思则善辨,做一名有智慧、有思想的教师。③善研。善于观察总结,善于研究,探寻规律,寻找办法,力争做创新型、专家型教师。

Chapter❸

第三章

培训感悟与收获

做一棵有思想的苇草

苍溪县东溪中学 ○ 谭平

一、历练与快乐同在，成长与收获共生

逐梦之子，研学之志。七月杭州情似火，浙师校园学如潮。2017—2018年，50余位广元学子远赴千里之外的杭州，研学于浙师大，开启了广元名师专项培养新征程。

两年来，我们逐梦杭州，研学于浙师大，跟岗金华，游学绍兴，返岗实践……犹记出征之时，市教育局局长杨松林亲自为我们壮行，讲述了当代教书人应有的梦想与情怀，期盼承载着广元优质教育希望的我们取得真经，学成归来。

两年来，市继教办主任程勇4次亲赴浙师大为我们研学与游学保驾护航。两年如一日，我们精心研学，化努力为奋斗，化思考为思想，化勤劳为智慧。导师们也为我们提供了“小切口”与“小课题”的实践策略，为我们解析了“课堂”的特质，解剖了“论题”的真伪，聚焦了课题“真身”。

在那里，我们逐梦理想，架构课程，研学理论，跟岗实践，返岗双修；在那里，我们勤研苦练，练就教育教学、课堂教研真功夫；在那里，我们激情人生，砥砺奋进，激起我们“不成功便成仁”的壮志。

历练与快乐同在，成长与收获相随。我时刻铭记：有志者，事竟成，破釜沉舟，百二秦关终属楚；苦心人，天不负，卧薪尝胆，三千越甲可吞吴。

跟岗之旅,妙手丹青。名校之名,在于名师;教师之名,在于课堂。做教育之新,成师生之美。

跟岗期间,我们初中语文第一组(谭平、杨艳、李春燕、王海蓉、李秀华)始终不忘初衷,寻找最适合自身的教育教学研学方式。

游学之思,聚焦特色。在浙师大两年的研学与跟岗过程中,我深深地体会到:他们给予我们的不仅是一堂课、一次讲座,更是一种教育思想和修养境界。

两年研学,我们乐于倾听,勤于做笔记,乐于实践,勤于跟岗,善于思考,乐于创新。未来的教育是为未来而教,未来的学生是为未知而学。删繁就简三秋树,领异标新二月花。我明白了:大道至简,创新课堂方为王道。

两年研学,我们边走边学,边学边送,边送边教,边教边培,边培边思考。在这个过程中,我对语文课堂和名师工作室的专业发展有了新的思考和定位。

二、推介“写意语文”菜单,彰显工作室品牌

梅花苦寒,三年磨一剑。工作室的“写意语文”特色正在彰显。2014—2015年,名师工作室初建;2016—2018年,北京师大与上海华东师大短期高级研修,成都师大两年培训者研培与送培,浙师大两年广元名师专项培养,导师为我们塑形,为工作室特色聚焦,我们工作室的“写意语文”特色魅力正在彰显。

2017年,“写意语文”工作室已被邀请加入“全国名师工作室发展联盟”。

“写意语文”工作室建构五步法:

第一步,聚焦一个特色主题。写意语文,书香人生。

第二步,坚守两条活动主线。①工作室发展主线:以“名师成长的园地、资源辐射的中心、经验对话的平台、教育科研的基地”为发展目标,确定以“写意语文”工作室为特色的品牌发展主线;②工作室活动主线:以读写活动为载体,紧紧围绕“写意语文”开展专题讲座、课题培训、同课异构、学术交流、网络交流、互动联盟等活动,打造名师风采品牌。

第三步,搭建三个推介平台。①智慧集散交流平台:你是流年,我为锦瑟;②主题活动网站展示平台:新浪微博、中国作家网、全国名师工作室发展联盟(名师大讲堂);③微信公众号推介平台:写意语文、诗与远方。

第四步,坚持三个必读、一个写意原则。坚持国学经典必读、唐诗宋词必读、四大名著必读,坚持读必写意的原则。

第五步，坚持五大联盟活动。①坚持校际互动互研联盟；②坚持学区内外学科组互动互研联盟；③坚持县区内名师联盟互助互研联盟；④坚持市县区内名师工作室共研联谊联盟；⑤坚持全国名师工作室发展联盟。

写意语文特色，主题推介："红了樱桃，绿了芭蕉""你是流年，我为锦瑟""写意语文，诗与远方""半亩诗田，写春秋""成都国培之旅，静待芙蓉花开""个性语文，写意人生""旖旎宋水，毓秀东中""文本解读微探之文本细读""写作，从玩字词句开始"等。"写意语文"工作室特质：已加入"全国名师工作室发展联盟"，在中国作家网和全国名师工作室发展联盟上发表文章65篇；2012—2017年，我先后加入市作家协会、市教育作家协会、市散文作家协会、中国当代文学研究会，曾获首届中国散文诗歌作家大赛三等奖，授予"神州优秀作家"称号；还出版了散文专著《幸福睡醒了》，先后创作并发表了诗歌、散文、小说200余篇（首），约20万字，散见于中国作家网、四川作家网、《剑兰文学》《剑门关》《中国诗歌散文精选》等10多家网站及刊物。

2015—2018年，我们与初中语文李春燕、谢红英名师工作室联动，与苍溪县各学区初中语文联合，与市内外初中语文名师何凯让、朝天区佘维学、青川县王海蓉及绵阳东辰实外伍文生名师联谊，与全国名师工作室发展联盟结盟，开展了初中语文教育教学与研培活动。

三、吹尽黄沙始到金，写意书香结硕果

一枚黄叶三秋树，满地金风吹菊花。近三年，我和我们的工作室取得了一定的成绩。

（1）2016—2018年主要荣誉：获得县级名师送培"先进集体"、县级"送教下乡先进个人"、县级"送教优秀学科教师"、县级"教师文明礼仪标兵"、县级"青少年读书活动优秀辅导教师"、县级"优秀名师"、市县"优秀名师工作室""广元市优秀教师"、四川省"国培县级优秀送教专家"等称号。

（2）2016—2018年教研探究成果汇报：①结题1项获县级二等奖，在研市级子课题1项，正在申报省级课题1项。②市级教研论文推广1篇，于《广元日报》专题发表；市级教学大比武教育教学研究论文2篇，分获二、三等奖；省级论文1篇，发表于四川大学出版社出版的《新课程初中语文课例品析与微课设计》一书；国家级论文1篇，发表于人民出版社出版的《乡村教师专业成长的实践探究》

一书,并荣获四川省“国培计划”乡村教师专业成长研究成果一等奖。

(3)2016—2018年工作室工作情况汇报:开展县级“名师送培到校”和国培计划“送教下乡”活动,举办“写意语文”专题讲座4次,上示范课20余次。县级送培活动遍及苍溪文昌、元坝、东青等九个学区。国培团队组成员李春燕、县级国培班成员谢晨旭,分别已成为广元市第二、第三批“语文名师”。工作室成员有1人成长为学区教研组组长,4人为副校长,并于市级名师论坛轮流发言1次,进行省级“国培计划”成果汇报2次。开展市级“市培送教”四县三区2次,省级“国培计划”上示范课1次,专题发言1次。

而今,“写意语文”是我们工作室发展的特色招牌,是我们在三尺讲台上坚守的永恒主题!这就是我两载四度远赴杭州参加广元名师专项培养的研学感悟、点滴收获与对工作室特色发展的新思考!

即使做一棵苇草,也必须选择做一棵有思想的苇草……

一路风雨,一路成长;一路彩虹,一路诗意。这些成绩的取得,都是各级领导一路关怀与鼓励的结果。

走在幸福的教育路上

——广元市名师专项培养之“思”与“悟”

四川省旺苍中学 ○ 马海蓉

2017—2018年，广元名师四赴浙江参与专项培养。作为一个集体，学习中我们勤奋上进、积极参与、乐于分享，生活中坦诚相处、友爱互助，这一切，回想起来，恍如昨日。两年忙碌而充实温暖的培训，让我有所学、有所思、有所悟。

一、行之广学“三清单”

清单一　集中学习

当初听课时，我把注意力都集中在了当堂所讲的内容上，如今看着这清单：主讲老师来源层次广泛，有一线的模范教师、特级教师、功勋教师，有教育科研所的专家，还有大学教授，他们从不同层面为我们提供了经验参考和方向引领。讲座内容丰富实在，包括师德修养、国学积淀、专业发展与职业规划、课程构建等，涵盖为师为教之品行、知识、能力等各个方面，既有交流分享课改亟须的经验策略，又有教育教研长期适用的理论引导，还有长远发展所需的知识能力储备，综合引导参培教师从优秀走向卓越。由此可见，市教育局和浙师大的领导们为了我们的成长所做出的精心筹备，真可谓用心良苦、计之深远，令我们着实感动。

讲座内容列示如下：

“转型期的社会道德问题与教师师德修养” 蔡志良（浙师大）

“国学文化与师德修养” 毛醒策（浙师大）

“中小学教育教学过程中的法律责任风险及规避” 宋高初（浙师大）

“基于学校特色的课程规划与拓展课程建设” 周晓燕（浙师大）

“信息时代的教师专业发展” 张立新（浙师大）

“用微课改革教育” 黄立新（浙师大）

“文献检索的技术与综述撰写” 任豪栋（浙师大）

“课程顶层设计与实施问题及对策——区域性推进义务段学校课程建设的实践与思考” 沈兵（东阳市教科所所长）

“名师的责任与担当” 莫国夫（绍兴市教育教学研究院）

“专业发展与人格修养——名师成长的永久内驱力” 何其平（衢州市教研室书记）

“智慧教育及其学校实践” 王盛之（杭州大成实验中学校长）

“创建和谐师生关系，享受幸福教育生活” 郑小侠（瓯海中学、全国模范教师）

“模范教师师德报告” 吴加澍（浙江省功勋教师、特级教师）

“教师职业发展规划” 周红霞（浙师大职业规划师）

“科研论文的撰写与投稿技巧” 吴颂华（教学月刊主编）

“探寻从经验教学转向基于实证精准教学新范式” 刘必水（丽水实验学校校长）

清单二　分组研讨与实地考察

在分组指导活动中，我向专家陈述了“替别人道歉的孩子”“葬礼上的舞曲”等教学案例。教授们的点评让我恍然大悟：我絮絮叨叨讲述的都是体现艺术教育中人文性渗透的实际案例，感性有了，但理性不够，还需要提炼；选题要细化、点化,更要系统化;课题研究要向艺术审美方向走。

清单二　活动及考察内容安排如下:

2017年11月7日,分组指导——学员发展现状诊断分析以及开题论证。

2017年11月8日,分组与绍兴名师班互动交流——中学教师如何做科研?名师专业发展如何规划?

2017年11月9日,杭州学军中学参观考察,倾听冯定军校长介绍分层走班教学与新高考应对的策略。

2017年11月9日,杭州绿城育华学校参观考察,听取查品洋校长关于"拓展性课程建设、特色课程建设、国际化办学"的报告。

2017年11月8日,绍兴市柯桥区实验中学参观考察,聆听董健康校长"从'统一'走向'定制'"的课程改革探索情况介绍。

2017年11月9日,绍兴第一中学交流学习,校长、特级教师陈伯良对新考改下学校教学管理探索的情况进行了介绍。

访名校,在美丽的校园实实在在走一遭,我们有了更为直观的感受和体验;聆听校长报告,我们更为详细地了解了名校背后更深层面的发展历程和改进策略。广元与浙江虽然存在教育质量上的差距,但两者的改革思路与途径一定会给我们带来新的启发。

清单三　跟岗游学

第一站　宁波

3月25日,鄞州中学,观摩何春芬老师管弦乐队排练。

3月26日,龙赛中学,观摩宁波市中小学戏剧专题优质课竞赛。

3月27日,鄞州中学,聆听公开课"水墨昆韵",交流框架构建、素材选择以及怎样突出昆曲特点等。

第二站　海盐

3月27日至29日,海盐高中,进课堂深入了解班级音乐剧教学和音乐专业小组课,去博物馆现场聆听"海盐腔"。

第三站　嘉兴

3月30日,嘉兴市,参加第十一届"尚学"论坛,聆听赴美培训团和赴芬兰培训团老师的交流分享。

本次跟岗，我格外幸运地得到了两个专业导师的指导和游学似的观摩体验。从排练厅、赛场、课堂到舞台，转战金华、宁波、镇海、海盐、嘉兴，一个人，一路辗转，一路游学，紧张忙碌，充实而幸福。

回顾四次培训历程，就如一位芬兰老师对刘中瑛老师说的："教育是文化产品，很难被出口。我可以给你一本书，但卖不了教育。"虽然浙师大能请来经验丰富的一线模范教师，分享高效的教育教学管理策略和方法；能请来高级别专家教授传递先进教育理念，但他们一样"卖不了教育"。他们是引路人、是帮扶者，但要形成有独具学科特色和个人魅力的教学风格，还需要我们立足各自的实际，独立思考、勇敢探寻。

二、学之博观"三思"

思之一　教学难点，靶向突破

2018年3月26日，我随刘中瑛、何春芬老师到龙赛中学观摩宁波市中小学戏剧专题优质课竞赛。他们都说浙江的艺术教育中宁波的最好，能集中看到这么多课是我的运气。

由于戏剧门类繁多、风格迥异，所以，对绝大多数音乐教师来说，教学难度很大。将其作为专题开展竞课，以集体的智慧来集中攻克教学难点，比赛中呈现的"京剧的故事""走进越剧""梅兰芳与昆曲的故事""中国川剧"等，唱念做打、示范与参与，每一节课都在寻求教学突破点。众人拾柴火焰高，这种靶向专题竞课，势必引起音乐教师对戏剧教学的重视，促进戏剧教学能力的提高，也让我颇受启发。

思之二　立于细小，乐于奉献

2018年3月25日，我赶到鄞州中学观摩何春芬老师的管弦乐排练，她从下午1点开始一直排练到下午5点。其间，学生可以根据需要自行出入，而她自己则一直站在指挥台上。看着她给学生讲解时，边说边用手揉腰，我很是感慨。后来在交流中谈及此事，我才得知那天是她父亲的忌日，因为排练时间有限，她上午10点半就吃午饭，然后匆匆赶到学校做准备，为了高效利用时间，排练中她一直没有休息。得知这些，我的内心既感动又心酸。

记得刚进入鄞州中学校园，我路过图书馆严肃冷峻的一楼，看到大厅摆放着钢琴,就问何老师其用途。何老师说,除了管弦乐队之外,她还带了一个合唱团、一个阿卡团,为了节约时间,就只能利用做课间操的时间进行前期排练。为了缩短师生彼此往返的路程,因此就选择了排练厅和教室之间的图书馆来排练。当学生的歌声在大厅里响起,之前的严肃冷峻的瞬间变得温暖,三三两两路过的学生自觉降低了音量,也有学生驻足聆听,这就是“润物细无声”吧!

刘老师、何老师还谈到用50个小时来备常态课,当时我很诧异:用得了那么多时间吗?那得多累呀!回到学校,和老师们聊及此事,都为之感叹,如果是公开课、竞课,是可以的,如此对待常态课,真非常人能做到。两位导师的敬业精神再次让我敬佩!

与高考科目相比,普通高中的音乐学科教学困境在不同层面、不同程度上普遍存在,很多音乐老师就是在这样的困顿中看不到希望而消磨了激情。

都知宫殿之宏伟,不外乎一砖一瓦,可我们更得明白:造就自己宏伟宫殿的一砖一瓦得我们亲自搬!

都知树木之高大,不外乎一枝一叶,可我们更得明白:彰显自我教育风格的一枝一叶必得我们亲自培育!

都知教师要“乐于奉献”,可我们更得明白:奉献要常态化、要持久,才更有实效。

“奉献”不是“牺牲”,它是在困境中自我积极主动地添砖加瓦,是自我“成就”最忠实的助推剂、最实惠的砝码!刘中瑛老师、何春芬老师就是于坚持、奉献中获得自我成就的成功案例,她们是我们学习的榜样!

思之三 融德于才,坚守底线

在杭州学军中学,让我留下深刻记忆的有两个细节。

一是“一颗柚子的坚守”,相信大家还会记得孤悬枝头的那颗柚子,树下,我们曾为此热议。写此段时,我想着找找当时的照片来佐证,遍寻资料,却尽是我们在学军中学校园的精致亭台水榭中留下的倩影,是我忘记照了吗?不,它早已高悬心头!德育之实效,必是融入常规的天长地久,显于时时处处的细枝末节,不然,哪有他们“我们有信心让它挂到自然落”的底气!

二是冯定军校长讲座中的小细节:中场休息后,老师们陆陆续续返场,此时的冯校长没有等候,到他自己预定的时间就开讲,而且在最后的交流中提示只回答三个问题，明确、干脆。这种工作风格让我深思：平常既定要做的事，我总是因各种原因耽搁，甚至放弃，更有许多身不由己、随波逐流的时候，于茫然中迷失自我，迷失方向。为人，没有自我和方向，将无从举步，何谈成长发展？为师，没有自我和方向，就丧失底线，何谈答疑解惑？学军中学的标杆地位，就是融德于才、坚守底线的见证！

再回首，每一次赴浙师大学习，我们都激情澎湃、满载而归。可激情过后呢？要让先进的教育理念、高效的教学模式有效落地，更需要我们据实参悟、善取巧用。

三、思之约取“三悟”

悟之一 全面“敬畏”，让“知行合一”成为习惯

新教育倡导“过一种幸福完整的教育生活”，要实实在在获得这种“完整的幸福”，需要教师的“全面敬畏”。“全面”，即要包括教师职业、学科专业和一切教育教学活动过程。“敬畏”不仅是一种心态，更是一种行动：立足“真实”、“真诚”面对、“真心”付出。

1. 敬畏职业

在教师这个大群体中，持“饭碗”态度者比例甚众，也有视教育为自己毕生事业的优秀者，为我们所景仰。但无论处于这两种境界的哪一层次，为师者都应该有必要的职业敬畏感。毕竟，我们直面的是成长中的学生，面对的是人类的“奢侈极品”——青春！我们必须清楚自己所从事的职业关乎他们一生的命运。落实教师职业“敬畏”最有效的途径就是让热情教学、科学教学成为常态、成为习惯。

行动案例：专业导师、长期关注、高端跟随。

跟岗实践时能结识何春芬老师，我深感幸运。她是典型的“纯教师”，长期

走在高中音乐教学的前沿。跟岗结束后,我们一直有联系,对她的长期关注和跟随,让我持续受益。

2018年11月,第五届全国基础教育课程教学改革研讨会在浙江宁波鄞州中学召开,何春芬老师在音乐鉴赏课上讲授了贝多芬的《热情》,四川师大附中何妍倪老师在歌唱课上讲授了《槐花几时开》,两节研讨课都适用于网络直播。因机会难得,我邀请工作室成员一同听课,尤其是评课交流环节更加精彩。

现场参与评课的很多老师都觉得何春芬老师的课对于普高学生太深、太难了,专业性偏强;何妍倪老师利用原始"口传心授"的方式进行民歌教学,似乎又不能达到现代音乐教学的科学性与高效性。对此,我与何春芬老师在微信里进行交流,我们的观点是一致的:音乐课必须有与学生学段相对称的学科知识技能要求,虽然不一定能完全达到目的,但方向必须明确;学习难度的深浅要根据学生的实际知识储备和接受能力来确定,分层教学才有实际意义;"口传心授"的歌唱教学方式也并非一无是处,对特定歌曲的教学难点也有立竿见影的效果。

2.敬畏专业

高中音乐是面向全体学生实施学科普惠性教育的最后阶段,对学生未来的音乐生活具有极强的导向性。比如广场舞音乐的"怪相",其深层次的原因就是专业基础知识大众化普及的欠缺,具体到音乐教育中,就是音乐基本能力培养和应用引导的欠缺。学校教育阶段,音乐教师必须要有通过学科教学活动对学生未来音乐生活加以引领的意识,这须养成敬畏专业的习惯,包括对自己渐渐退化的、不懂的、无法埋解的专业知识技能虚心聆听、持续学习。

行动案例:向大师学习声乐。2018年11月,参加由重师大承办的全国高中音乐教研员集中培训,其中有"梅花奖"得主张礼慧院长的公开课形式讲座,仅有三个名额。能得到她的亲自指导,机会难得,但这又考验我的演唱能力,我一直很纠结,怕出丑不敢报名,直到最后才终于鼓足勇气交了歌谱。

张院长根据我的演唱表现,快速找出我的问题,并提出有针对性的高效解决方法。这是我大学毕业24年来,第一次高规格地上专业声乐课,获益良多。

3.敬畏过程

音乐的价值主要体现在过程中,所以音乐教学要在有限的时间、空间内给学生提供最好的艺术实践,要达此目的获得实效,必得重细节、汇点滴。

行动案例:坚持教学随记。这不仅是对教学经验及教学措施的积累与反思,更是对课堂微小闪光点的记录。那些来自常态的小进步、小感动是教学热情持续的原动力。

行动案例:适时演唱实录。音乐是声音的艺术,对发声效果的感知、鉴别,需要学生去仔细聆听音乐。为此,我根据歌唱教学实际进行演唱实录,引导学生从“观众席”看自己、听自己。每每举起手机拍摄,学生就高度认真,听到自己的声音,感觉良好时会为自己鼓掌,感觉唱得不好就捂嘴而笑。有时候,也会让学生观看其他班的演唱,这样比较带来的改变就是:此后再练习,学生会主动纠错,教学实效更高。

这张照片是到龙凤小学送教留下的。真诚的眼神、纯朴的笑容,如“花”的年纪,如“芽”的期盼,就这样交到我们手里,内心怎能不紧张?怎能不敬畏?存“敬畏”,方知责任重大,才能“博观而约取”,以传正道、精授业、善解惑;融“敬畏”入教育教学常规常态,才能让“厚积”于细微处“薄发”。

悟之二　全面“推销”,用行动改变未来

我这里的“推销”和日常理解不同,特指把自己明白的、正确的为人处世的道理、先进的教育观念、高效的教学方法等,持续地向自己和周围相关人群推介,以求达到交流、影响、改变之目的。相比“润物无声”,更为主动和迫切。

1.面向自我,持久“推销”

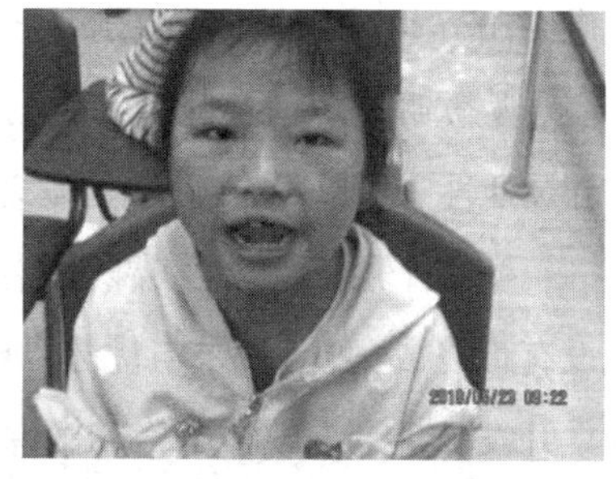

身为教师,怎样为人处世?如何教育教学?那些大大小小的道理,我们何尝不知,只是长久禁锢在自己的小圈子里,年复一年地重复教学,那些明白的会渐渐模糊,那些信誓旦旦的坚持会在不经意间松懈。或许我们都有这样的体会:明知今天必须要做的重要事,会因为紧急的事而耽搁,明天可能就会忘记做,后天可能就不想做了,最后就销声匿迹了。

所以,我们真需要适时进行自我再推销,让明白的持续明白,让该坚持的坚持到底。在我看来,坚持面对自我的“推销”与“再推销”,是教师自我持久努力、持久提升最可靠的方法。

行动案例:教学难点,靶向探究,分层提升。为了切实提高课堂歌唱教学实效,我们分三步进行靶向探究。

第一步,构建具有音乐学科特点的全员参与、全身心参与、全过程参与的“三全”歌唱教学模式。

第二步,立足实际,申报了市级课题“普通高中歌唱教学有效性的实践与探究”。

第三步,结合新课改与学校实际,分层开发校本教材与微课程。

第一个层面:开发资源性的校本教材《旺苍艺术》。此项活动于2014年起步,在收集整理的基础上,根据音乐学科教学要求进行作品解析、知识嵌入、实践与探究活动设计,2017年完成试用稿。《旺苍艺术》填补了本土艺术资源在学校艺术教学领域的空白。

第二个层面:开发突出集体实践的校本教材《班级歌唱》。2016年,我们在班级中开始进行试探性歌唱教学,并逐步梳理、提炼、整合,于2018年完成试用稿。从歌唱知识与技能训练到歌曲学习积累,涉及面广、操作性强,但缺少针对性和灵活性。所以,从实践之初发现问题时,我们就不断改善,向微课程方向发展。

第三个层面:开发实践性与主题性、选择性并重的系列微课程。虽然目前还没有最终成型,但效果与优势已经有所显现:教学实用、选择灵活;参与教师能独立开发具有个人教学风格的微课程,充分激发了每一位教师的教学热情和潜能。

校本微课程开发受益于此次专项培训。跟岗期间,何春芬老师赠送给我一套《微课实录丛书》,刘中瑛老师也详细介绍了嘉兴本土教材《歌唱》《带你走进音乐剧》的编撰情况,这对我即将开展的校本教材开发工作带来极大的启发。2018年11月,在重师大参加全国高中音乐教研员集中培训的过程中,我遇到了浙江省音乐教研员杜宏斌。我们本不相识,在我向他提及刘中瑛、何春芬老师后,我们的距离瞬间拉近了。随后,他把杭州第四中学《合唱》选修课程纲要分享给我,给我后来的微课程开发提供了重要参考依据。

2.面向学生,全过程"推销"

艺术源于生活且高于生活,艺术也终将回归生活并引领生活。对学生的"推销"就是对学生音乐知识与技能、音乐作品内涵理解与人文思考等全方位的传授与影响。

行动案例:根据作品内容,适时引导学生进行人文性思考。如歌曲《父亲》教学,有筷子兄弟和刘和刚演唱的两个版本供学生选择,一开始选筷子兄弟版本的很多,我就顺着学生的选择进行教学,然后,向学生提问:"父亲和爸爸,有何区别?"一开始学生有点蒙,随后便展开了热烈的讨论:"爸爸"是日常用语,"父亲"是书面用语;"爸爸"听着温暖,"父亲"听着严肃……

"然后呢?"我又提问,学生又有点蒙。

于是,我开始分析:"爸爸"能满足我们的物质需求,"父亲"更需要体现在对孩子德行方面的引领。后来,有学生提到散文《背影》,我趁机介绍了刘和刚演唱《父亲》的背景,认同的学生越来越多,最后我们一起学唱了刘和刚的版本。下课的时候,学生是唱着刘和刚版本的《父亲》离开教室的,那一刻,我觉得这一课没白上。

3.面向音乐教师，注重专业“推销”

基于音乐知识和技能学习基础上的学科教学理念，是我一直所推崇的。不同学段的音乐课都应当注重融音乐学科知识与技能于所有教育教学活动之中，只是掌握知识的深浅、教学内容的选择、教学活动的方式、教学侧重点有所不同。艺术的基础是知识和技术，没有知识和技术作为支撑的音乐教学，只是徒有其表罢了。

为了让更多的音乐教师了解、接受和应用这一理念，我利用一切机会进行“推销”。

对本校的音乐老师，采取教研组内推行活动项目负责人制度，从单纯的节目排演，走向活动整体筹划；从课内走到舞台，再回归课堂，反思音乐知识技能教学的重要性。

对外校的音乐老师，通过评课、赛课指导、结对帮扶、送教下乡、联合教研等多种方式进行解释、推介，取得了良好的效果。

4.面向合作人群，进行通俗化“推销”

艺术教育和艺术活动的开展需要方方面面的理解、支持与合作，需要将专业技能进行通俗化的“推销”。

行动案例：利用师生艺术节，向其他学科教师通俗“推销”，包括选择节目内容、形式，指导排练演出等。将音乐专业术语进行“口语化”讲解，将音乐专业技能进行“生活化”体验，让他们更多地了解音乐教学的状况，理解基础音乐知识技能的应用，也为改善校内艺术教学小环境产生影响和提供支持。

悟之三　静修致远，且行且思且珍惜，且思且行且幸福

2018年3月28日黄昏，我独自漫步在海盐的海堤，没有浪花朵朵，海与天也没有明朗的蓝，算不上美景，却给了我最惬意的宁静——这一刻，唯我，心在，智慧在。

常人眼中，音乐总是热闹的时候多，可我明白：台上每一分钟的绚丽，都源自台下十年静修之功力。所以，我们得有“静修”之心态、之状态、之常态。主动、持续、理性地对待这次培训，广学、博观、约取，立足于自我现实，积极思考与探索：我究竟想干什么？我究竟能干什么？脚踏实地积跬步、汇小流，而后至千里、成江海。

走在幸福的教育路上，幸福源自名师专项培养给我们搭建的高端学习平台。过“幸福完整的教育生活”，走属于自己的幸福教育之路，我们必得自我成长！融激情于坚持，且行且思且珍惜，且思且行且幸福，为幸福教育铺路！

再回首，历时两年4次的培训，似乎只在眨眼间，弥足珍贵，必将让我们牢记于心、融智于行。

最后，再次感谢搭建专项培养平台的领导和专家，以及所有为此付出心血的幕后人！感谢各位同行者，为追求幸福完整的教育而奔跑在路上，风雨同行，不管是来路还是前方！

今日“明月”来相照

——聆听毛醒策“国学文化与师德修养”讲座有感

青川县关庄初级中学 ○ 王海蓉

何谓“国学”？顾名思义，它是中国之学，中华之学，中国传统思想文化的简称。若被人追问：作为语文老师，你知道国学文化与师德修养有何联系吗？我定会茫然疑惑。今大，有幸聆听浙师大毛醒策教授的讲座“国学文化与师德修养”，短短两个多小时给我带来无尽的思考与启迪，似暗夜里的一轮明月，让茫然的我豁然开朗。毛教授讲座涉及“何谓国学”“国学背景”“儒家文化”“道家文化”“儒道互补”等，从传统文化与现代教育价值上引古证今，展望当前教育，并结合儒家、道家的核心思想，抛出问题，引发思考。整场讲座思路清晰，内容翔实丰富，分析事例透彻深刻，让大家耳目一新，深受启迪。这为提升教师的传统文化素养树立了正确的教育价值观，打开了一个全新的教育视角，对提高教师的思想境界起到了积极的推动作用。国学文化博大精深，非一朝一夕能领悟其精髓，但每一位学员一定会牢记毛教授讲座尾声的三句话：我们要儒道互补，既要有儒家的“拿得起”，又要有道家的“看得开”。简短的三句话，何其经典！我折服于毛教授对国学教育的独到见解：国学是真诚的、通透的、发自内心的；国学是明镜，反照内心与社会；国学是良药，可以医治病态的社会与个人。我边学边悟，有了些许自己的思考。

平庸的生命，因国学的滋养而精彩。一个人只有深深“觉着”的时候，生命才能全然敞开，才能率性自在，才能不断获得自我实现的高峰体验，才能进入内在的澄明之境，才能深深体认到生命的“在场”。语文需要不断地“觉着”，事业需要不断地“觉着”，生命需要不断地“觉着”。在平庸的生命里，需要学习国学文化的精髓。国学教育不但体现在课堂教学上，更渗透到生活中，把传承优秀传统文化化为行动，爱工作、爱课堂、爱生活，生命才能诗意地栖居在大地上。

在毛教授的带领下，我们一起了解了儒道文化的精髓。我们聆听他对《论语》中“己所不欲、勿施于人”的别样解读，更深刻地领悟到“仁者爱人”的思想精髓，从他对“己欲立则立人，己欲达则达人”的解读中感悟到“换位思考”的必要性。在“儒道互补”的解读中，他根据自己的阅读感悟，结合现实生活的案例，向我们阐释了“阳刚与阴柔”并济、“进取与退步”结合、“庙堂与山林”相间。聆听大家之言，倍觉自己浅薄，恨不得马上冲进图书馆，浸泡其中，可书海浩瀚，时间紧迫，到底该取哪一“瓢”饮，今天我似乎找到了答案——毛教授毫无保留地将他浸透着心血与汗水的生命感悟讲解给我们，让我们进行了一场精神的修行。

怎样进行精神的修行呢？首先，我们要广泛阅读，增厚底蕴。“问渠那得清如许？为有源头活水来。”语文老师，是靠书来“养活”自己的。有了跟书的亲密接触，语文老师的知识才不会成为无源之水、无本之木。厚重的人文积淀，让我们的语文课显得大气、充满灵气。其次，我们要自我修炼，提升能力。名师之所以能成为名师，必有成为名师的“独门秘籍”。我认为，名师最为重要的是不断地自我修炼、自我提升、自我发展，而且修炼要得法有效。静下心来读书，潜下心来研究，才能修炼好自身，成为有底气、有眼界、有根基、有爱与智慧的好老师。

当我们恋恋不舍地结束这堂国学课时，一种从事母语教学的幸福感流淌在我们的血液中，让课堂充盈国学文化，让行动充满国学传承，让文笔书写国学里程碑，让中华优秀传统文化滋养每一位前行者，这种自觉和回归，必皎皎如明月，灿灿似星辰，流布其间，充盈内外。

走进浙师大　求取真经助成长

旺苍县英萃初级中学 ○ 赵洪波

从2017年至2019年，广元名师专项培养研修班50余名学员走进浙师大，进行为期两年的研修学习。浙师大广元名师专项培养项目组高度重视、精心安排，为每个学科的研修小组聘请了浙江省正高级教师、特级教师或省市级名师作为实践指导教师，指导教师又为每个小组安排了丰富、扎实有效的研修活动。研修活动重点就课堂教学、观课议课、教学研究、学生管理以及区域化校本研修等教育教学工作开展跟岗学习。

一、培训感悟

浙江名师课堂品质高，以生为本，教学求真务实，思维开放。

（1）教师专业发展是教师上好课的基础。教师要解读：自己的特色和专长是什么？达到什么程度？有什么亮点？要创建特色工作领域。

（2）学生的发展定位精准。把握好学生是教师上好课的前提，需把握学生的学习思维、学习习惯、人生规划及兴趣爱好等情况。

（3）教师学习是必修课。我所跟岗研修的衢州华茂外国语学校要求每位教师在两年周期内必须完成一次国内知名大学专业进修；每位教师必须参加区域校本研修活动；学校鼓励学校教师在外参加各种学术讲座和教师能力培训，开阔眼界，提高专业素养。

(4)科研引领,教学研究是上好课的核心。教师要首先研究“教”与“学”的关系,用好教材,用活教材,因材施教,为谁教?教什么?怎么教?教到什么程度?学生学贵在得法,学什么?怎么学?学得怎么样?这些问题倒逼教师必须更新教育理念,明白基础教育发展的方向与高考改革对学生提出的新要求,做到胸中有数,才能为学生服好务,站好岗。

二、培训收获

参加本次培养研修的每位学员都非常珍惜近距离接触浙江名师的学习机会,大家以谦虚开放的心态、严谨好学的作风,认真开展跟岗研修。从教育思想到教育情怀,从课堂教学到课题研究,从课程开发到教学改革,每一次评课、磨课都是思想的碰撞和融合,每一次交流都是心灵的沟通和理念的传递。

在跟岗研修中,广元名师强烈地感受到浙江作为教育强省对教育发展的推动力度和教师爱岗敬业、乐于奉献的精神力量,也感受到浙江名师精深的专业素养,尤其是集教师集体智慧的“真备课”,让广元名师看到了广元教育和浙江教育的差距。

广元初中英语名师参与浙江名师及加拿大外教团队活动

三、今后展望

由于我处在相对偏远的农村学校,长期在农村初中任教英语,多年的一线执教经历,让我深感农村英语教学与大城市存在着的巨大差距,包括教学理念、教师整体教学素养、学生的素质以及周围的英语氛围等方面，都存在诸多问题，直接影响到农村英语的教学质量与效益。因此，加强农村学校英语教师培训迫在眉睫。通过这次专项培养交流，我认为农村学校在培养教师队伍时必须做到以下几点。

1. 坚持“走出去”，开阔眼界，打造高素质教师队伍

坚持让更多的教师“走出去”参与培训学习。外出学习的教师要认真学习新知识、新理念，开拓新思路，在交流中博采众长、取长补短，同时带回先进的教学思想和教育理念。“走出去”，既激发教师钻研业务的热情，又进一步提高学校的教学质量与管理水平。

2. 坚持“请进来”，认真学习，提高自身素养

为了给教师提供一个更好的学习平台，将专家们“请进来”做指导，尽可能多地创造机会让教师能够面对面聆听专家的讲座和精彩献课。“请进来”是为教师提供学习、反思、超越自己的机会，能进一步激发教师的教育教学热情。唯有如此，才能让农村的英语教育永远焕发出勃勃生机。

学人以丰己　求经以践行

四川省旺苍中学 〇 曾蓉

带着欣喜和疑惑奔赴余杭大地，踏上的每一寸土地都散发着中国传统文化的气息，听到的每一声发言都展示着中国教育发展的最前沿理念。在与教育界翘楚、大咖的思想交流和碰撞中，几许迷茫悄然散去，我对教育的爱与智慧被激发，工作的热情再次被点燃。

与名师对话　找准努力方向

在两年的学习中，我参与了绍兴名师的研讨活动，利用访名校的间隙，拜访了杭州市学军中学语文教研组组长傅岩老师，绍兴市语文带头人、名教师、绍兴市第一中学的谢澹老师。与他们近距离交流，我才明白自己由教学型名师转变成教研型名师，还有很长的路要走。

与名师互动　寻找借鉴的范式

2017年11月8日，我们与绍兴名师就“中学教师如何做科研”“名师专业发展如何规划”进行互动交流。绍兴市语文学科带头人谢澹老师谈到了他们是如何在课改中把阅读带进课堂的，他们要求学生分整本书阅读《鲁滨孙漂流记》，专题阅读《一个人的村庄》《守望家园》等作品，通过完成阅读手札（语文组老师专门设计）来检测阅读效果。手札内容有画画、思维导图、抄写句子、荒野求生指南、写鉴赏心得等。此外，也可以自由选读同质同量的一本书，完成读后感来检测阅读效果。这些都为四川省即将实施的下一轮课改提供了借鉴范式。

1.访傅岩老师

参观杭州学军中学时，我有幸跟傅岩老师见了面。他很热情地接待了我，并跟我分享了他的教学心得及教学风格：“谐（气氛和谐）、新（教法创新）、活（思维激活）、实（训练求实）”，并赠给我校刊《繁星》。

2.访谢澹老师

参观绍兴市第一中学间隙，我近距离拜访了浙江名师——谢澹老师。她的工作室布置得淡雅而又富有生气，她随和而轻松地跟我聊起绍兴市的语文教学情况，分享了语文教学的困惑和她的应对方法。看到这样一个不断奋进的语文名师团队，我压力倍增，顿觉自己与他们的差距，暗下决心要好好努力，追赶差距。

3.跟岗包建新老师焕发工作激情

我和高中语文老师一起到浙江省回浦中学，跟岗导师是特级教师、副校长包建新。我们参加了一次讲座，两次座谈，三节课，两次组稿会。虽然用数字可以计算我们跟包老师在一起的时间，可是他带给我们的积极影响却无法衡量。

（1）生涯规划讲座。包老师重点就生涯规划课程做了深入浅出的介绍，然后就他们学校生涯规划课程开展的情况谈了他的经验与困惑。他不用PPT，不用发言稿，娓娓而谈，条理清晰，语言简洁而准确，直面问题，真诚恳切。

（2）两次交流。其中一次交流是在包老师的办公室进行的。3个小时的时间里，包老师分享了他的本真语文教育理念：语文教育应该追求本质、本真，注重培养师生之间心照不宣、心领神会的深度交流方式。他随意说出的“指导学生如何写好一件事”,我在送教时将其融入课堂,很好地调动了学生的积极性。

(3)听课。月考试卷评讲中,他既没带教案,也没带试卷,只是与我们有说有笑地进了教室。在讲课过程中,他不讲学生正确率高的题目,对那些错的频率高的题,他先说自己的答案,然后拿出手机对答案,一致的,笑笑;不一致的,批评(自己的答案或参考答案)。用一节课讲解一套试卷,师生皆喜。

讲授《指南录后序》时,他先从北京文天祥祠的对联入手介绍作者,然后从文天祥的诗《过零丁洋》《扬子江》入手,让学生更进一步了解文天祥,最后引导学生从最基本的字词开始学习课文。包老师的课语言幽默、态度随和、自由开放、敢于批判,有教法却又不唯教法,天马行空又能让人心领神会。

(4)听生涯规划课。陈小丽老师带领学生通过“打牌”的形式认识了“我的价值观”。用专门的心理学工具让学生在“打牌”中取舍自己手中的“扑克牌”(上面有各种价值观),最终确定自己最认可的观点,并通过案例让学生确定选考科目。她的课像活动又像游戏,在潜移默化中将理念传递给学生。

(5)两次组稿会。第一次组稿会——“创意写作”是以包老师名师工作室的名义编写的关于创意写作教学方面的书。包老师先讲了编书的目的,让工作室成员在两个月之内完成两个教学案例,一是论述类的,二是叙述类的,每篇7000字。第二次组稿会是为《高中生学业规划22课》组稿。包老师解说了书的定位、目录、样章,分配了任务,讲了写稿要求等。之后,我收到了包老师寄来的新书《高中生学业规划22课》,运用心理学知识,加上这本书的指导,我愿在高中课改生涯规划方面做出小小的努力。

如今,再次读到李清照的“水通南国三千里,气压江城十四州”,我想起了金华,想起了两年研修生活,更想起了大师们。唯有静下心来,寻找自己的教学灵魂,像海绵一样吸取别人的经验,不断攀登,才能在教学研究这条路上走得更远。多年以后,回首这段充实的岁月,我会依旧欢笑,依旧歌唱,仍旧漫步于旧时光,仍旧感恩市教育局和浙师大的盛举。

在学习中提升　在反思中成长

广元市朝天区曾家初级中学 ○ 石晓艳

感谢领导给我学习的机会,让我不虚此行!

本次的研修学习周期长,整整两年时间,在此期间,我聆听了无数场专题讲座,参观了多所学校,在杭州西溪中学跟岗学习了一周,最后和其他成员一起进行了分组讨论、总结和答辩。两年的学习和思考,让我领悟到了教书育人的真谛,也让我领悟到了为师为学的"关键词"。

领悟一:做一个终身学习者

作为教师,我觉得首先应该不断地学习,不断地充电,在学习上,先给学生做个榜样,潜移默化地影响学生。也就是说先做人,再教书。浙师大教师以一个个成功的事例让我明白:在学校中,教师应该怎样转变观念,怎样放手让学生自己去探索、去学习,并迸发出他们最大的学习热情。其次,要在教学的有效性上下功夫。想想看,学生的智力都差不多,学习时间也差不到哪儿去,为什么学习成绩会有那么大的差别? 这当然就是效率问题,所以这是值得我花心思去研究的。

领悟二:做一名智慧的教育者

郑小侠老师的讲座告诉我们,作为教育者,一要有爱心,爱学生、爱教育、爱管理,只有"爱"才能创造出伟大的教育。二要有智慧,班主任工作是一项充满艺术的工程,没有智慧只有努力是做不好的。三要有激情,这是做好班主任工作的精神源泉。班主任要用自己的激情点燃学生心中的信念,让他们在人生之路上豪情万丈。班主任还要有持续不断的激情,只有如此才能维系一个教师源源不绝的爱心与奉献精神。特别要像郑老师说的那样:“教育的精髓不在管理而在垂范,老师应该用自己的行动去感化每一个学生。”

领悟三:优秀教师的三项修炼

1.愿景修炼:不断追求卓越

教师的成长如果仅靠外部激励(如为了评优晋级),是走不远也提高不了的,因为更重要的动力来自内在,源于教师的心态与追求。顾泠沅说过:名师的产生就是追求卓越的结果。

2.学术修炼:提升学术修养

教师需要“三有”:有底气、有眼界、有根基。其中最重要的是有眼界,即宽广的学科视域,也就是教师对所任教学科的内涵及本质的理解与把握。

3.心智修炼:学会哲学思考

教育哲学体现在教师的价值取向和思维方式上,它帮助我们理解教学理念,从而形成教学策略,指挥教学行为,影响教学效果。哲学思考的最好方法是“案例+反思”。要像吴加澍老师那样做一个睿智儒雅的哲学型教师。如果按吴老师观点看,我只能算是走过第一次专业成长的道路,只能算是一个比较成熟的教师,离一个优秀的名师还有一定的距离。要想成为真正的名师,还必须加强修炼,追求卓越,只有这样,才能对得起“名师”的称号,才能对得起肩上的责任。

领悟四:开阔眼界,看到差距

1.有特色的学校不一定是成功的学校,但成功的学校一定是有特色的学校

参访了学军中学、西溪中学、杭州绿城育华学校之后,他们高瞻远瞩的发展战略、各具特色的发展思路、严谨务实的发展步伐,令我们叹为观止。让我印象最深的就是这几所学校通过坚持“特色办学”,打造出属于自己的独特教育名牌。学校坚持“优质化、科研化、国际化、特色化、现代化”的办学方向,着力构建以“和谐快乐、自主高效”为内涵的新课程改革背景下的教学模式,即营造和谐快乐的学习氛围,打造自主高效的学习模式,创造全面发展的学习乐园,铸造“永争第一”的拼搏精神。这也将是我杏坛生涯的奋斗目标。

2.学校深厚的文化底蕴和教育传统，是培育人才的“沃土肥园”

我们参访浙江名校，感受到一种“小校园，大文化”的高品位的文化享受。这些学校在建设与发展过程中，不仅重视现代化校舍和教育设施的建设，更注重独特校园文化的建设。校园文化和办学传统使这些学校处处都有教育功能，时时都有教育机会。

深厚的历史底蕴，充满人文精神和科学色彩的校园文化，为培育高素质人才提供了“肥沃土壤”。学校文化和教育传统是一所学校多年的积淀，是从学校内部不断培植的，需要一点一滴地经营和积累。

学习期间，我可以说是经历了一场场头脑风暴，灵魂得以洗礼，理念得以更新。我相信，只要在追求理想教育的道路上顿悟精进，奇迹就一定会发生！

培训的最高目标是唤醒

广元市零八一中学 ○ 何凯让

2017年至2018年，我随广元名师专项培养研修班先后在浙师大集中学习3次，共3周时间，并在浙江省衢州市衢江区第一初级中学省语文特级教师李晓雯老师处跟岗学习一周。两年时间里，我有幸聆听了30多堂精彩的讲座，考察了10多所学校，听了20多节课，开展了10多次课下交流，极大地开阔了眼界、增长了见识。那些新思想、新观念、新措施、新成果、新面貌，激发了我踏踏实实立足本职岗位、兢兢业业搞好教育教学工作、认认真真发展自己的专业和业务素养的热情，也让我对教育培训有了更为深刻的感悟。

我参加过的培训很多，经常听到有教师抱怨：某个专家理论讲得太多，具体方法讲得少，不接地气等。我认为，教有法而无定法，就教学而言也可谓千人千法，别人的方法虽好，却可能不适合自己。那么，对一线教师来说，培训的最大作用就不是教方法，更不是教知识。培训最高级的目标应该是唤醒，是用一种思想去唤醒另一种思想，是通过一次次培训去一次次唤醒教师业已倦怠的职业意识，唤醒他们深埋心底的职业良知以及学习欲、追求欲和成功欲。如果能唤醒教师心中爱岗敬业的意识，唤醒他们做一个科研型教师的追求，那么，他们自然就能获得富有个性且最有效的方法、技巧等。明白了这个道理，我们就要实实在在地转变培训观念。

一是要树立终身学习的观念。这个话题已经老掉牙了,但真正做到的老师实在是屈指可数。如果老师自己没有广博的知识、活跃的思想和善于思考探究的精神,是无法引领学生的。广博的知识、活跃的思想和善于思考探究的精神从哪儿来呢?只有不断学习,不断更新自己的知识储备,不断提高自己的精神境界才能做到这一点。朱熹在《观书有感》中说:“问渠那得清如许?为有源头活水来。”那么教育工作的“源头活水”在哪里?当然在学习。“做一行,爱一行,精一行”应该成为每个教育工作者的自觉追求。一个老师有了学习的需求,有了不断提高专业水平的内在追求,很多困难也就能克服了,很多辛苦也就变得其乐无穷了。

二是要转变“培训就是要学方法、学经验”的观念。学方法、学经验固然简捷省事,拿来就用,但是不一定有效果。现在回头想一想,我参加了那么多次培训,听了那么多次课,又学到了多少优秀的方法和经验呢?真的一个都没记住,最多在脑子里残存着“那个学校做得很好”“那个老师课上得很好”的模糊印象。但这些培训对我却有着不可低估的作用,它们让我克服了惰性,战胜了职业倦怠;让我有动力经常性地研究教材和关注学生心理,努力探索“教什么”和“怎么教”的问题,最终形成了属于我自己的教学思想和方法。这些变化和成效,都是培训带给我的。在浙江参加研修期间,每参观一所学校,每听一次讲座,我都认真记录下所见、所闻、所感,每一次整理学习记录都是对所学东西的一次重温,每一次翻阅都是在经历一次思想的洗礼,每一次领悟都是对职业追求的唤醒。

我们都知道,内因是决定事物变化的关键,外因要通过内因发挥作用。广元名师远赴浙江师范大学参加研修活动，参观考察、跟岗学习、聆听讲座，这些都是外因；自身转变思想、更新观念、探索实践才是内因。从这个意义上来说，如果自己积极进取的意识、要做最好的老师的愿望没有被唤醒，那么学与不学又有什么区别呢？

未来已来

——浙师大张立新博导“信息时代的教师专业发展”培训有感

广元市朝天区两河口乡小学 ○ 佘维学

3D打印不再神秘，
人工智能也已来临，
“人类正从IT时代走向DT时代”。[①]
未来不再未来。

未来已来，
流量将改写世界；
尊敬的老师，
您准备好了吗？

三尺讲台，
不再是我们专属的圣地；
浩瀚无边的云端，
才是演绎精彩的大舞台。

---

①马云语。IT，是信息技术（Information Technology）的英文缩写。马云提出，IT时代是以自我控制、自我管理为主的时代，而DT（Data technology）时代，是以服务大众、激发生产力为主的技术的时代。

口口相传、面面相授，
不再是知识传输的主渠道；
智慧课堂、创客空间，
才能通向知识的海洋。

一个黑板、一支粉笔，
不再是我们勇往直前的武器；
“互联网+”、大数据、电子书包，
才是我们决胜千里的法宝。

专项培养成果丰　学以致用魅力显

广元市利州区嘉陵第一初级中学 ○ 杨艳

2017年春,广元市委、市政府大力实施“四名工程”,启动广元名师专项培养研修班。我有幸成为第一届培训团队中的一员,在师培中心主任程勇的带领下,先后四次赴浙师大等校参加广元名师专项培养研修班的学习,向浙派名师学习先进的教学经验,开拓教学视野,形成自己的教学风格。现将两年来的专项培训研修学习总结如下。

一、领导深切关怀,助力专项研修

镜头一:2017年7月14日8时30分,浙师大培训动员大会在广元市实验小学学术报告厅举行。大会由广元市教师继续教育办公室、师培中心主任程勇主持,广元市教育局党组书记、局长杨松林发表了重要讲话,要求广元市名师认真学习浙派名师先进的教育教学理念,提高广元名师的自身素质。

感悟:历时两年的培训研修学习,让我感受到领导对培训学员的关心和厚爱,他们亲切自然的态度,暖人心田。

镜头二:2017年7月15日8时30分,广元市中小学名师专项培养省外研修班开班典礼在浙师大生命与化学学院三楼多功能教室隆重举行。本次开班典礼由浙江师范大学生命与化学学院副院长陈烽教授主持。开班典礼上,浙江师范大学继续教育学院副院长吕关心做开班致辞并讲话,生命与化学学院党委书记徐建鹏教授安排本次培训的相关服务。

感悟:感谢浙师大领导的精心安排,才让我们得以与浙派名师们进行深层次的接触与交流,才有机会学到更多更新的知识与技能。

二、培训形式多样,收获果实累累

浙师大的培训课程设计丰富多彩,满足了教师成长中的多元化需求,有教育理念方面的,有校本课程开发方面的,有"互联网+"时代资源整合方面的,有跟岗培训方面的,有名校考察方面的,还有科研导师一对一的指导,真是一道又一道丰富的文化大餐!

镜头三:2017年7月15日9时,我们迎来了开班后的第一堂课——浙师大毛醒策教授的精彩讲座"国学文化与师德修养"。

感悟:毛教授的讲座从解读国学的含义和背景,到儒道文化的区别与联系,旁征博引、谈古论今、中西贯通。聆听大师的讲座,让我们进一步感受到了国学的博大精深,更让我们明白了教师在传统文化传承中的使命和责任。

镜头四:2017年7月15日14时,"上学"路上。

感悟：7月的金华虽然骄阳似火、酷热难耐，但我们学习的热情却丝毫未减。在广元市继续教育办公室、师培中心主任程勇的带领下，我们冒着酷暑，用脚步丈量与浙师大的距离，去接受浙江名师的熏陶和洗礼。虽累，却值！

镜头五：2017年7月15日14时30分，我们聆听了全国模范教师、温州瓯海中学郑小侠老师的“创造和谐的师生关系，享受幸福的教育生活”专题讲座。

感悟：郑老师近3个小时的讲座，彰显了名校精品教育的风采。一个个教育教学案例典型生动；一张张教学图片感人至深。郑老师的讲座，犹如大海一样激情澎湃，又如涓涓细流般娓娓道来，让我们真切地感受到了教育的幸福和真谛！

镜头六：2017年11月7日，广元市中小学名师专项培养导师聘任仪式在浙江师范大学7-301报告厅举行。我们与理论导师和实践导师见了面，他们针对我们每位学员的特点，量身定制了个性化的发展规划。

感悟：这次以“提升科研能力，促成专业发展”为主题的专项研修，从集中学习到跟岗实习以及实地考察，都让各位名师在眼界、视野、思维高度方面得到了进一步提升。教师要成长为一名真正的名师或特级教师，一定离不开自己的成长规划，离不开做教育科研。规划是方向、是目标，科研是基础。一个个教育科研课题的立项、研究、结题是教师成长的历练；一次次课程改革，是教师理论与实践的归纳总结与运用。浙江名师的成长之路，为我们提供了可借鉴的模式。

镜头七：2018年3月23日至4月1日，在浙师大和浙江省宁波中学，我有幸参加了市继教办组织的广元名师专项培养研修班第三次集中跟岗培训学习。

感悟：一是紧跟教育改革的潮流，名师先行，当好弄潮儿。二是打造宁静的校园文化，身心舒展，师生自然成器。行走在浙江校园，没有说教管理的标语，没有激昂的口号，没有无名的压力，没有功利色彩，教师遵从师德潜心教书育人，学生随性随心成长成才，这才是教育的本真。三是提高教师的基本功力，有效教学，做有魅力的教师。我们需要紧跟教改步伐，练好内功，用好网络资源，精选精讲，把自主时间还给学生，把学习的主动权还给学生，提高“教”与“学”的实效性。

三、大器晚成无愧，致用彰显研修

年届不惑，行走于浙、广教育前沿，深知学以致用，致用方知研修之魅力，致用乃无愧于浙江之行。虽大器晚成，但我有所为，问心无愧。

镜头八:2018年10月16日上午,省级课题"以'孔子学堂'为载体的初中传统文化教育实践研究"开题论证会在嘉陵一中孔子学堂举行。四川省教育科学研究所科研管理室主任王真东、四川师范大学教育科学学院教授吴定初、广元市教科所及利州区教研室等领导、专家莅临开题论证会。

感悟:教研促教改,教改促课改。课改就得改课,改课方能出成绩。我们一定会以课题研究为契机,以"孔子学堂"为载体,通过对初中传统文化的研究,促进教师专业化发展,形成嘉陵一中特色的教改之路,努力提高学校教育教学质量,办学生喜欢的学校,办人民满意的教育。

镜头九:杨艳名师工作室开展"送教下乡"活动。自2017年以来,杨艳名师工作室先后到广元市朝天中学、利州区荣山中学、昭化区昭化中学等校开展"送教下乡"活动。

感悟:送教下乡,对口扶贫,充分发挥了名师工作室的示范引领、辐射带动作用,既给农村学校带去了先进的教学理念和教学方式,又促进了名师工作室成员的不断成长。城乡携手,共促发展,何乐而不为?

四、不忘教育初心,憧憬美好未来

名师专项培养研修,对我人生阅历的增长和能力的培养以及综合素质的提高,都是一次难得的锻炼机遇。今天的学习不是结束,而是一种新的开始。我将把学到的知识付诸实践,踏踏实实做人,认认真真教书。我要学习浙派名师的敬业精神,真心诚意地热爱教研,专心致志地研究教学。

“路漫漫其修远兮,吾将上下而求索。”在今后的教学过程中,我们一定要以积极的工作态度、饱满的工作热情,唤醒学生的梦想,点燃学生的激情,尽心尽责地做好本职工作,随时随地思考,随时随地发现,随时随地实践,随时随地体验,随时随地领悟,随时随地反省,把学习的收获变成发展的动力,在实践中历练成长,不负“名师”之名,从优秀走向卓越,为广元教育更好更快发展做出自己的贡献。

毕竟西湖六月中 风光不与四时同

——名师专项培养心语

苍溪县陵江镇回水小学校 ○ 李春燕

两年中，四次研修于浙师大，让我们领略了浙江教学风格与教育理念的“风光不与四时同”。逐梦的路途虽然千里，取经的初心总是依依。始于足下的是实实在在的丰盈收获，不枉短暂而又漫长的40天时间。因为除了学习的美好记忆，更有躬行实教的丰硕成果。

一、搴裳兰沚甚知足

这次学习，浙师大课程安排别具匠心，可谓精彩纷呈，理论讲座加上影子跟岗，每一堂讲座的理论知识都如同饕餮盛宴，让我们知味玩味。这趟旅程又如同四时不同的风光，让我们搴裳顺兰沚，徙倚引芳柯，沉浸在含英咀华的幸福与满足中。学而乐之，乐而忘返。

在跟岗学习中，我们的导师与导师所在学校的名师们呈现给我们不少经典课例，有小说阅读、经典导读、试卷分析、诗歌鉴赏等。他们的课堂，或大气磅礴，或幽默风趣，或激情高昂，或诗意洒脱，或智慧灵动，或清新自然，或朴实无华，或巧夺天工，或行云流水，或浑然天成……课堂上的摇曳多姿，精彩纷呈，其实源于名师们各自不同的个性魅力。点点滴滴的细节传达出他们对课程深刻醇正的解读，对学生博大的人文关怀。名师高效而朴实的课堂无不显示了长期积累的重要性，使我从中认识到教师的文化底蕴和理论素养决定着教师对教材挖掘的深度，也决定着教师对课堂的把握和驾驭程度。教师的底蕴、人格、学识、能力，一贯秉承的教育追求、教学思想和教学理念都是一位好教师必须具备的品质。

二、纸上得来终觉浅 绝知此事要躬行

名师专项培养研修班让我从大师的讲座里读出了自己的“故事”，从名师的课堂里梳理出了自己的思路，以便计划自己的课堂。他们的讲座和课例对我来说最大的价值不是“学来一点招数，解决我的教学问题”，而是以理论指导来提升自己的实践活动，是长远意义上的“回眸我的往事，反思我的工作，审视自己的日常教学，学到新的视角和思维方式，促进我的可持续发展”。感谢广元名师专项研修班带给我这样的感悟，让我满载而归，不虚此行。

践行所学，带着新生的憧憬与向往，我将从以下四个方面带领我的名师团队不断地砥砺前行。

其一，以课堂为阵地，推进新课改。研修学习，重在理论与思想对我们的洗礼与碰撞。在各个年级都使用“三编”新教材的当下，我将主要对工作室成员进行新教材网络培训，带领他们研读新课标；引导他们把课堂教学研究从“课堂教学策略”转到对“‘三编’教材初中语文课堂教学的目标设置与细致操作模式”的研究上；要通过深入课堂实践、听课、评课，把课堂上产生的问题带到研究中来，要通过同课异构、异课同构等方法不断进行教学实验对比分析，加强经验教训总结；开展“我与新教材”“群文阅读与新编教材不矛盾”的主题研讨，不断进行教学反思，破解教学难点，优化课堂操作；带领大家相互听课、说课、评课，以及借班上课等方式进行有针对性的课堂教学研讨；每学年开设不少于6节的研究课，不少于4节的实验课，不少于12节的观摩课，以提高我们的课堂教学效果。

其二，以联合教研与送教下乡为契机，充分发挥名师工作室的纽带与辐射作用。金华五中的联合教研让我受益匪浅，今后，我也将注重教研的联合。我将在学校开展语文、英语跨工作室的联合活动，促进校际、室际联合教研，结合定点联系的学校与片区，以及教育局的送教主题活动安排，开展送教下乡与片区教研活动。送教下乡每年不少于4次。送教不仅要送课堂教学示范、成功的

教学理念,更重要的是,还要送与时俱进的教学思想,如群文阅读教学,对新编教材进行重点解读,对初三中考把脉,解读中考策略等,以发挥名师工作室的引领与辐射作用。

其三,以课题研究为依托,营造浓郁的教学科研氛围。在浙师大研修学习中,导师们对我们如何做课题研究进行了专项的、面对面的指导。学以致用,我将引导工作室成员在推广已经结题的课题成果的基础上,继续认真对新立项的省级子课题"基于群文阅读的九年义务教育阶段语文学科素养培养的路径研究"进行研究。以问题为引领,对"群文阅读语文学科素养培养路径"进行专题探讨。以行动研究方式,促进课题研究及语文课堂教学的有效性研究,提高教育教学论文发表的数量与档次。

其四,以指导青年教师为抓手,发挥工作室成员在本校课堂教学以及教学研究中的示范、引领、帮带作用。通过送教下乡、片区教研、教研联盟,发挥名师工作室的辐射作用。开展"青蓝工程""蓝蓝工程"以及"走出去,请进来"活动,给青年教师搭建交流与学习的平台,让青年教师快速成长。

名师专项研修培养是一段风光旖旎而又幸福愉快的旅程。此刻,我悉数馨香于心的点滴记忆。那些曾陪我演绎缱绻的美丽时光的学友,那些曾让我脑洞大开、升华灵魂的导师们,还有那些寄予我们殷切期望的市县教育局领导与名师办的领导们,让这次学习有种"毕竟西湖六月中,风光不与四时同"的独特感受。这份甜甜的温暖在心底漾开,激励我在今后的广阔学海、邈长教途中高山仰止、博观约取,上下而求索。

我与春天有个约定

苍溪县思源实验学校 〇 杨友清

午潮山下，富春河畔；小桥流水，飞阁长廊；泼墨成画，挥笔是诗。

春风拂面百花芳，万枝垂柳富春江。
春雨滋润心徜徉，落英缤纷嗅暗香。
求真务实谋发展，立德树人育栋梁。
科技之光筑梦想，厚德载物写华章。

时值浙江省杭州市富阳区银湖实验中学永兴学苑第一届科技节，四川省广元市初中化学名师一行四人有幸参与其中，实属缘分！首先观看了各类航模的飞行，似大鹏展翅，似雄鹰翱翔，似小鸟嬉戏，似蜻蜓点水，时而俯冲大地，时而直冲云霄，让人目不暇接、赞叹不已。继而分组展示各类科技作品，发挥学生动手动口的能力。他们密切配合、争先恐后，校园的氛围被科技唤醒，稚嫩的灵魂插上了科技的翅膀！科技，如果没有实验便会失去灵魂；科技，如果没有应用便会失去价值；科技，如果不会动手便不会有新的提升！

漫步在错落有致、布局合理、山水交融、花园似的学校，如入仙境。我们走进老师们的课堂，更是一种享受！先后观摩学习了屠鹏、王晶、郑泽余、邵永平、季春薇等老师和裘志平校长的科学课，让我们耳目一新、受益匪浅。他们的课各具特色、精彩纷呈，体现了现代教育与传统教育的有机结合，以及跨学科之间的高度融合，凸显“真实的课堂，真切的体验”。枯燥的概念通过轻松的、不同形式的活动得以循序渐进、形象具体地呈现，让学生潜移默化地消化理解，充分展示了课堂的灵动和智慧课堂的魅力！

印象最深的是我们参加了“初中科学教学与STEAM课程研讨会”，银湖实验中学永兴学苑裘志平校长的讲座，让我们醍醐灌顶、豁然开朗。他认为课堂应回归本真，对真实课堂的本源追求要求真务实。求真：创拟真实情境，围绕真实问题，培养真正能力，赋予真切体验，激发真情投入。务实：符合实际水平，实施实践活动，注重实时调控，力求实质突破，深入扎实反思。主张：有了教师正确的引导，学生才能真正地自主。问题是教学的关键，没有恰当的启发，就没有真正的思维，思维是教学的灵魂；学生只有在活动中参与、交流、合作，才能获得真正的能力；教师及时肯定，学生自主评价，才能体现价值，收获成功的体验，也才是真应用；将跨学科间高度融合才是真整合。

银湖实验中学的教研氛围更是令人叹服。学校领导身先士卒、率先垂范，战斗在教学的第一线，带头上主课，深入课堂、深入调研、深入探究、深水作业，制订科学的管理体制和激励机制，有益于激发教师的科研热情。教师爱岗敬业、勇于担当、敢于创新。教师在课程研究上有所创新，在课程建设上有所突破，在课题研究上有所建树。教师茶余饭后谈的是学生、想的是学校，甚至在午休时间教研组也集体备课、研究教材、讨论教法、制订学法、整合课程资源。所到之处，无不感受到深厚的文化底蕴和良好的学风、班风、校风所带来的愉悦与震撼！

专家们的专题讲座更是字字珠玑、句句精辟、声声入耳，改变了我们的教育教学理念和教学行为，让我们在教学实践中敢于尝试，促进我们向专业化、团队化发展；引导我们通过听课、评课、深度调研、深度视导等形式，推进教研工作转型升级，建立有效的教育科研生态环境，让教育科研更具活力。

春天，我们相会于银湖实验中学，春风吹开了花朵，春雨唤醒了希望！春天守护着青春，春天呵护着生命！我们的教育应介于“管”与“不管”之间，教育是慢的艺术——静待花开，教师要做立德树人的守望者（教育宗旨），做智慧教育的追求者（专业追求），做快乐成长的陪伴者（教育价值），做以“文”化“人”的自信者（精神境界）。

腹满经纶气自华，胸藏锦绣美如画。
至臻于善心豁达，满地诗香写芳华。

梅花香自苦寒来，洗去浮华独匠心。既然选择了远方，那么就把背影留给大地！

专项研修助我更上一层楼

四川省苍溪中学 ○ 祖金祥

在市教育局、县教科局的领导和指导下，我作为广元市的首批名师，有幸赴浙师大参加为期两年的广元名师专项培养研修班的学习，现就两年来的学习、工作、认识、观念做如下总结。

一、他山之石，可以攻玉

两年的专项培训让我受益匪浅，让我深深地折服于浙派名师的“爱”“实”“勤”“研”四个字。

（一）“爱生如子”的仁爱之心

两年的培训学习，让我们深深感受到浙师大教授和浙派名师对教育的认识和理解是如此之深刻，这让我们折服。我们也从中认识到教育的真谛就是“爱”，一是热爱自己的本职工作，热爱教育事业，有激情、愿投入；二是爱学生，我国古代教育家孔子主张对学生要“仁爱”，做到“诲人不倦”。苏联教育家霍姆林斯基把“爱孩子”看作教师最重要的美德，他说：“要成为孩子的真正教育者，就要把自己的心奉献给他。”爱的前提就是喜欢，正所谓：信其师，亲其道。学生喜欢老师，就会对老师所教学科产生兴趣，成绩自然会进步。教师如何赢得学生的喜爱呢？无疑，正直的人格，渊博的学识，端庄亲切的形象，优美、生动、独特魅力的表达最受学生的喜欢和爱戴。浙江省优秀班主任郑小侠老师就是这样的典范。这是培训中我感受最深的一点，教师就是要奉献一个字——“爱”。

（二）严谨务实的工作作风

研修中让我感受至深的还有浙派名师严谨务实的工作作风，他们脚踏实地，从一点一滴做起，没有太多的“高大上”，更多的是“接地气”，让我们真正感受到他们做事的一个字——“实”。

（三）勤勤恳恳的敬业精神

两年来，我接触了不少浙派名师，与他们面对面交流，跟岗实习，收获颇丰。更让我们敬佩的是，他们非常敬业，勤勤恳恳。我跟岗的导师是回浦中学蒋贤俊副校长，他几十年如一日，把一支学校篮球队带到县级冠军、市级冠军、省级冠军、全国冠军，而今的回浦中学已成为浙江省的青少年篮球培养基地，在全国都有名气，成为学校的一张亮丽的名片。这与他及其团队长期勤奋敬业分不开，他们几十年坚持一个字——“勤”。

（四）孜孜以求的研究之风

浙派名师最大的特点是善于对教育教学中出现的问题进行分析和研究，从研究中提高自己，从研究中解决教育教学中的实际问题，使教育教学走上良性循环之路。研修给我的感受是浙派名师中没有一个是不做研究的，而且他们对问题的研究十分深入且透彻，实实在在做到了一个字——“研”。

总之，两年的研修让我的眼界更加开阔，观念得到了更新，理论水平得到了提高，教学手段也更丰富了，在教学实践中底气更足了。

二、锁定目标，砥砺奋进

培训让我深受启发，我在工作中把所学到的先进的教育教学理念、教学方法大胆地运用于教学实践中，不断学习、不断研究、不断实践，并取得了一定的成绩。

（一）大胆践行新课程理念

我不断学习，更新专业知识，时时关注国内外体育教学动态，汲取新的教育教学思想、方法和手段，并力图把它们转化为教学的动力，用新的教学理念去指导教学实践，使自己少走弯路。在教学实践中，我坚持“以人为本”的教学理念，师生共同成长。把学生看成一个个活生生的人,使他们不仅在知识上要有所增长,而且要使他们的情感得到丰富、意志得到锤炼、人格得到健全、个性得到彰显,在平等的条件下,接受平等的教育,人人都有成才的机会。为此,我带领本校体育组和本体育名师工作室全体教师率先在全市推行合班选课“模块化教学”,在教学实践中特别注重对学生体育兴趣、终身体育意识和学生自信心的培养。保护学生的自尊心,让每个学生都学有所得、学有所长,我自己的实践经验也不断得到丰富。在教学过程中,我还积极推行《国家学生体质健康标准》,所教班级学生体质合格率达到98%以上,学生体育锻炼意识大大增强。

(二)坚持体育训练不放松

体育训练是考查体育教师能力与水平的重要方面。我几十年如一日,从未间断过体育训练,通过浙师大培训和跟岗实习,结合自己多年的训练经验,在训练中我讲究训练科学化、训练高效化。我所指导的学生在2017年四川省中学生田径锦标赛中取得了可喜的成绩,熊博良以7.03米的跳远成绩获得第一名;任鑫以43.6米的标枪(800克)成绩获得第一名,在男子4×400米接力中获得第三名。体育高考成绩一直名列全市前茅,升学率(双上线)70%以上,学生陈定豪在2018年被北京体育大学录取。

(三)推进阳光体育活动的开展

阳光体育活动是一项良心工程。作为名师工作室领头人和艺体教研组组长,我深知开展阳光体育活动的意义和重要性。为此,我带领艺体组全体教师进一步健全和完善课间操、眼保健操、课外体育活动、体育竞赛的各项组织管理制度;抓组织,抓落实,做到管理到位,组织严密,指导耐心,学生大课间活动质量不断提高;课外体育活动有条不紊蓬勃开展,竞赛活动制度化、规范化。顺利通过省级阳光体育示范学校的复查,得到了省专家组的一致好评。为了推动全市、全县阳光体育活动的开展,先后指导苍溪十余所中小学阳光体育活动的开展并顺利通过省、市阳光体育示范学校的验收。作为省、市阳光体育活动评估专家先后参与20多所学校省级、市级或县级阳光体育示范学校的验收或复查工作。

(四)参与名师送教师培辐射活动

带领工作室主动“送教到校”,在上课内容选择、课堂现场观摩、教学点评、讲座内容等方面做全方位安排;利用工作室的资源与学校体育教研组开展联合教研活动,分享教学中的经验和感悟,共同解决教师教学中的疑问;承担教师培训活动,组织承办苍溪县体育教师培训会、《国家学生体质健康标准》培训会、校园足球教练员培训会并做了讲座。

(五)承担省、市、县大型体育活动组织与策划

带领本名师工作室和苍溪中学体育组教师组织实施了广元市中小学生田径运动会、苍溪县中小学生运动会、苍溪县中小学生球类运动会;在区域改革试点中,顺利完成学校体育区域整体推进改革试点县工作,本人也被省教厅评为“学校体育区域整体推进改革试点”先进个人;配合县教科局组织实施全县体育教师技能达标测试;参与2018年四川省第十三届运动会射箭比赛和四川省第九届残疾人运动会射箭比赛。

(六)积极开展教学科研活动

一是研究课程标准。构建我县体育与健康教程体系,编写水平五的《高中体育与健康选项教学模块》和水平四的七至九年级《体育与健康教学指南》,也为全县体育教学管理提供了蓝本。二是课题研究。近两年来,我积极探索艺体学科教学中存在的问题,通过课题研究寻求解决的方法。我主研的多项课题获得省、市级奖励。三是撰写论文。把自己的经验与研究的成果分享给同行,两篇论文发表在省级刊物上,一篇待发。

(七)多措并举培养青年教师

工作室成员加强业务学习,每学年要学习1—2本专业书籍,一边做好笔记,一边把所思、所想、所悟记录下来,在所在学校体育教研会上交流,并辐射到周边学校体育教师;以联合教研促发展。我们先后在市内学校体育组开展联合教研会,研究解决体育教学与体育活动中存在的现实问题,推介我国现有的先进教育理念、教学模式、教学方法与手段,对全县学校体育教学起到了推进和引领作用。工作室把教学经验丰富、教法新颖、风格突出的教师推出去上示范课,促进青年体育教师成长,也为培养骨干教师和名师搭建平台。组织开展体育活

动是一项看似简单、实则复杂的工作，特别能锻炼人的能力。在市县学生运动会、体育教师技能测评活动、体育教师教学大比武等活动中，我们工作室成员都是组织策划者，此外还邀请了一些优秀体育教师参与进来，通过活动提高了教师的教学技能。

三、一分耕耘，一分收获

两年来，通过广元市名师专项培养研修班学习，我对教育教学有了更深刻的认识，增长了见识，丰富了教学经验，努力工作充分发挥了示范、引领和辐射作用，取得了一些成绩。我先后被评为广元市"优秀教师"，广元市2017年高考取得显著成绩的艺体科教师。主研了《预防农村中小学校园欺凌和校园暴力的策略研究》省级重点课题和《农村中小学校园足球小场地教学策略研究》市级课题。2017年在四川省教育厅举办的"创设中学生上肢力量练习方法"评比活动中荣获"一等奖"。2018年8月案例"创新农村中小学美术教改之路——以苍溪县为例"在四川省教育厅举办的四川省第九届中小学生艺术展演活动中荣获"美育改革创新案例"一等奖。所撰写的论文《基于城镇化背景下的校园足球开展现状与对策研究》发表在《绵阳师范学院学报》2018年"国培"增刊上。论文《城乡校园足球开展的现状与对策》和《异质分组，让体育教学别样精彩》，分别发表在《四川教育》2018年第6期和2019年第3期上。《探幽体育教学有效融入品德教育的途径》在《教学与研究》2019年第10期发表。主编的《体育与健康教学指南》(水平四)在四川师大电子出版社出版。《高中体育与健康选项教学模块》《青春期健康教育》校本教材由市县新闻出版部门批准印刷并供全县体育教师参考。

Chapter❹

第四章

理论探讨与课题研究

一、理论探讨

“适学”教法，使语文教学更精准

四川省剑阁中学 ○ 任勇

关于在教学中如何选择教学方法的争论长期以来都存在着，仁者见仁，智者见智，再加上语文学科具有人文性与工具性的特点，更是让语文老师在教法选择上不能统一。多年来，人们从最初“以师为本”的教师讲授法演变到现在“以生为本”的学生自主学习法，这期间不断地否定旧方法，又不断地创造出新方法。但不管怎么发展，我们都要牢记一点，教学方法是为学生学习服务的。常规教学方法有讲授法、谈论法、演示法、练习法、读书指导法等，其实这些方法本无高低之分，最适合学生学习的教学方法就是最好的教法，这就是所谓的“适学”教法。“适学”教法并不是一种具体的教学方法，而是在全面掌握学情的前提下，选择最适合学生学习知识、掌握技巧、提高能力的教学方法。这就是最好的教法，它能使课堂教学更加精准，真正体现因材施教。

在语文教学中，“适学”教法显得尤为重要。因为语文教学内容包罗万象，体裁各异，涉及语言、文学、修辞、写作、地理、历史、艺术和各类自然科学等诸多领域，如果像有些学校那样每节课都固定模式，严格划分讲练时间，那势必会将生动有趣的语文课弄得毫无生机，既不能很好地体现语文学科的特点，又会让学生日久生厌，起不到良好的教学效果。同样，教学方法千篇一律或使用不当，该讲的却练，该练的却讲，也会使教学效果大打折扣。那么，在语文教学中应该如何运用“适学”教法呢？

因为教学活动所涉及的元素大致有老师、学生、教学资源(如教材)、教学环境等,因此,开展“适学”教法就要从这些元素入手。

首先,从人的角度来说,教学活动中的人就是老师和学生。人的性格是不一样的,有的老师擅长讲授,一上讲台就能口若悬河,讲得头头是道,让学生听得如醉如痴。这种老师就可以多利用讲授法,如某地一位老师在讲《林黛玉进贾府》时,能把《红楼梦》相关情节背上一大段,然后旁征博引、洒脱自如地进行讲解。那种侃侃而谈的儒雅气质让学生佩服得五体投地,由此还促使了很多学生爱上语文并考上了大学中文系。而有的老师不善言辞、性格内向,讲不出多少道理来,但他们善于钻研与答疑,如一位老师在讲《拿来主义》这一课时,他只是带领大家大致了解了一下这篇课文的背景,然后就让学生自己学习并写出自己的疑问,最后他收集学生的问题并对有代表性的问题进行答疑,对个别问题就另找时间进行答疑。学生学得很认真,也真正理解了“拿来主义”的本质。还有的老师动手能力很强,喜欢带领学生亲自动手将文字转换成图片或表格来学习……当然,因老师个性不同而采用不同的教法的前提是要把学生真正组织起来,让学生听你讲、配合你练、跟着你去实践才行,不然就成了老师自己在表演了。这样也达不到原本的教学目的了。

至于学生,有些学生是视觉型的,有些是听觉型的,有些又是体觉型的。视觉型的学生喜欢看色彩丰富的图片和视频,那老师就可以多用精美的PPT课件和微课去进行教学,如教授朱自清的《春》时,就可以利用电脑将“春草图”“春花图”“春风图”“春雨图”“迎春图”画出来,让学生直观地感受春天的活力。听觉型的学生喜欢边听老师讲解边思考,但他们不喜欢回答问题,那么老师就可以用传统的讲授法教这类学生。体觉型的学生喜欢亲自操作和实践,这样他们才觉得有意义,那么老师就可以多带领他们去实践与实验,这样,他们学的东西才牢靠。如果学生比较活跃,喜欢发表意见,就可以多采用讨论法或交流法;如果学生比较内向,就可以多采用启发和练习等方法。比如,我在执教人教版必修四的辛弃疾的两首词时,针对两个班的学生采用了两种不同的教法。在理科一层次班上课时,我发现这个班的学生智力和自控力都很好,注意力集中的时间也长,但他们不大活跃,不喜欢回答问题,而是喜欢独自思考。于是,我就把辛弃疾的生平事迹改编成故事,再把《京口北固亭怀古》里的五个典故改编成小故事向他们娓娓道来，当中穿插一些小问题以引起学生的注意。一节课基本是一讲到底，学生听得也很认真，通过课后练习可以看出效果还是不错的。而在另一个文科班上课时，因为这个班的学生比较活跃，注意力集中时间不长，因此，我就把教学内容设计成几个问题先让他们分组讨论，再通过灵活的方式引导他们自己讲解，加以我的补充。课后检测效果同样很好。

其次，从教学资源上看，仅是语文教材就有很多内容，比如高中语文2003人教版的必修教材就分为"阅读鉴赏""表达交流""梳理探究""名著导读"四部分内容。在"阅读鉴赏"中又有不同体裁的文章，针对不同的内容，肯定要采用不同的教学方法才行，如文言文教读文章，要以学生自己阅读为主，老师精讲个别内容；诗歌散文教学就可以多讲一些，带领学生欣赏优美的文字；而"表达交流"部分（即写作表达）就不能多讲，要让学生亲自动手去写作与修改；"名著导读"也可以多讲些，而"表达交流"中的"辩论"等就必须要让学生自己去进行才行。在这里，要特别强调一下讲授法，因为语文学科有很多深层的东西是学生自学不到的，更不是光靠练习就能提高的，特别是农村学校的学生，他们参考资料很少，这时就应该适当地多讲一些。

最后，说说教学环境。广义的教学环境是指影响学校教学活动的全部条件（包括物质的和精神的）；狭义的教学环境特指班级内影响教学的全部条件，包括班级规模、座位模式、班级气氛、师生关系、信息化技术手段等。我们这里主要研究狭义的教学环境。如果班额较大、时间紧内容多、教学内容结构严谨、教学资源不够丰富、教学条件不太充足、学生的自主性和自律性不强、评价体系以考试等传统方式为主等，在这样的情况下，就宜选择以教为主，可以适当地多使用讲授法。反之，如果在班上人数较少、教学内容结构松散开放、目标比较灵活、时间比较充裕、教学资源丰富、教学条件优良、学生的自主性和自律性较强、评价以作品和论文等多元方式为主等情况下，宜选择以学生自主学习为主，老师就应少讲。

总之，教学是一门既简单又高深的艺术，语文更是一门相对复杂而又不容易教好的学科，要想使语文教学真正有成效，就必须多研究教学的各个元素构成，并根据不同的元素灵活地将几种方法穿插起来，选择最适合学生学习的教学方法，精准地去实施教学，才能使教学达到更理想的效果。

如何成为一名好教师

广元市实验中学 ○ 何剑元

拿破仑曾经说过:“不想当将军的士兵,不是一个好士兵。”同理,不想把书教好的教师,不是一个好教师。怎样才能成为一个好教师呢?根据在外的培训所学和自己长期的实践经验,我认为应从下面四个方面做起:打造一个好自己,培训一批好学生,结下一种好情谊,收获一番好成绩。

一、打造一个好的自己

(1)从形象上好起。教师的形象,首先是外在形象,外表是给人的第一印象。做教师的如果学生对他的第一印象不好,那么威信就难以树立,敬重也就难以获得。怎样打造一个好的外在形象呢?“南开之父”——张伯苓的“容止格言”就是塑造外在形象的最佳指导,即“面必净,发必理,衣必整,纽必结。头容正,肩容平,胸容宽,背容直。气象:勿傲、勿暴、勿怠。颜色:宜和、宜静、宜庄”。

接着是内在形象,教师的内在形象包括:道德形象、文化形象、人格形象三种。

教师的道德形象是最基本的形象,即为人师表——“学高为师,身正为范”,强调的是教师的榜样、示范作用;乐于奉献——奉献是教师职业责任感和使命感的具体体现,没有奉献精神就会失去教师职业的高尚性和纯洁性;公允正直——就是“公平”“正义”“直道”,不公正的教育将使学生的心灵失去平衡,教育过程则失去“善”的价值,教师不正直,学生就会不亲、不信,教师就会沦为平常之辈。

教师的文化形象,是教师形象的核心。"才高八斗""学富五车"是教师的传统文化形象,今天的教师依然要具备这一文化特征。教师要教给学生一杯水,自己必须具备一桶水。教师的知识储备要多,才能满足学生的求知欲望;教师的知识过硬,才能解决学科内出现的问题。也只有这样,教师才能在学生那里赢得尊敬。

教师的人格形象是教师形象的整体体现。人格是一个人的整体心理面貌。具体包括教师对学生的态度,教师的性格、气质、兴趣等。教师的人格形象是学生亲近或疏远教师的首要因素。理想教师的人格包括善于理解学生、富有耐心、性格开朗、情绪乐观、意志力强、有幽默感等。

总之,教师的形象应是外在形象、道德形象、文化形象、人格形象四者的统一。教师的形象建设是一个不断设计与改造的过程,需要全社会对教师职业的地位、功能、条件进行科学认识,更需要教师自己去建立与规范。

(2)从功底上好起。教师的功底分为知识功底和教育教学功底。教师自古就被称为智者,学高才能为师。习主席在与北师大师生座谈时也指出:做好老师要有扎实的学识。

好的知识功底是怎样形成的呢?首先,教师要精通自己的学科,要能不断地给学生传道,精准地给学生解惑,要能充分地满足学生的求知欲。正如马卡连柯所说:"学生可以原谅老师的严厉、刻板甚至吹毛求疵,但不能原谅老师的不学无术。"事实上正是这样,如果教师专业知识不扎实,教学中必然会捉襟见肘,穷于应对。其次,应该掌握一些专业知识,懂得一些现代教育学、心理学,有效的教学需要科学理论的指导。教师要很好地实施教育教学,必须掌握教育学、心理学和学科教学法等基本知识。

好的教育教学功底又是什么?好的教育功底就是要具备"师爱"意识。好教师,心中要有爱,这种爱不仅是对工作的热爱,更是对学生的关爱。用真爱去关心学生,对"好学生"关爱备至,而对"差学生"更应加倍地关爱与呵护。用爱去发现他们在学习上的每一点进步,去寻找他们在生活、品德上的每个闪光点,加以充分地肯定和激励,让他们感到温暖,增强自信,缩小师生心灵上的距离,促使学生和教师成为能交心的朋友。

"师爱"是教育的灵魂,是教师魅力的源泉,它是教师对学生热情真诚的关心与爱护。“师爱”体现了一种新型的师生关系，包含着教师对学生深厚的人道主义关怀与期待。教者具有强烈的爱心，学校定会充满欢乐，课堂定会洋溢活力，师生间定会亲密和谐。反之，教育则犹如一潭死水，师生间必会相互推诿、抱怨，甚至排斥。“师爱”意识，是教师实现自身价值的根基，是实现榜样价值的关键。

好的教学功底就是要懂得并拥有一定的教学素养。在教学上要做到“五有”“五备”和“五为”。“五有”即脑中有“纲”（课程标准），胸中有“本”（教材），目中有“人”（学生），心中有“数”（差异），手中有“法”（方法）；“五备”即备课标、备教材、备学生、备教法、备学法；“五为”即形成“教师为主导、学生为主体、训练为主线、思维为核心、能力为目标”的教学模式。教学中还要重视教研，随时要将研、教结合，谨记：教而不研则浅，研而不教则空！

(3)从心态上好起。教师是社会中的平凡人，生活中也会遇到各种不顺，心态也随之受到影响，时阴时晴。好心态是教师教学的必需品，是创造教学气氛的重要因素，是拉近师生距离、提高教学效率的基石，也是实现校园和谐、师生和谐、教学和谐的基础。

心态是一个人在思想观念支配下，为人处世的态度和心理状态的总和。教师的良好心态包括安分守己的心态、宽容平和的心态、淡泊名利的心态、与人为善的心态、客观公正的心态、积极向上的心态、宠辱不惊的心态、进退有度的心态。

如何建构良好的心态，每个教师都有各自的调节方法。要保持好的心态，至少要做到以下六个方面。

一是做好人，不做坏人；起好心，莫生恶念。在平常的工作、生活中，不觊觎他物、不嫉妒他人、不害人之命，就不怕“鬼敲门”，自然就心静如水。

二是坚守住道德底线，不违纪越规，清清白白做人，踏踏实实做事。不体罚和变相体罚学生，不向家长吃拿卡要，不给学生和家长找到任何伤害自己的借口，要时刻保护好自己，不能拿学生的错误来惩罚自己。

三是要学会用第三只眼睛看教育。以橘子为喻，一种橘子大而酸，另一种橘子小而甜。如果拿到大的就抱怨酸，拿到甜的就抱怨小，那就没有一个人心里是快乐的。反之，拿到小橘子就庆幸它是甜的，拿到酸的就庆幸它是大的，那就没有一个人心里是痛苦的。教育与之同理,我们要找到教育的规律和优势,才会发现教育的美好。

四是要对班级学生的学习情况有一个清醒的认识、明确的把握。要降低期望值,不要盲目跟别的班级比名次,只要学生比上次有进步就行,有进步就是教育教学的成功。

五是把教育后进生作为对自己的挑战。他们的成绩只要有一点进步,自己就没白努力,要安慰好自己,要善待自己。

六是知足者常乐。做一名好教师,不要苛求自己的成绩非要超过别人,不要苛求自己的班级非要考第一,那样教师累,学生更累。只要学生有进步,就要知足,知足常乐。有了健康的身体和乐观的心态,我们就是一个成功者。

常言说得好,改变不了环境,就要学会适应环境;改变不了别人,可以改变自己。同一件事,不同的人会有不同的看法,不同的看法会产生不同的情绪体验,你是幸福的感觉还是痛苦的感觉,全在于你对这件事的看法。俗话说:"比上不足,比下有余,此寻乐之妙法也。将日常饥者比,则得饱者自乐;将号寒者比,则得暖者自乐;将劳役者比,则悠闲者自乐。"

二、培训一批好学生

教师工作的对象是学生,教师的优劣是用学生学习的效果来说话的。所以,教师与学生之间是相辅相成的关系。要想成为一个好教师,除了自己要好外,还必须为自己培训一批好学生,用学生好的学习效果来成就自己的好名声。怎样使自己拥有一批好学生呢?那就得靠自己去培训。

(1)从"日常行为规范"方面去培训。学生在学校每天都要吃喝拉撒、学习运动,如果任其自然的话,那便会是一个五花八门、乱七八糟的局面。这样既不便于管理,也极为不成体统。该怎么办呢?这就需要教师对他们的日常行为有所规范,并施以严格的培训,学生才会养成好习惯。我是这样要求的:在"起床"方面,要求他们"起床动作快快快,立即洗漱和穿戴,再忙别忘叠被盖,卫生工作不旁贷"。在"做操集会"方面,要求他们"一日三操不能少,升旗集会表现好,尽力做到快静齐,举手投足要统一"。在"着装"方面,要求他们"衣着打扮要大方,不染发来不化妆,佩戴团徽与校章,不求时髦求端庄"。在"学习"方面,要求他们“预备铃响坐整齐，集中精力钻学习，听课同时做笔记，复习巩固才容易”。在“就餐”方面，要求他们“就餐要在时间内，打饭自觉排好队，荤菜素菜相搭配，学习运动力不匮”。在“请假”方面，要求他们“进进出出走校门，随时随地守章程，不批假时不走人，请假习惯要养成”。在“行为举止”方面，要求他们“打架斗殴行为丑，抽烟酗酒病入口，远离网吧慎交友，优良品质放在首”。在“文明礼仪”方面，要求他们“遵规守纪讲正气，尊敬师长有礼仪，校园花草要爱惜，果皮纸屑莫乱弃”。在“安全”方面，要求他们“安全问题时常讲，危险之处莫争抢，崇尚文明重修养，不义之财切莫想”。在“全面发展”方面，要求他们“德智体美齐并举，课外活动勤参与，学习身体两不误，投身社会做砥柱”。

(2)从“学习要求”方面去培训。学习是学生的中心任务，要像这样去要求和培训他们：书要仔仔细细地读，字要规规矩矩地写，作业认认真真地做，题要反反复复地练。

(3)从“仪容举止”方面去培训。张伯苓老先生的“容止格言”既是塑造教师外在形象的最佳指导，也是规范学生仪容的范本。

(4)从“姿势与习惯”方面去培训。读书时，要这样训练学生：“头正身直脚并拢，书身仰立四十五(度)”。写字时，训练学生做到“肘放桌上手握笔，眼胸保持‘两个一’”。读书学习时，训练学生做到“读文不忘编序号，牢记读书有‘四到’，听课同时做笔记，复习巩固才容易”。

(5)从“思想品德”方面去培训。学生也是成长中的人，要教会他们一些做人的道理，当他们明白了这些道理之后，任性和撒野就会有所控制，把他们教成才便是一件易事。

一是让他们明白“人生真谛”。男人再帅，扛不起责任，照样是废物；女人再美，自己不奋斗，照样是摆设。长得漂亮是优势，活得漂亮才是本事！爱自己的最好方式，就是成就自己！

二是教会他们过日子的方法。每天要这样打算——不教一日闲过(齐白石)；每天要这样去经历：早晨醒来时，问一问自己“我应当做什么?”晚上睡觉前，问一问自己“我做了些什么?”(毕达哥拉斯)；每天要过出这样的质量：每一个不曾起舞的日子，都是对生命的辜负(尼采)。

三是让他们具备三大“人生意识”。第一，目标意识：人生是一次远航，没有目标,就没有方向,也就没有了动力。目标是调动自己的最好办法!第二,勤奋意识:一勤生百财,一懒万事休!勤能补拙,勤能做大!第三,责任意识:对自己负责——天生我材必有用,千万别妄自菲薄,浪费了自己这块天生之材。对父母负责——生命是父母给的,没有父母哪有自己?百善孝为先,不孝无以行。对伴侣负责——人生必须结伴而行,既然结了伴,那就得相伴以终,理当“执子之手,与子偕老”。若中道分崩,浪费的不只是彼此的青春,还有更多的发展良机;伤害的不只是对方,还有双方的父母、孩子。对国家负责——常言道:“皮之不存,毛将焉附。”同理,没有国,哪有家,没有家,哪有我!家国情怀,人人皆必有之。

四是帮助他们确立人生准则。言行方面以“丰碑无语,行胜于言”为准;交友方面以“交友须胜己,不如宁可无”为准;进取方面以“学犹不及,犹恐失之”为准。

五是嘱咐他们给自己的人生提出要求。每日必读——饭可一日不吃,书不可一日不读;食养保命,书养高尚;最是书香能致远,腹有诗书气自华。人必有志——有志者,千方百计;无志者,千难万难。活得有尊严——摆脱阴霾,拥抱阳光;远离负能量,亲近正能量;拒绝平庸,活出品位。

六是提醒他们学会控制情绪。每个人都有情绪,我们要做情绪的主人,不做情绪的奴隶——愤怒以愚蠢开始,以后悔告终!

三、结下一种好情谊

教师的发展离不开关系,但是很多教师不愿意提及“关系”二字,总觉得所谓的“关系”里面一定存在不正当的利益交换,甚至有一些清高的教师不屑于搞好各方面的关系,结果在工作中磕磕绊绊。要想成为一个好教师,必须处理好与学生、家长、同事、学校的关系,因为他们是我们教育工作者必须交往的对象,处理好了就是彼此成就,处理不好就是彼此妨碍。

(1)处理好与学生的关系。学生不仅是教师工作的主体,也是教师教育效果的体现者。常言道:信其师,亲其道。教师与学生的关系处理不好,一是工作开展不顺利;二是教学效果也无从体现。

(2)处理好与家长的关系。教师和家长在教育学生的目标上是一致的,在教育学生的问题上，家长是教师最可靠的“同盟军”。教师只有与家长配合好才能起到事半功倍的效果。因为学生与家长相处的时间最长，家长对学生的影响最深，只有得到家长们的支持和配合，教育工作才能开展下去。

一是教师要尊重家长、理解家长，学会换位思考。当学生出现问题的时候，教师要善于同家长沟通，心平气和地向家长解释，主动协调，共同探寻解决问题的途径，共同处理好学生问题，不能把问题复杂化。

二是虚心听取家长的意见和建议。许多家长非常关注孩子在校的情况，常常根据观察了解对教师的工作做出主观或客观的评价，相应地提出意见或者建议。对此，教师要虚心听取家长的意见和建议，真诚地感谢他们对学校工作的关注和支持，感谢家长对班级管理工作的理解和支持，共同促进学生的健康成长。同时，教师要具备准确的判断能力和良好的心理承受力，针对个别学生家长的苛刻要求和不切实际的意见，采取体谅的态度，委婉耐心地做解释工作。

三是主动与家长经常联系。家长与孩子朝夕相处，对自己孩子的性格特点、兴趣爱好了如指掌，能较真实全面地反映学生在家里的情况。同时，家长以自己的言传身教和行为准则直接影响孩子，教师要与家长保持密切的联系，通过家访、请家长到学校等途径，沟通学生情况，积极向家长宣传科学的教育思想和教育方法，争取家长密切配合，共同教育学生。

(3)处理好与同事的关系。台湾作家柏杨有一本书叫《丑陋的中国人》，里面把中国人的窝里斗刻画得淋漓尽致。中国有句老话也经常说：“买卖好做，伙计难处。”这些讲的都是团队里的人际交往问题。一个学校是一个团队，一个年级是一个团队，一个班级是一个团队，如果这些团队合作成功，那么团队中的每个人都是成功者，五个指头长短不一，但握起来就是一个拳头。在这个团队中每个人都必须保持一颗平常心，感觉自己就是这个大家庭中普通的一员，相互尊重，彼此欣赏，既能够看到自己的好，又能够看到别人的好。不利于团结的话不说，不利于团结的事不做；损人利己的事不做，损人又不利己的事更不做。尺有所短，寸有所长。每个人都有自己闪光的地方。同事之间要多包容，多理解。在这个开放式的社会，我们赞同自我展现，反对相互贬低。如果在这个群体中过分强调个人的力量，那么教师个体无论多么强大，都不会有持久发展的空间。

(4)处理好与学校之间的关系。教师和学校之间的关系就是个体和群体之间的关系,既相互独立,又相互依存。很多工厂的大门旁都写着这样的标语:厂荣我荣,厂耻我耻,体现了群体和个体实际上就是一个唇亡齿寒的关系。教师只有明确了个人与学校的关系,才能够摆正自己的位置,调整好自己的心态,促进自己的发展。

总之,融洽和谐的人际关系是教师事业成功的催化剂,能够消除不必要的误会、摩擦和内耗,从而使教师全身心地投入到教育教学工作之中,得心应手地工作,取得优异的成绩。因此,教师要学会与学生、家长、同事和学校进行有效的沟通,缩短心理距离,增加相互之间的理解和信任,努力建立和维护良好的人际关系。

四、收获一番好成绩

以种庄稼为喻,农民种庄稼,无论那庄稼的秆有多么粗壮、叶有多么茂盛,如果颗粒无收,那就不能叫丰收,这个农民也不可能被大家认可。同理,作为教师尤其是好教师,首要的条件是要有好成绩,没有好的成绩,好教师就没有说服力。

想在工作中干出一番成绩是每个人都渴望的事,但工作成绩是干出来的,不是喊出来的,不是等出来的。单有雄心壮志和激情却躺在被窝里睡觉,只能一事无成。成绩是披荆斩棘、筚路蓝缕,一步一个脚印干出来的,从每一天开始,把每一分每一秒的工作聚集起来,厚积薄发,其结果就是成绩。

忠诚是干出成绩的关键。忠诚是一种境界,更是一种行动。员工对企业忠诚,受益的不仅仅是企业,最大的受益者就是员工自己。在本职岗位上恪尽职守,无疑是走向自己职业生涯成功的起点,也是干出成绩的前提。

能力是干出成绩的前提。能力是指完成一定活动的本领,是一个人能干出成绩的先决条件。没有任何能力,就谈不上工作,更谈不上工作成绩。如果你想干出成绩,能力是你的前提,而能力必须通过学习来提高。一是要热爱你的工作;二是要在工作中总结经验,不断适应新形势,追求更好的方法和更高的效率。

干出成绩靠点滴积累。天下大事,必作于细。成绩不是一天两天就能喊出来的,也不是通过一两件大事就能干出来的。而且大事也不会有很多,相反,我们每天干的都是小事、琐事。只有将小事做好,努力把小事做细、做透、做精,并且把这种态度当成自己的一种习惯,总有一天也能干出大成绩。因为成绩就藏在每天细小而琐碎的工作中。

责任心直接决定工作成绩。一个人如果放弃了责任,就会像社会学家戴维斯所说的:“放弃了对社会的责任,就意味着放弃了自身在这个社会中更好生存的机会。”员工之于企业,就是将自己的责任贯彻到底,因为责任心决定了你在工作中的成绩。成绩和责任是一对“孪生姐妹”,要想干出成绩,就得先承担起责任,当你是一个具有高度责任心的员工的时候,企业就会给你提供更多的干出成绩的机会。反之,一个没有责任心的人是不可能有成绩的。

走过失败,收获的就是成绩。工作肯定是有困难的,越重要的工作,困难就会越多。你要想完成工作任务,就得战胜这些困难,但你在与这些困难斗争的过程中,有可能被困难打倒在地。这时,不管你被困难打倒多少次,你都应该站起来,因为你每失败一次,就会离成功更近一步。坚定信念,学会从失败的废墟中崛起,只要走过失败的废墟,成绩之花就会在前面等你摘取。

打造一个好自己是成为一个好教师的基础,培训一批好学生是对成为一个好教师的成全,结下一种好情谊是对成为一个好教师的催化,收获一番好成绩是成为一个好教师的保证。

如何让高中语文教学更高效

四川省剑阁中学 ○ 任勇

高中教育既不是精英教育，也不是职业教育，更不是某些人所说的应试教育。《普通高中课程方案（实验）》指出："普通高中教育是在九年义务教育基础上进一步提高国民素质、面向大众的基础教育。"这就要求高中语文课堂教学既要注重知识的积累，又要注重能力的培养，使学生有较强的语文应用能力和一定的语文审美能力、探究能力，具有良好的思想道德素质和科学文化素质，为自身学习和长足发展奠定基础。

语文教学既包括语文课堂教学，也包括课堂外学习语文的整个活动过程。那么，应该如何使高中语文教学更高效呢？

一、要明确高中语文课程目标

《普通高中语文课程标准（2017年版）》指出：学生通过阅读与鉴赏、表达与交流、梳理与探究等语文学习活动，在语言建构与运用、思维发展与提升、审美鉴赏与创造、文化传承与理解几个方面都获得进一步的发展；坚定文化自信，自觉弘扬社会主义核心价值观，树立积极向上的人生理想，为全面发展和终身发展奠定基础。这就是高中语文课程的整体目标，只有目标明确，我们在平时的教学过程中才能真正做到因材施教和有的放矢。

二、要遵循“三自”原则

所谓“三自”原则，指的是自我学习、自我管理、自我成长。这是“以生为本”的重要体现。

1.自我学习

自我学习，需要挖掘学生的学习内动力，引导他们发自内心地去学习。由于学生在义务教育阶段的语文学习中就已经掌握了关于字、词、句、章等语文基础学习能力，因此学生完全可以通过自我学习来解决高中语文中的这些基础知识，如遇到不能解决的问题，通过小组合作学习也能解决，剩下的一些关于鉴赏、审美、思维、探究等方面的问题可以放在课堂上去通过师生互动、学生与学生间的互动共同解决。

2.自我管理

自我管理，一方面指的是学生自己管理自己，比如安排好学习时间，什么时候背诵，什么时候预习、练习、积累、练字等；另一方面指学生之间的相互管理，比如把全班学生分成若干小组，让小组自己管理自己，或者把语文学习的各方面的内容安排给学生，让学生自主学习，这样比老师管理落实要合理得多。

3.自我成长

自我成长，一是认识自我，明确知道自己在语文学习中有哪些优势与劣势，同时要通过比较明白理想中的自我与现实中的自我有多大的差别，只有这样，学习才能做到方向明确；二是自我成就，辩证地看待自己的优势与劣势，知道自己的语文学习在自己所有学科中准确的位置，找准语文学习的方向努力，挖掘自己的潜能，积极行动起来。通过努力，让自己逐渐成长起来。

三、将写作教学与语文学习的各个方面相结合

写作水平是学生语文素质最直接、最集中的体现，但写作教学不是孤立的，应该把写作教学与学生语文学习的各个方面相结合才行。这一步主要在课堂教学中体现。

1.与阅读教学结合

阅读是语文知识与能力的重要来源，是写作的前提与准备。阅读教学的任务，即语言文字的学习、积累、运用，思想情感的陶冶和语文能力的培养。写作

教学的任务是教学生充分表达自己的思想与情感。应将二者有机结合，让学生将阅读到的优秀文章变成学生学习写作的活教材，当然别人的写作技法也可以被我们借鉴。

2.与语言积累结合

语言不仅是构造文章和传递信息的媒介，更是使文章优美、感人的重要保证。下笔无话可说，或表达不出来，是语言贫乏的表现，没有丰富的语言就难以成就一篇好文章。只有将写作要求与语言积累相结合，有针对性地多听、多读、多摘抄、多背诵，通过长期积累、丰富词汇，然后在体验和观察中培养、训练语感，在多练中掌握语言技巧。只有语言积累多了，语言丰富了，才能得心应手地写作。

3.与生活现实结合

写作是社会生活的能动反映，它的对象是生活，即生活中人的现实活动、思想感情和性格命运。离开了生活，作文就成了无源之水。学生生活本来就单纯，如果再把作文教学与生活脱离开来，他们更是无话可写。我们要将二者相结合，引导学生从内容着手，从学校生活、家庭生活的琐碎小事中挖掘出人生意义，学会记叙生活经历和生活见闻，表达对生活的感受、认识和热爱，不能片面追求写作技巧而脱离现实生活。

4.与语文测试结合

语文测试，特别是比较正规的套题训练，都有作文题，很多老师都只是简单地给学生打一个分数了事，这样对提高学生的写作能力并没有帮助。我们应该仔细批阅试卷上的作文或是让学生之间相互批改，从中找到学生此次写作中存在的问题，然后有针对性地解决并再次训练，只有这样，才能达到写作测试的目的。

5.与书写训练相结合

书写在写作中的重要地位是不言而喻的。为了让学生在写作方面有所突破，就必须将二者结合起来训练，在作文分数中专门设置书写分，让学生真正重视书写。

四、将学生的语文学习与生活实践相结合

这种结合主要体现在课堂教学之外的语文学习中。

新课程标准指出:“高中语文课程,应进一步注重语文的应用性特征,加强与社会发展、科技进步的联系,加强与其他课程的沟通,更新内容,以适应现实生活和学生自我发展的需要。”

语文是最重要的交际工具,是人类文化的重要组成部分。高中语文学习应充分联系学生生活,加强语文实践。实践的过程是学生对经典文章学习和深化的过程;是语文知识的运用过程;是对生活的体验、观察和思考的过程;是多种能力的培养过程。所以我们在教学中要组织相关活动,让学生做到学以致用;引导学生观察实际生活,在课文教学中找到与实际生活联系的切入点;开展各种语文活动,让学生在活动中关注实际变化,在实际变化中找到语文知识的踪影;让学生通过观察实际现象,从实际现象中找写作素材,通过写作来表述对实际现象的看法;在课外,给学生更多的空间去关注生活细节,在生活细节中引导学生学习语文。

现在的高中语文教学有很多问题,费时多、效率低是主要问题,作为一名高中语文教师,我们必须找到行之有效的教学方法,明确方向,抓住核心,多方结合,才能使高中语文教学真正高效起来。

浅议名师的角色素养

四川省广元中学 〇 宋伏建

一、名师的意义

德国G&G公司的经理Travis在很短的时间内将一个濒临倒闭的企业从死亡线上拉回来，将分店增开到17000多家，并且实现年盈利100多亿美元。这位经理做了什么呢？他每年从公司利润中抽取数百万美元用于培训员工，培养精英。Travis为什么这么做呢？因为他深知一个道理：员工，尤其是员工中的精英，是公司的名片、是公司的脊梁、是公司的灵魂、是公司的前途和希望。

同样的道理，一所学校也应该有自己的品牌，有自己的精英和脊梁，那就是“名师”。名师具有不甘平庸、敢为人先、追求卓越的意志品质。名师以其优秀的人格魅力、扎实的学识和认真负责的工作态度吸引着学生、感染着学生、教育着学生；名师以其良好的团队协调能力、实用高效的教学技能和令人信服的工作业绩激励着同事、鼓舞着同事、引领着同事；名师对学生的成才、同事的成长、学校的发展有着不可估量的作用。因此，名师不仅仅是教师个人的荣誉，更是一种责任，一种担当。一所名师荟萃的学校必定是一所名校，而一所学校要成为名校，必须努力培养和打造自己的名师团队。

二、名师应该具备的角色素养

1.名师应该具有高尚的师德

中国自古以来就有讲“德”的传统，讲究做人先有“德”，讲究“学高为师，身正为范”。名师是学生成长路上的一盏明灯，是同行的标杆和榜样，因此名师必须具有高尚的师德。

健全的人格是成为名师的基础。社会学把人格看成是人在社会生活中通过自身的言、行、情、态等所表现出的品位和格调。教师的人格，是教师的思想、品德、情感、行为的统一体，是科学和人文的综合体现。健全的人格是名师成功的根本，名师成长的过程就是人格不断完善的过程。

博大的师爱是成为名师的核心。教育是培养人、塑造人的事业。苏联伟大的教育家苏霍姆林斯基有句名言：“热爱一个学生就等于塑造一个学生，而厌弃一个学生无异于毁掉一个学生。”这种“热爱”不是肤浅的问候和寒暄，而是对学生的困难或问题给予真诚的支持和帮助；是对学生每个细小的进步给予掌声和欣赏；是对学生成长路上的失误给予包容和理解；是对学生人格给予充分的信任和尊重，这种爱是不计回报的，是至高无上的。

爱岗敬业，是成为名师的具体体现。踏踏实实地钻研教材、研究教法，兢兢业业地备好每堂课，上好每堂课，认认真真批改作业，记录学生的问题，耐心细致地辅导学生，为学生答疑解惑，时刻不忘责任，一心想着教育，在平凡的岗位上努力实现人生的价值，这是名师的具体表现。

2.名师应该具有科学的教育理念

教育理念是名师在长期的教育教学过程中，通过大量的阅读、学习、探索、实践、积淀和提炼，形成的具有名师个性特色的教学主张，是名师的教育观、学生观和教育活动观的体现。没有教育理念的教师，就没有教育的目标和方向。有的名师主张教师真正的本领，不在于他会讲述知识，而在于他能激发学生的学习动力，唤起学生的求知欲，让他们兴趣盎然地参与到学习过程中来；有的名师主张用激励代替惩罚，让学生在探索中学习、在问题中成长，彰显学生的个性，让每个学生成才。崇尚这些教育理念的教师一定会在教学过程中注重培养学生不怕困难、主动探索、大胆质疑、勇敢实践的精神，一定会注重培养学生的个性，尊重学生的人格，开发学生的潜能，这些学生在学习过程中一定会热血澎湃、不畏艰难、张扬个性、满怀希望、不断进取、勇敢作为。

3.名师应该具有扎实的学识和先进的教学技能

2014年教师节，习近平主席与北京师范大学师生座谈时指出，“做好老师要有扎实的学识”。苏联教育家马卡连柯说过：“学生可以原谅老师的严厉、刻板甚至吹毛求疵，但不能原谅老师的不学无术。”苏霍姆林斯基也指出：“只有教师的知识面比教学大纲宽广得多，他才能成为教学过程中的精工巧匠。”

没有扎实的知识功底、过硬的教学技能、勤勉的教学态度和科学的教学策略，怎么传道、授业、解惑呢？如果某位教师至今仍然不会使用电脑，不会做课件，只会煞费苦心地使用粉笔在黑板上书写，苦口婆心地说教，他的教学效果怎么会好呢？名师除了“满腹经纶”，还必须有高超的教学艺术和科学的教学方法，才能将自己的满腔学识高效地传达给学生，转化为教师自己的教学业绩，转化为学生认识问题、探索问题和解决问题的能力，这才是名师最大的贡献，这样才会实现名师的人生价值。

4.名师应该具有较强的学习和研究能力

当今社会科技迅猛发展，知识日新月异，如果某位教师不思学习，靠吃老本，这位教师注定会被淘汰。联合国教科文组织总干事埃德加·富尔说：“未来的文盲不再是不识字的人，而是没有学会怎样学习的人。”名师应该是对知识深怀敬意和向往的人，是主动学习的人。名师要到书中学习、到网络中学习、向媒体学习、向同事学习、向名家学习；独立学习、合作学习；不断学习，不断充实自己，不断更新头脑中的知识库，与时俱进，才是教学的源头活水。

名师的学习应该是一种研究式的学习。休闲式的学习是没有深度和广度的，是没有推动力和生命力的。随着时代的进步，当代教育已经向复杂性、广阔性、多样性、灵活性的方向发展。教师在教学中遇到的问题也越来越复杂和多样，名师应该有教育教学的敏感性，及时发现、捕捉、记录教学中发现的知识性问题、教法问题、学法问题、学生的思想问题、学生成绩的波动问题等，并以此为课题，努力寻找、探索、研究这些问题的解决之道，做到不回避问题，不抛弃问题，把问题变成教学的突破口，变成推动教师自身进步和成长的机会，变成促进学生成长和成才的机会。名师首先是一位科研型教师。

5. 名师应该发挥引领、示范、辐射作用

名师在提高自己教学能力、教学业绩和知名度的同时，还应履行好引领、示范和辐射作用，带动一个学科、一所学校，甚至一个地区教育教学质量的提高。

第一，名师应该在思想上引领。名师应该把自己先进的教育教学理念融入到集体备课中去，融入到学习交流中去，融入到评课议课中去，用自己热爱学生、勤奋工作、追求实效、大胆创新、不甘平庸、追求卓越的思想品质去感染身边的普通教师，带领他们一起进步。

第二，名师应该在行为上示范。例如，名师应该向普通教师亲自展示如何正确研读教材和教学大纲，如何备好每堂课？如何上好每堂课？如何评好每堂课？如何反思每堂课？如何做学生学业指导和思想辅导工作？如何做课题研究，尤其是微课题研究？

第三，名师应该在影响上辐射。“一花独放不是春，万紫千红春满园”，名师不能仅仅让自己一个人优秀，名师最终的意义在于通过名师的思想引领和行为示范，带动一个学科、一所学校、一个地区的教师形成联动，共同参与教育教学研究，形成浓厚的学术氛围，培养更多的名师，让一所学校或一个地区的教育教学质量得到更大程度的提高。

总之，“学高为师，身正为范”。名师不仅要为人师表，还要具有超越普通教师的许多优秀素养。名师不仅是一种荣誉，更是一种责任和担当，是热爱祖国教育事业并为之努力奋斗的具体体现，是广大教育工作者应该具有的崇高理想。

小学语文朗读教学中存在的问题及对策

广元市利州区莲花初中 ○ 凡晏清[①]

《义务教育语文课程标准》指出:"小学各个年级的阅读教学都要重视朗读。"所谓朗读,就是清楚、响亮地读,就是把无声的书面语言转化为有声语言的再创作语言活动,通过朗读可以形象地把书面语言融情于声,从而变为富有感染力的口头语言。在学习文章时,只有进行反复朗读,用心体会,才能真正感受、体悟文字中所蕴含的深厚的思想感情。朗读对小学语文阅读教学和学生的德育教育,以及提高小学生的综合能力都具有非常重要的意义。然而,从实际朗读教学现状来看,学生的朗读却总有不尽人意之处,已经成为优化小学语文朗读教学中一个急需解决的问题。

一、朗读教学的现状

目前的教学活动中,大家都在强调朗读的重要性,强调朗读有着不可或缺的作用,但是对朗读的规划并不明确,比较随意和简单化。其实,因为有一种错误的思想在主导着人们:多读总没有坏事,多读反正有好处,所以,就出现了一

①凡晏清:广元市利州区莲花学校副校长、广元名师,利州区语文特邀教研员,成立了凡晏清"生命语文工作室"。初中语文课"行路难"在"全国第五届中青年教师课堂教学大赛"中荣获二等奖;"四川省现代教育技术应用优质课大赛"初中语文课"行路难"评为第一名,并荣获一等奖;"广元市语文优质课大赛""画杨桃"荣获一等奖;广元市教学大比武语文学科教学"天净沙·秋思"和小学语文作文课"______我想对你说"荣获一等奖。主要从事小学生命语文的探讨,将语文教学生活化、思维化、情感化、感性化、情景化、诗意化、智慧化融为一体,来激扬学生生命的个体。

种令人担忧的局面，就是在整堂教学过程中，学生一路读过来，教师也用了比较多的朗读方式要求学生读，读完、分析完，文章学习就算结束了。有的时候，教师给学生布置的朗读作业目的不够明确，朗读的作用也不明显。

二、朗读教学现状的分析

(1)只关注朗读技巧的训练，而忽视对文本内涵的感悟。这样的朗读指导显得过于理性，课堂上经常能听到教师如此指导学生："这句话朗读时，语速应当快一点！""某某词应当读得重一点！""某某词语之前应当稍作停顿！""这是个问句，句尾的那个词语音调应当往上扬！"……在教师如此"具体"地指导下，虽然学生也能读出教师期待的那种效果，但可悲的是，学生只能读"好"这一句、这一段或者这一篇，倘若换了内容，往往就不会读了。

(2)一味注重文本内涵的理解和感悟，而轻视朗读技巧的指导。这样的朗读训练往往显得感性。课堂上经常可以听到教师不太着边际的指导："你能读出春天的五彩缤纷吗？""让我们一起朗读来表现有了火之后人们的幸福生活。""中朝人民情深似海，不是亲人，胜似亲人，让我们一起朗读来体现吧！""小珊迪太可怜了，那就让我们一起读出小珊迪的可怜吧！"……在教师云里雾里的指导中，学生凭借着已有的经验云里雾里地朗读，有时也会"声声泪，字字血"，有时也会"声音高亢，群情激昂"，但是，这种朗读训练有增量吗？

(3)部分教师对朗读的重视程度不够。有些教师为了赶教学进度，常常以析代读，以讲代读，既不做要求，也不做讲评，以至于课堂上缺少了学生抑扬顿挫、激情飞扬的朗读声。这显然不利于提高学生的朗读水平，达不到真正培养学生朗读能力的目的。这样，朗读的作用不仅无法体现，学生对作者的情感的理解也比较肤浅。

(4)学生缺乏朗读兴趣。由于小学生年龄小，理解能力相对较低，自控能力差，学生无法自觉进行朗读。有的学生是为了完成教师布置的任务，一句一句地硬读，存在为了完成朗读而朗读的现象。而在实际的教学中，也有这样一种情况，教师读的文章从头到尾都是一个味儿，导致学生没有了朗读的兴趣，这种情况就需要教师在日常的教学中从细小处入手，培养学生的朗读能力。

(5)朗读的方式单一。朗读的方法灵活多样，但真正运用到实际教学中的朗读方法较少,大部分是利用早读时间集体朗读,或个人朗读。而有的学生齐读时漫不经心,不是假读,就是不读,集体朗读时拖音明显,节奏性差,有时还不整齐。

三、朗读教学的对策

针对上述小学语文朗读教学中存在的问题及其原因分析,通过不断地在教学中摸索、总结,我认为应采取以下一些有针对性的对策。

1.创设情境,调动兴趣

叶圣陶曾说:"读书心有境,入境始为亲。"学生对文本的理解是一个逐步感悟、逐步深入的过程。苍白的语言、单一的情境会让朗读陷入一潭死水,显得僵化、枯燥。这样的朗读怎能激起学生的情感共鸣,又怎能加深学生对文本的理解?爱因斯坦有句名言:"兴趣是最好的老师。"莎士比亚也说过:"学问必须合乎自己的兴趣,方才可以得益。"由此可见,浓厚的兴趣会激发起学生学习的欲望和动力,从而产生事半功倍的学习效果。在朗读课文时,教师应该想方设法调动学生"学"的兴趣,从而激发他们"读"的兴趣。激发学生朗读的兴趣,最简单有效的方法就是创设情境。如教学《精彩的马戏》一课时,先根据课文内容逐一展示几幅连环画,让文章的内容在画面中呈现,也让学生能进入画面的情境中去,同时让学生朗读相应的段落。然后,教师提出:"我们把这几幅连环画看作是一部动画片,谁愿意给这部动画片配音?"这么一来,学生马上就有读的热情了。教学《桂林山水》一课时,教师可以一边展示漓江两岸的秀丽风景,一边动情地范读,为学生解说画中的风光,待学生的心思都被吸引到桂林山水的优美意境中时,再对学生说:"现在我们已经来到了山水甲天下的漓江上,我们乘着木筏,欣赏着桂林美景。如果能有位朗诵家来上一段就更好了。"这一招非常有效,课堂上立刻洋溢着活跃的气氛,学生怀着愉悦、轻松的心情以及带着浓厚的兴趣展开朗读,就能读得绘声绘色了。

2.结合文体特点,合理运用朗读技巧

小学语文教科书文体包括记事类文章、童话、寓言、说明文、诗歌等体裁。教师可以针对不同的文体类型,指导学生采用不同的朗读技巧。例如,朗读童话和寓言时,应根据童话和寓言中的人物形象,模仿小动物说话的口吻,并且展开自己的合理想象，用不同的声音来展示美与丑、善与恶的人物特点。因此，教师在基本指导的基础上，可以请学生分角色朗读课文，重视学生个性的张扬。朗读说明文时，教师应指引学生去体会语言的客观性，学习说明文的说明方法，还可以激发学生对说明类文章的阅读兴趣。这类文章需要培养学生快速搜集信息的能力，而非体会感悟文章的语言，所以这类文章的可读性不强。写景类文章节奏比较舒缓，语言文字优美、波澜起伏，是比较适合朗读的文章类型。诗歌朗读中，不论是现代诗、童谣，还是古诗，都富有音乐性和情感性，学生读起来朗朗上口。教师在指导学生朗读时，应选择恰当的语势，把握好节奏，运用正确的朗读技巧，要讲究古诗的韵律和节奏，特别要注意学生不能个性地朗读古诗。古诗朗读首先要解决的是生字问题，然后正确读出这首诗，先不强调分音节，在理解古诗的意思后，划分音节，有感情地朗读。

3.“读”“悟”结合，相互促进

朗读指导不能孤立地进行，要与理解课文有机结合起来，做到读中感悟，悟中促读，两者相辅相成，才能使学生从课文中受到感染和熏陶，在朗读时情感自然地流露出来，做到以情发声，以声传情。如在教学《卖火柴的小女孩》时，我们细读作品，就会感悟到：在小女孩的悲惨命运中也融入了作者的感情，渗透着他自己的生活遭遇。作者把自己在人生道路上所感受到的辛酸、痛苦和憎恶，通过小女孩的命运抒发出来，使作者和作品中的人物融为一体。教学时要结合对重点词句和段落的理解，引导学生感受到文本内容所要表达的思想感情，使这种强烈的感情注入学生的心田，产生共鸣，使其自然地感受到亲切、爱怜、压抑、愤懑以及含蓄、深沉的基调。只有这样，才能达到预期的朗读效果。

4.多种方式的朗读，促进学生全面发展

学生要在反复的、多种形式的朗读中进行训练。为保证每节课每个学生都有朗读的机会，设计朗读的形式也要为全体学生服务。可采用齐读、个别读、小组读、分角色读、教师引读、个人自读、同桌互相检查读、四人小组评议读、开火车轮读等形式，为学生创造朗读的机会。同时，课外还可以组织学生开展丰富多彩的朗读活动，为学生创造广阔的朗读环境。如举行朗诵比赛，让学生自己选择文质兼优的课文片段或诗歌进行配乐朗诵表演，当场评分、奖励等。在多种形式的朗读中，评读是不可缺少的。课堂中，教师常用比赛的方式组织朗读教学,如小组比、男女生比等。既然有比赛,就有评比。评议时,教师应特别注意评价的理念和方法,充分地尊重学生,使每个学生在评价过程中领略成功的喜悦。学生的主体意识是在具有真正主体地位之后而渐渐形成的,有了主体意识,才会有自我探索、自我发现、自我发展,也才会有自己的思想。每个学生都有自己的经验,加上阅读材料内涵本身的开放性,不同的学生对文本会有不同的解读。所以,教师要珍视学生独特的感受、体验和理解,逐步养成欣赏学生看问题的不同立场、方式、方法的习惯。“一千个读者就有一千个哈姆雷特。”只要学生读出了真情实感,能准确理解和表达朗读内容,都应该给予肯定。教师不要只是强调某个字词该读大声或是读小声,以免造成形式化、表面化的指导。这就是新理念的最好体现。

总之,朗读在小学语文活动中有着不可忽视的重要性,语文教学离不开朗读。只有让学生掌握合理的朗读方法,创设丰满、生动的情境,明确目标、读悟结合、练评结合地开展朗读活动,才能紧紧扣住情感变化的主线,朗读才会变得既富有感情,又有灵气和创新性。

区域联盟　纵向联通

——拓展乡镇教育学校教师发展之路

广元市利州中学 ○ 杜文志

广元市作为一个农村人口占多数的欠发达地区，乡镇农村教育占有举足轻重的地位。近年来，随着广元市经济的飞速发展和市委、市政府对“奋力建设川陕甘接合部区域领先和全省知名的教育高地”的教育定位，广元市义务教育的资源配置和内涵得到了长足的提升。但是，我们还应该清醒地认识到，城乡之间义务教育的发展还不平衡。乡镇学校由于受经济发展、交通状况、人口流动等因素的影响，无论是办学规模还是办学水平，总体上都要相对落后于城区学校。如何更好地发挥城区优质义务教育资源的示范辐射作用，有效扶持乡镇薄弱学校，促进我市义务教育的均衡发展，一直是近年来我市教育工作的重点之一。利州中学利用“杜文志名师工作室”送教下乡活动的契机，对乡镇学校、农村小微学校进行了深入调研。通过调研发现，影响乡镇农村学校发展的主要因素之一就是教师的发展。

一、学校及教师现状

剑阁县抄手小学是一所与新中国同龄的美丽乡村寄宿制中心小学校，2019年被评为“广元市小而美乡村学校”。抄手小学为剑阁县城北镇8个村的孩子提供学前教育和小学阶段义务教育服务，占地面积约18000平方米。学校现有6个班，学生184人，建档立卡学生33人，班级人数最多的39人，最少的24人。

附属幼儿园一所，幼儿班3个，幼儿62人，其中建档立卡学生6人；在编教师33人，平均年龄37岁，其中35岁以下教师8人。在编教师中，2人上挂县教育局，2人借调剑阁中学。

2017年9月，抄手小学撤销了初中办学，当年的七年级、八年级学生并入剑州中学。布局调整以后，学校规模大幅缩小，学校班级偏少，班级人数偏少，教师人数少且师资结构不合理。

2018年，乘着义务教育均衡发展改革的春风，学校的办学条件得到改善，实验仪器设备配齐率、音体美器材配齐率得到大幅提高，配齐了图书室、阅览室、科学实验室、美术教室、书法室、音乐器材室等功能教室，拥有计算机46台，图书3500册。

二、乡村小微学校教师发展困惑

1.教师队伍结构失衡

出于地理位置受限等多方面的原因，年轻教师流动性大，教师队伍老龄化；教师学历层次与职称层次偏低；教师队伍学科结构失衡。幼儿园缺乏专职教师，只能从小学部选派部分艺体教师到幼儿园任教，这样也削弱了小学部专职教师的力量。美术、音乐、体育、英语等学科教师缺乏，教师队伍结构失衡，成为农村小微学校开齐、开足、开好课程的制约因素。

2.由于条件限制，留不住人才

一是当地没有场镇，居家购物都不方便；只有一个卫生站，没有正规医院，教师就医不方便，特别是晚上遇到突发情况就更加麻烦；缺少娱乐，教师的业余生活枯燥。二是学生寄宿，周一到校，周五离校，教师需上早晚自习，班主任还需负责晚休管理、平时的生活管理等。因此，教师也必须周一到校，周五才能离校，待在学校时间过长，完全不能顾及家庭。三是乡村学校杂事多，教师往往身兼数职，尤其是现在的检查、评比活动繁多，更是加重了乡村教师的负担。所以能力强的、家住城里的教师，特别是年轻教师都会想办法调离。

3.教师专业发展前景渺茫

教师认为乡村教师没有城区教师那样的社会地位，感觉在乡下任教没有发展前景，没有提升空间，自己的专业能力也不能得到提高。

三、乡镇学校教师发展困惑

朝天区羊木初级中学创建于1972年，现有12个教学班，476名学生，53名教职员工（高级教师10人，市级名教师2人，市级骨干教师12人，区级骨干教师12人）。一直以来，学校坚持“建阳光校园，育阳光少年”的办学理念，以“阳光教育”为办学特色，努力塑造阳光教师，构建阳光课堂，提升学校办学内涵。

学校先后承担多个省、市、区级教育教学研究课题，30余名教师获得省、市、区级教学优质课一、二等奖，200余篇论文在省、市刊物上发表；学校先后被授予“全国校园足球特色学校建设单位”“全国校园足球班级联赛示范学校”“全国学校图书馆先进集体”“四川省校园足球示范校”“广元市首批文明校园”“广元市和谐校园”等荣誉称号。羊木初级中学是朝天区名副其实的优质教育学校，但教师还是存在诸多发展困惑。

1.乡镇学校教师稳定性不足，结构严重失衡

近些年国家大力发展乡村教育，农村学校环境得到了极大改善，但大环境还是无法和城市相比，个人发展空间不足。所以很多师范生毕业了不愿意选择去乡镇学校教书，就算留下也是无奈之举。这就导致了乡镇教师流动性强，教师结构失衡。

一是学科结构严重失衡。教语文、数学、英语的主要学科教师呈饱和状态，理化学科重视不够，而教音乐、体育、美术等学科的教师严重缺乏，所以在乡镇学校，一个教师任教多门课的现象十分普遍。二是乡镇教师的年龄结构失衡，大多数乡镇学校，中老年教师居多，而年轻教师偏少，这些老教师很难适应现代化教学的步伐，还是崇尚传统教学方法，以中老年教师为主体的乡村教师队伍与城市教师队伍相比，缺乏生机与活力。教师结构的失衡严重影响了乡镇教师的专业发展。

2.乡镇教师的职业幸福感缺失

有资料统计，在我国乡村地区，教师职业吸引力不高，教师职业幸福感严重缺失。据调查，认为教师职业“社会地位较高”的仅占2.76%，认为“社会地位一般”的占43.38%，认为“现状一般但是有提高的趋势”的占31.76%，认为“地位较低”的占22.09% 。这种现状已经严重影响到乡镇教师的职业幸福感。

3. 乡镇教师职业倦怠明显

职业倦怠表现为职业情感枯竭、自我效能感下降、职业认同度降低等，这是很多职业中都会出现的一种现象，可是乡镇农村教师职业倦怠尤为明显。部分教师学历水平不高，专业知识不强，大多数教师都缺乏专业自我发展意识，新鲜感被琐碎的日常教学工作耗尽，剩下的只是每天机械地重复教授课本知识的工作。其教学缺乏探究与创新，不能够在教学中得到新的动力，也不能够通过有效的反思来提高自己，久而久之，乡镇教育逐渐失去了原本应该拥有的活力。

四、教师发展建议

1. 纵向联通，帮助小微学校教师专业成长

（1）为教师发展提供平台。招聘、配备教师时应充分考虑专业对口，让教师所学和擅长的专业知识在工作中学以致用，这样才能激发教师专业研究兴趣，进而提高其专业能力。

（2）为教师专业提升创设可触及的希望和目标。为教师在专业提升中提供持续的动力。小微学校因为办学经费紧张，很少选派教师外出培训，甚至于有些教师参加工作20多年了，都没有参加过一次市外的专业培训。久而久之，既没了上进的欲望，也没了前进的动力，就成了一位普普通通的乡村小学教师了。

（3）规范办学行为，给教师提供提高教学质量的过程与方法。杜绝教师通过占课教学、应试训练、题海战术训练等低效率方式提高教学成绩；激励教师通过学习、研究等方式提高自身业务能力与水平，进而提高教学质量。

（4）逐步实施领导干部能上能下、普通教师能进能出的淘汰机制，为教师专业成长施加压力。坚决杜绝一所学校“校长几十年、主任不动摇、教师一辈子”的现象。只有学校动起来，教师才有活力，学校才有生气。

2. 区域联盟，促进乡镇学校教师专业交流与提升

（1）加强区域间联盟建设，“以城市带乡镇”，积极落实广元“名师送教下乡”活动，实现教育区域联动，“以点带面”，带动周边学校教师发展，促进城乡教师合作与交流，推进城乡教师资源有效合理配置和教育专业发展。

（2）拓宽乡镇教师来源渠道。扩大免费师范生的培养规模，增加足量合格的乡村教师；结合国家教育政策，灵活乡镇教师聘用机制，不断加大乡镇教师岗位吸引力度。

(3)提高乡镇教师自我发展意识,增强职业幸福感。一是树立专业发展的自主意识,突破传统的“传道、授业、解惑”的知识传承者形象,树立“教、学、研”三位一体的立体角色,以教促学、以学促研,以研提高教与学的品质;二是自主学习,提高专业知识素养,要有教师职业发展的长远目光;三是学会反思,善于发现、探讨、交流问题,不断地丰富自身的理论知识和提高实践技能,促进个人的专业成长。

教学、学习、科研、共享四位一体的名师团队建设

广元市利州区大东英才学校 ○ 徐海燕

一、以教学和业绩为立身之本，成事之基

名师之名，在课堂；有课堂，才有业绩。脱离课堂，名师所谓的“经验分享”“传经送宝”“创新教研”，就成了无源之水、无本之木，就是象牙塔内的“自娱自乐”。名师在做教学推广辐射时，轻则被一线教师充耳不闻、冷眼旁观，难以拨动心理上的丝毫涟漪；重则被视为草芥，弃为粪土。正如英语谚语“Knowledge lies in practice”及中国古诗所言“纸上得来终觉浅，绝知此事要躬行”，“走穴名师”“飞人名师”在不知不觉中，与课堂渐行渐远，恐为名所累，怕为利所昏。

（一）课堂具有鲜明的学科特点和个性特色，同时也体现共性

(1)显性看：有味，让学生快乐而幸福地追求成功。

(2)隐形看：到位，让学生自信而有效地应对考试。

(3)深层看：回味，关注学生的道德情感、思维品质和文化素养等，着眼于学生可持续发展的核心素养。

（二）从内心认识、个人理想和外在倒逼三个维度提高课堂教学的效益

1. 内心认识：课堂是教师生存、生长的土壤

(1)不能停留在经验上。社会环境的急剧变化，学生成长的背景差异，不同届学生群体和同届学生个体“最近发展区”的不同，都客观上要求教师不能用

“过去的眼睛看待今天的学生,培养明天的主人”。所以,了解学生,精心设计课堂教学依然是名师和工作室成员最重要的事情。

(2)不能停留在功劳簿上。

(3)不能停留在书本上。当前的中国教育界,各种流派学说“百家争鸣”,著书立说空前容易。繁荣表象下也不乏滥竽充数的“草寇专家”,追名逐利的“教育商人”。名师们要有“吹尽黄沙始到金”的甄别能力,不唯书本、不唯权威。

2.个人理想:做一个可以改变同行的老师

名师要专挑硬骨头,进入课堂改革深水区,精心设计,超越自我,留下经典,改变他人。就英语课型而言,当今中小学英语界鲜有同人深入研究并实践英语写作课和语法课,一线教师也有诸多疑惑。名师个人和团队可以就此做深入的主题研究和实践,攻坚克难。

3.外在倒逼:让教室的门永远开着

把堂课开放给同行,多上公开课,积极参加赛课。通过课堂传播在同行、同事、领导、学生和家长中树立口碑,远胜一个个奖励奖状、金杯银杯。

二、名师以学习为工作和生活常态

学习是自我修炼的一种重要方式,是专业成长的原动力。名师工作室可以为团队搭建三种学习平台,实现四种学习方式。

(一)三种学习平台

(1)个人自我学习平台。“立身以立学为先,立学以读书为本”,个人自我学习平台以阅读为主。我们制订了个人成长规划,建立读书会,提倡“六读”,即读书、读报、读网、读图、读人、读己。倡导“全息”学习,即全身心参与学习,它强调“三到”:一是手到——坚持记笔记;二是心到——养成“研究性”阅读习惯;三是身到——把学的东西及时用到课堂中。开展读书心得交流、读后感选集和读书笔记的展评活动,促使工作室成员把阅读当作工作的一部分,当成生活的常态。

团队根据研究需要和教师专业成长需要,开出阅读目录,提出学习要求,提供物质和经费保障,如购置图书、知网卡、读书卡等,完成读书交流或教学论文等任务。

(2)小组学习平台。定期组织团队成员的学习交流和实践交流,实现成员之间的互帮互学,既是对学习的一种督促,也是对学习的一种深化,这样有效地增加了学习的深度和宽度。

(3)校外学习平台。要利用团队和学校的社会资源,创造机会让团队走出去,在更宽阔的领域中去学习。

(二)四种学习方式

利用三种平台,实现向自己学习、向他人学习、向书本学习、向实践学习。

三、以科研脱颖而出,与众不同

名师团队做教育科研的目的,一是解决实际问题,提高教育教学质量和效率;二是提高自己,获得专业发展。

1.名师做科研独有的优势

(1)自身有理想、有情怀,能静得下来、钻得进去。

(2)教育教学经验丰富。

(3)有问题意识。

(4)注重实效和应用,即在教学中研究,在研究中教学。

(5)推广便利。

(6)有更多机会获得院派专家的理论支持。

2.科研的选题

首先应该在教育实践中选择课题进行研究,然后再逐渐向理论深度发展。可以从以下四个方面选择课题:从工作组面临的突出问题中选择课题;从成功经验中提出课题;从教育教学的疑点发现课题;从教育研究的空白点和薄弱点寻找课题;以已经取得的研究成果为起点,乘胜追击进行深入研究。

3.名师科研课题的开展

(1)以"工作计划"的形式确定研究方向和内容。我们的名师确定以下逐步或部分同步开展的7大研究方向和内容:小学升初中的英语衔接教育;听说课、语法课、阅读课、写作课的基本模式和详尽策略研究;英语校本课程开发;英语听写;英语特长学校创建;中考试题研究;避免学困生的产生及其转化研究。

(2)以"小课题研究"的形式解决教育教学中的大问题。

(3)参加教育主管部门的专项课题研究。名师带领团队做科研,应尽力而为、量力而行、化繁为简、化虚为实、立足实际、超越实际，才能发挥教育科研对教学质量提高的促进作用。

四、以共享为存在价值

共享是现代信息化社会、绿色环保社会的重要特征。从充电宝到自行车，从Wi-Fi万能钥匙到滴滴打车，都运用了共享理念。但最大的共享是信息的共享，最普惠的共享就是信息的无偿共享。名师就做着这最大的、最普惠的共享。教育是一种善行，把好的方法分享出去，是积善，对同行和学生的成长是功德无量的！

名师工作室研究成果的共享以授课、讲座、座谈、撰文等形式，以以下活动为载体进行：

(1)校内校际教研会。

(2)工作室联谊会。

(3)送教下乡。

(4)论文发表。

(5)出版书籍。

(6)创立、管理和营运网站、博客、微博、微信公众号、微信群和QQ群。

总之，名师自己和名师工作室成员要常常思考三大恒久却日新的哲学终极问题：我是谁(我的角色是什么)？我来自哪里(我的根，我的魂依附何处)？我要往哪里去(我的理想是什么，我能给他人带来什么)？多思，而后笃行，定能不负名号己心。

千里求经归　践行管理路

广元市利州区西城中学〇黄勇

从2017年8月开始，50余位广元市教育同行两年四下浙江，听专题讲座20余场，访名校10余所，跟岗学习7天，一场场振聋发聩的思想盛宴，一次次和浙派名师名校的亲密接触，唤醒了我的教育初心，明晰了教育发展的方向，为我们的学校改革注入不竭的动力。

作为校长，在此次研修培训活动中，我更注重学习浙派名校的教育管理经验，在学习、反思和实践中提高管理能力。浙派教育人善于思考、总结和积累，注重教育传承，办学治校各有特色，民风好学，政府重教，他们先进的办学理念、不断充实更新的现代化教学设施、善于经营学校的管理思维都非常值得学习和借鉴。

一、学思结合，践悟提升

每次培训归来，我都要认真整理归纳培训期间所做笔记、课后反思，以及与同行名师的交流心得，然后与我校教师一起分享或外出进行校际交流，归纳起来主要涉及以下几个主题：①人格修养决定着专业发展的高度和深度；②处罚责罚完学生后，应及时对学生进行跟进安抚；③当一辈子教师应弄明白什么课才是好课；④书包里的玫瑰——未成年人青春期的自我保护课；⑤校园欺凌事件——学生喝尿事件（对教育责任的思考）；⑥学生心目中的好老师，教师心目中的好老师，家长心目中的好老师；⑦影响学生学业成绩的几个因素；⑧浙江省绍兴市柯桥区实验中学的教育管理等。通过全校教职工会、教研组会、QQ群和微信群的分享与交流，对教师的教学理念、教学方法和思想境界，起到很好的引领和带动作用。

二、践行名校路，真做管理人

在和名校零距离接触中，我感受到名校之名，首先名在校长。每所学校都有一位办学思想明确、乐于奉献、艰苦创业的好校长。好校长必须做到以下四个方面。

1.抓学习、宽视野、强素质

好校长首先必须勤于学习，努力提高自身管理水平和业务素质，这样在工作中才会有感染力、号召力。校长是学校的管理者、组织者、引领者，在各项工作中起核心、主导作用。如果仅凭老知识和老经验，也许能应付眼前，但绝不能适应未来。校长不仅要注重自身的学习与提高，而且要引导全体教职员工“充电”。新课程是一项专业性很强的工作。课程改革离不开校长的领导，课程改革也促进校长的成长。在新课程改革中，我找准自己的位置，抓住工作重点，不断充实自身，勇于实践创新，在工作中做好模范带头作用。

2.重民主、强班子、带队伍

当好校长的关键是要带好班子，指挥好队伍。这就要做到：当好主管不主观，总揽全局不独揽，坚持“大事议一议、小事通通气”的原则。要清醒地认识到威信不是靠权力树立的，而要靠自身的学识水平、人格魅力等来建立。工作作风民主，多与班子成员沟通，尊重信任班子中的每一位成员，出点子、出思路，使学校领导班子成员放心、放手、放胆抓好学校各项管理工作，让学校的领导班子形成发展合力。

3.重情感、暖人心、聚精神

当好校长必须时时、处处关心教职工；为人和善，不能斤斤计较，在工作中起到表率作用，以身作则，讲政治、讲团结；把学校的关心送到每个教职工的心坎上，用真挚的关怀为教职工解除后顾之忧，使他们能全身心地投入到教育教学活动中；把学校的事当作自己的事，以主人翁的精神投入到学校管理和建设中，为学校发展做出贡献。

4.建制度、强管理、重过程

当好校长必须以人为本抓管理。这就要树立全面发展意识、人才意识、素质教育意识、竞争意识;讲大局、讲教学改革、讲学校未来如何育人。办人民满意的教育,归根结底就是要提高教育教学质量。首先,要抓好教育教学常规管理。在备课、上课、教学反思、作业辅导等教学环节上都要建制度、讲实效。其次,要强化教育教学质量目标的调整,求真务实,分别制订出各层面的质量目标,根据既定目标,采取切实可行的方法和措施,落实目标,提高质量。最后,在实施过程中不仅要重视其结果,更要关注实施的过程,不断总结和反思,激励教师有效地工作,促进学生全面和谐地发展。

三、抓实教师发展,促进内涵提升

1.跟时代、立师德,做“四有”好教师

作为一位名师和学校的管理者,为切实增强新时代的教育思想自觉和行为自觉,在学校形成全员育人、全过程育人、全方位育人的教育氛围,率先自学并组织全校教师学习“四有好教师”“四个引路人”“四个相统一”“九个坚持”“六个下功夫”和《新时代中小学教师职业行为十项标准》,在教研组会上讨论交流并写出心得体会,让每位教师明白,做好教育人,首先要从立德树人做起。

2.不断“充电”,提高教师素质

教育发展,教师为本。提高教师素质是教育发展的基础。西城一中一是通过读书活动让教师充电。建立学校、教研组、教师三级网络,学校负责活动的资料、资金、场所保障;教研组负责组织教师参与、实施;教师有目的、有计划、有步骤地搞好阅读、探讨、分享、撰写读书心得等各项工作。先后开展读书笔记展评,建立“西城一族”读书心得分享QQ群,开展教师教育故事分享会和教师教育案例征文等读书活动。二是通过课堂改革和教研活动让教师在实践中充电。学校在九年级实施分层教学,实行A、B班教学模式,加大对班级的编排、学生的管理、教师的调配、教学目标要求等方面的统筹力度,提出“分层教学,因材施教,人人发展”的理念,倒逼教师在备课、上课、作业布置、评价方式上做出改变和探索。同时,学校还实施一系列教研活动促使教师改变原来的惯性教学思维,开展教学基本功大赛(简美画、普通话、三笔字)、课堂教学展评、学科活动-

游戏设计展评课、生活垃圾分类班会课大比武、作业布置创新奖等。学校还组织开发校本课程“西城中学文明礼仪三字经”、教师生本教育论文专集《静水流深，根深叶茂》、西中教育小故事汇集《情满西中，爱润学子》。论文撰写和展评活动促进了教师的专业发展，分享教育小故事，抒发了教育情怀，感染了更多的教师做有爱与智慧的教育人。

四、重视德育管理，奠定发展基石

1. 德育管理就是让学生养成好习惯

从浙江名校的学习中，我形成这样一个认识——德育是成就学生一生的基石。德育管理就是让学生养成好习惯，习惯的养成要从一点一滴做起，从学生身边的事情做起，在学生日常生活的细节中规范其行为，提高其认识。立德树人就是要从习惯、小事、细节和活动中做起。俗话说：“不学礼，无以立。”西城中学首先从治弱入手，针对学生行为规范养成教育的参差不齐问题提出解决方案。家庭教育的滞后，导致学生文明礼仪缺失严重，一些学生在学校不懂得尊重他人，不懂礼让，不讲文明，不尊敬长辈，不懂感恩，行为粗俗，甚至不知道在学校和家里怎样称呼他人和长辈。为此，我们提出“成功的教育从培养学生良好习惯开始，养成良好习惯要从细节和小事做起”的办学理念。在这一理念的指导下，我们提出让每个学生“在家做个好孩子，在校做个好学生，在社会上做个好公民”的育人目标。礼仪教育从最初抓学生行为规范养成教育，看到教师“一立正，二微笑，三问好”，到培养他们的学校礼仪、社会礼仪、家庭礼仪三大块。学校还编写了《西城中学文明礼仪三字经》《西城中学礼仪教育》读本和《西城中学学生仪容仪表要求细则》。全校师生诵背《西城中学文明礼仪三字经》，人手一册《文明礼仪三字经》简装口袋本。

2. 以劳育促德育

浙江名校都很注重学生的劳动实践教育，西中也把劳动实践服务教育贯穿到日常生活中。一是倡导从自身做起，从教室、校园做起，整理好书桌，布置好教室，摆放好劳动工具，美化好宿舍等。二是开展创建“绿色家园”活动，参与校园卫生大扫除，清理卫生死角，捡起校园垃圾，维护就餐和上下楼秩序等。三是制订“五一劳动课”：扫好教室、公共区和厕所；在家向家长学习一门劳动技术；

完成一份家庭劳动任务单;实施一张校园服务作业表;分享一次“我是家里小厨师”的烹饪视频。学校还引导学生参与保洁、食堂执勤、班务整理、厕所节水节电管理、校园花草护理等校园劳动实践。创新寒暑假作业单:和家人进行一次野外露营活动,要求自己搭帐篷、生火做饭、收拾处理野外留存垃圾;我为家人做顿饭;做小区或社区公益劳动志愿者;家庭收纳小能手;策划一次家庭聚会等。通过系列化的劳动服务实践教育,让学生养成“自己的事自己做,他人的事帮着做,公益的事争着做”的习惯,树立起牢固的劳动观念,丰富了生活体验,提高了独立办事和合作互动能力,还有助于磨炼顽强的意志,培养社会责任感,增强自信心,享受劳动带来的快乐和幸福。

五、聚焦课堂有效性,提高教学质量

1.课堂教学是教师最有研究价值的场所

教育的基地是学校,教育的最终目的是全面提高国民素质,培养高素质的社会主义接班人。要实现这一目标,就必须以人为本,把学校建设成为学生生活的家园、精神的乐园。这一目标的实现,必须借助课堂这个充满生机和活力的场所。浙江名校的教育教学成绩优秀,是因为他们根据素质教育的培养目标和学科具体的教学任务,从师生的实际出发,根据教学规律,设计合理的、科学的教学方案,然后机动地执行这个方案,用合理的投入(即师生时间、精力和活动等)优化课堂教学,取得了最好的效果,提高了学生的学科核心素养。

2.形成适合我校学情的教学模式

经过西中教师在课堂上的反复实践和教研组的探讨,学校建立西中课堂教学模式,形成五环节生本课堂模式:导学(回顾与导课)、自学(自主学习、交流质疑)、督学(检查学习效果、讨论展示)、促学(当堂训练)、评学(课堂小结、课后作业)。学校还制订并实施了《西城中学教学质量管理办法》《西城中学生本教育课堂规则》《西城中学常规课堂十二问》和西城中学生本教学“五字课堂”——学、练、讲、评、赛。课堂上学生以小组为单位,全员参与。学生思维活跃,有时认真听讲,有时人声鼎沸、积极发言、大胆质疑,每个学生的脸上都洋溢着成功的喜悦和自信。这样的课堂,使学习不再是一种负担,而是一种享受。这样的课堂教学是真正的自主、合作、探索的过程。

3. 提炼西中“六有五性”好课标准

我们要求西中教师课堂教学应具有“六有五性”：备课有心、眼里有人、课堂有料、组织有趣、调课有味、作业有度。教师把课上得生动形象，有预设，有问题生成，有游戏，有活动，有讨论，有展讲；教师讲课语言幽默风趣，讲解生动易懂、不落俗套、旁征博引。课堂就像一碗广元凉面，被教师“调”得有滋有味，体现了趣味性、自主性、合作性、探究性、实践性的统一。

我们要走出去看看外面的世界，浙江名校的精彩给我留下深刻而难忘的印象。通过这次学习，不管在理念上，还是行动上，不管是在学校管理上，还是在教学研究上，我都有了长足的进步。今后，我还要以浙江名校长和名师为榜样，像他们那样用心做教育、找差距、抓落实，为学校的发展奉献智慧和力量。

教与学的思考

广元市实验中学 〇 尹华松

教为学之导引，是学习道路中的指明灯；学需要先者之指导，方能快捷而准确地掌握好学习的方法。人们在学习中探索前进，在学习中锻炼思维，磨炼意志。教需学之体验，用学习的成效彰显教之技艺，二者相辅相成，不断促进发展。下面就教与学谈谈自己的理解与思考。

一、关于学生的"学"

1.学习的目的性

做任何一件事都需要有目的、有计划，这样才能按照既定的规划完成目标。同时，做事情还得按时间规划内容，这样才能在学习的过程中有的放矢，学习才能提高效率。闲散式学习和工作有可能让人半途而废，也有可能完成目标，但质量不高，很难有更突出的成绩。

2.学习的主动性

心中有目标，为实现这一目标，会更自觉地进行学习。每当学生成功一次，心情会更加愉悦，自信心会得到更大的增强，战胜困难的勇气会倍增，也会有更充沛的精力去学习。在高2006级学生中，有一位学生叫魏奎有，学习比较努力，但成绩很平常，究其原因是他迫于家长的要求而学，自己对学习毫无计划，更无主动性。通过与该生交流，了解了该学生的真实想法，跟学生对比了学习成与不成的后果，使学生明白了道理，学习有了主动性，劲头也更加足了，他感到学习不再是一件乏味之事，而是一项更有目的的任务。通过观察其后期的努力，各方面的进步都很大。教师作为学习的引导者，其任务就是要调动学生的学习主动性，排解他们在学习中遇到的困惑，让他们在学习中成长，感受每次成功后的喜悦，激发学生自己主动去探求知识的欲望，从而顺利过渡到自我学习、终身学习的境界。

3.学习的经常性

知识只有在应用中才知其乏，用而知其广。渊博的知识才华能铸就辉煌的成绩。古往今来，但凡有突出成就的人士，都经历过艰辛的学习过程，并且在以后的工作实践中不断汲取知识的营养。中国人民的伟大领袖毛泽东主席一生中不忘学习，就是在最艰难的二万五千里长征的岁月中也不曾间断过。他一生酷爱读书，且学习具有很强的批判性，研究历史，熟读兵书，精通兵法，为新中国的成立、人民的当家做主做出了不朽贡献，为中国革命胜利立下了汗马功劳。其宏图大志正在慢慢实现，他的诗篇世代流传，《论持久战》成为中国运用马列主义、中国古兵法的典范。

4.学习的反思性

学习知识，探其规律，究其本质，是为了深刻领会，牢固掌握。强行地记忆可以让知识短暂保持，但随着时间的流逝，印象逐渐淡化，知识也逐渐模糊，更不能灵活地运用它处理实际问题。因此，要在生活中养成经常性学习的习惯，并在学习中不断地反思，不断地练习，能“举一反三”掌握运用技巧，这样在实际需要时才能很快地提取出有用的知识来，以提高工作效率。

二、关于教师的“教”

1.教师的主体引导作用

教师是教育者，是人类文化知识的传递者，对人类社会文明的延续和发展有承前启后的作用，教师是人类灵魂的工程师，是教学过程中的引导者、组织者，对青少年成长肩负着关键的教育和指导职责。

在教育教学过程中，引导学生掌握一门知识的学习方法，无数的教育工作者对每个重难点的探索与总结，形成了一定的规律，这就是教学法。通过教学方法的实施,引导学生从怎样思考问题入手,提出疑问到探究验证结果,掌握科学的学习方法,“授之以渔”,培养学生受益终身的学习能力。教师的“导”要把握好时机,在学生疑问处指导、在知识容易产生交叉点处指导、在思维要产生飞跃时指导,这就要求教师有相当的专业水平,有丰富的知识与经验,懂得深入研究教育教学法。

2.教师的专业学习与发展

教师要灵活运用教学法进行有效的教学,必须有丰富的专业知识,对知识的结构、教材内容的设置和位置的安排顺序要有较清楚的认识。学生总是以“实用”而叩问知识,因此要让课本知识生活化、具体化。在教学的过程中,教师要对教学对象的基础了如指掌,要让学生能容易地接受所教的知识,使他们感受到成功的喜悦,从而树立信心,要让学生从心底里愿学、想学、好学。通过自己的努力实现学习目标,实现自己的理想。

要达到最优化的教学效果,教师就要精通教育学、心理学的知识。教师要了解青少年的身心发育特点、理解能力形成的层次阶段,不要因为急于求成而影响他们长远的发展;要遵循认识的规律,逐渐递进,在轻松、和谐的环境中学习,在严肃的气氛中思考,在刻苦锻炼中成长;要让学生能承受冲击和挫折,能理智地面对成功与挫败,能正确地认识人生。

3.教师的教学艺术

(1)留白艺术。在教学的过程中适当地“留白”有利于学生思考。“此时无声胜有声”的对抗使学生在思维训练中得到锻炼和提高,在“留白”过后可以进行个别提问,检查预期目标是否达到。

(2)赞美艺术。赞美能激发人的热情,能让劳动者体会到工作后的欣慰,感受到付出心血而换来的成果,更能激发人们以后的工作热情。给学生以合乎情理的肯定和适当的赞美,让他把这种好的影响传播给其他学生,就会产生几何级数的收效。建立良好的师生关系,能使教与学更加协调,教学效果更好。

(3)说唱艺术。在广元市一次物理研究课中,利州区莲花初中一位教师与学生合唱了一曲学生都熟悉的《小二郎上学》,引导学生进入了课堂。接着,他用大家在生活中常见的歌声、机器的摩擦声、风声、雨声为素材,很自然地开始了“声音产生”的教学。通过教师的引导和提问,学生频频举手表述自己对“声音”产生原因的认识。通过学生操作和观察鼓面的振动、吹手中笔帽产生声音时笔帽中空气的振动，归纳出“发声的物体都在振动”的结论。学生从观察和认识中总结出：摩擦的物体也可以发出声音。这时课堂气氛活跃，学生回答问题和思考问题的主动性极强，充分调动了学生的主观能动性，真可谓寓教于乐。

（4）游戏艺术。在课堂教学中引入适量的“游戏”可以改善教学的结构，更容易引起学生的注意。在初中物理课“什么是力”的新课教学中，我把学生分成四组，从说出“与力有关的词语”导入课题，到最后看谁对本节课的理解深来比较胜负，这样的方式极大地激发了学生的好胜心，取得了理想的教学效果。

（5）媒体艺术。多媒体技术的发展为计算机辅助教学增添了活力，因其文、图、声、动画并茂，且具有良好的交互性，使得各种教育信息的表达更加生动、直观和多样化。计算机领域里的虚拟现实技术正在快速发展，并开始在辅助教学中得到应用。利用各种软件开发的多媒体课件与演示实验结合，使学生能清楚而直观地感知物理现象，帮助学生建立物理思维模型，逐步培养空间想象能力，具有其他方法难以替代的优势。学生在现代教育技术营造的教育环境中学习，各种感官被充分调动起来，思维活跃，更能积极地参与到教学过程中，大大提高了学习的兴趣和效率。在高中一年级物理第六章“万有引力定律”的教学中，利用我国发射的“神舟号”太空飞船的资料片和“宇宙探索”科幻影片的展示，使学生对卫星的发射有了一个直观的情境感受，对发射的过程也有了较为清楚的了解。而后，教师引导学生思考卫星发射过程中涉及了哪些物理知识，在太空中的卫星是怎样进入轨道的？若要从一个轨道变到另一个轨道去运动又如何实现？怎样到达其他星球？又怎样返回到地球上来？学生通过阅读理解教材内容和分组讨论，对宇宙空间的运动有了一个初步的主观想象。而后，教师在课堂中用多媒体动态展示出卫星的模拟运动过程，将教材的静止图、文字描述改编成栩栩如生的动态情境，降低了物理学习的难度，激发起学生的学习兴趣。

三、关于“教与学”

1.“教与学”相互依存，共同成长

教学的对象是学生，学习的对象是知识，“教与学”通过知识的纽带紧密地联系在一起。“教”是为了让更多的学生通过学校短暂的学习时间集中掌握工作

中必需的知识。教师通过对书本知识的再加工，辅以恰当的教学方法，采用一些直观的教学手段实现学生对知识的学习、巩固、加深。以知识为载体，通过学习认识和掌握学习方法与技巧，从中体会学习的乐趣，认清学习的意义。“学”促使“教”更细致，“教”使“学”更加深入，二者在教学中不断前进。

2.教学中的师生关系

教施之于学生，学从于教法。在学习知识的过程中，主要对象有教师和学生。教师通过课堂施展自己的才华，显示教师对专业知识的学习理解和研究，通过课堂感染学生、影响学生。学生则通过知识的学习，掌握学习方法，具备一定的技能、技巧，陶冶情操，通过学习，形成正确的人生观、价值观，树立远大的理想。

总之，要得到预期的教学效果，良好的师生关系非常重要。教师的知识水平、科学态度、人格魅力，在教学活动中被学生目睹，感受最深。若有良好的师生关系，这一切将引起学生的注意，会被学生不自觉地心领神会，甚至模仿。学生会暗自下决心赶上教师，将来超过教师，像教师一样出类拔萃，做出更辉煌的成果来回报教师，回报社会。所以教师一定要与学生有必须的交流，通过交流沟通师生之间的心愿，解决师生之间的困惑，让学与教的目标一致，充分调动学生的主观能动性，给学生创造机会，让他们有施展技能的平台，共同努力完成教学任务。

名师要发挥好区域教研的纽带作用

四川省苍溪实验中学 ○ 刘廷平

名师，一定“名在某一区域内”，在这个区域内肯定有一定高度和影响力。作为区域名师，理当为区域教研贡献力量，要力争能成为区域教研的纽带。

一、能成为理论学习的纽带，能胜任教学理论的二传手

教学理论对教学工作能做出系统性的引领指导，先进的教学理论对提高教学质量有着极其重要的作用。提出教学理论的专家，都是在本领域有着深厚积淀和高远视域的人，而一线教师大多缺乏深刻理解这些理论的视野，在将理论与自己的实践相联系时往往也缺乏敏感性。而作为名师，实践的体验比一般人更丰富深刻，对理论的亲近度比一般教师高。因此，名师是可以作为新理论的学习先锋的，若能将这些新理论消化吸收并转化为一线教师喜闻乐见的形式，成为理论传播的二传手，就能起到理论学习的纽带作用。作为名师积极参加大型培训学习活动，主动与专家学者面对面，精选专题深入学习，常从碎片式学习中寻找灵感，能从不同角度提高名师的理论修养，也更容易找到向不同人群传播的切入点。

二、能成为课堂示范的纽带，敢成为课堂实践的第一个吃螃蟹者

作为教师，首先得搞好常规教学工作，名师更可以通过工作室召开工作会、总结会，以及进行日常交流，互相提供正能量，鼓足干劲向着岗位能手、职业标兵目标不断前进。工作室成员一般来自不同的学校，对同一内容的处理往往会

有不同的视角,容易通过同课异构深钻教材、深钻教法,促进教师的认知系统化和专家化。名师还可借助自身和工作室的影响力,邀请不同学校的教师,和其他工作室的教师,加入同课异构活动中,以获得更多的参照样本。在这个过程中,名师要敢于率先垂范、尝试创新,因为作为名师,对当前问题的认识会比一般人更加清晰;对问题突破的可选方向更易产生灵感;对创新性内容的价值会有更敏锐准确的预判。名师只要敢当课堂实践中第一个吃螃蟹者,肯定能够引起效仿、讨论和变式应用,从而成为课堂示范的纽带。

三、能成为信息交流的纽带,能经营成教研问题的集散中心

名师比一般教师有更广泛的信息交流渠道,通过工作室、QQ群、各种会议、个人人脉资源等,能及时获得很多有用的信息,能让各校的月考、周考卷互相参照借鉴,能让辛苦做出的和搜集到的课件迅速传播。教师在遇到需及时解决的疑难时往往会倾向于与名师讨论。所以,名师是可以把工作室经营成为“资源的快递中心”的。在中转这些教研问题时,还能对这些问题进行归类、加工,产生更有价值的新问题,可以有意图、有针对性地抛出新问题刺激讨论,因此名师是能成为信息交流的纽带的。

四、能成为教育科研的纽带,当仁不让地做教学变革的旗手

名师有理论优势,有实践底蕴,更有与其他名师的广泛交流机会,能更多地领会到校长、教研专家的殷切期盼,会大量地面对一线教师的真实烦恼,所以容易发现问题,更能从不同角度研究问题,因此可以当仁不让地充当教学改革的旗手。从小处来讲,名师可以对教学内容及教学方法进行专题研究,如内容的取舍与替换、难度梯度的设置、教具与手段的革新、教学逻辑的优化等;从大处来看,可对有重大意义的问题立项课题研究,如通过异课同构寻求教学策略或教学模式的建立,研究课程内容的设置与整合,甚至可研究教育体制的变革、办学模式的创新等。对很多一线教师而言,课题研究是一个可亲更可恨的事,可亲在于其可以提高自身的水平和影响力,可恨在于其实在太难了。名师可利用自身的研究经历现身说法,为他们解除畏难情绪,提供指导方法,协助其获得成果,让其获得成就感,促进成长,成为教育科研的纽带。

五、能成为引领辐射的纽带，甘愿成为人塔中的次高层

作为名师，要有能力登上人塔游戏的次高层，这既需要修炼教学基本功，练就攀登高峰的能力，还需要修炼合作能力以得到众人的支撑。作为名师，更需要有甘愿成为人塔中的次高层的心态，能够与他人共担辛苦、共担风险，最终能把别人高高举起，从而成为引领辐射的纽带。例如，名师可以积极配合学校的“青蓝工程”，与青年教师结对，指导青年教师成长；积极参与本学科教研组、备课组活动，为教师答疑解惑；耐心听取教师的困惑，从中诊断教师的发展现状，进行个别化指导；教师在竞教准备中感受到无力或无助时，主动介入助力，让参赛教师既得到快速成长，又能感受到温暖；借助担任一些活动评委的机会，充分利用业务评判的地位提供有建设性的建议，进行引领辐射；等等。

发挥好区域教研的纽带作用，既可以更好地提高名师自己，促成自我实现，更可以成就他人，贡献区域教研资源。

全面提升名师素养，着力构建有效课堂

四川省苍溪城郊中学 ○ 王清平
苍溪县特殊教育学校 ○ 李炳华

“民族的希望在教育，教育的希望在教师。”教师是教学活动的主导者，是培养合格人才的关键。因此造就一支名师队伍，成就一批高素养名师，对全面贯彻党的教育方针、实现高素质人才培养目标、完成教育教学任务、促进学校发展至关重要。那么，在新背景下如何构建有效课堂，提升名师素养，我们谈点个人意见，不妥之处望各位指正。

一、名师素养的提升

1.名师要有更加高尚的师德修养

高尚的师德修养表现为对教育事业的挚爱、对教师职业的热爱、对全体学生的关爱、对教育同人的友爱。名师应该有自己的气质和风骨，应视“教师”为自己的事业。教师可以通过开展“读经典教育名著，做学者型教师”等读书活动，转变教育观念，提高师德素养，不为物欲所惑，不为物欲所动，记得来路，不忘初心，静下心来教书，潜下心来育人，在活动中铸师魂，炼师德，正所谓“德高为师，身正为范”。教师要努力做有理想信念、有道德情操、有扎实学识、有仁爱之心的好教师，做学生锤炼品格、学习知识、创新思维、奉献祖国的引路人。

2.“名师”要有渊博的科学文化知识

教师是人类文明的传承者，担负着提高国民素质、培养创新人才的重任。而“名师”是教师中的精英，更应该掌握更为渊博的知识：一是要对自己所教学科的专业知识有深入的掌握，二是教育教学专业知识和经验要丰富，三是要有广博的其他百科知识。此所谓“学高为师”“学渊博而为名师”。

3.“名师”要具有高超的教育教学能力

教师的教育教学能力涵盖了教师工作的方方面面，主要包括以下三个方面。

(1)德育能力：包括坚定正确的政治方向的洞察力、教学中渗透德育的能力、针对性的教育能力。教师是知识的传承者、社会主流价值观念的代言人，肩负着培养学生“成人”的使命，要把守政治纪律、讲政治规矩放在重要位置。

(2)组织管理能力：包括集体组织管理能力、课堂教学的组织管理能力、正确处理偶发事件的能力。

(3)教学能力：表现为扎实的学术基础、精深的教研能力、精湛的教学技术、高超的指导水平。

4.名师要有良好的合作沟通协调引领示范能力

合作沟通协调引领示范能力包括教师与教师合作的能力、教师与家长合作的能力、教师与学生合作的能力等。名师要主动与学生、家长、领导、同事交流，用心沟通，善于倾听学生和家长的诉求；善于协调学校和社会的资源，积极赢得各方的理解与支持；要认真学习心理学、教育学、社会学等相关学科知识，善于研究家长、学生的心理。

5.名师要有强大的调适能力

许多教师都抱怨，时代变了，学生不好教了。确实，就实际情况来说，今天有很多新的变化，都需要教师要认真思考、重新面对。有人在形容当今社会的变化时，用了这样的语言来概括：6年前是古代，6年后是未来。这样的话虽有言过其实之嫌，但的确反映出信息化社会的变化特点。在农耕文明时期，教师学几年可以教一辈子；在工业文明时期，教师学十几年可以教一辈子；在后工业文明时期，教师只有学一辈子才能教一辈子。因此，作为教师确实要转变自己的角色地位，把放飞心灵的空间和时间留给学生，营造宽松自由的学习氛围，在这种轻松的氛围里真正地引导学生积极、主动地学习。我们绝不能依据过去的经验从事今天的教学活动，要把学习当作生活方式，避免穿新鞋走老路。

6.名师要走在改革的前沿，把适应变革作为常态

在社会变革时期，多多少少有些不尽如人意的地方。教师要及时调整自己的心理，管理自己的情绪，克服付出与回报不成比例的失落感，负面情绪不能转移给学生，导致他们产生无助感、不被理解甚至受委屈的压抑感。教师要以积极阳光的心态、充满正能量的行为展示自己，始终相信未来的一切更加美好，始终坚守最初的选择。改革只有进行时，没有完成时。教师要认识到教育教学改革是长期的，无止境的。观念更新永远在路上，恒久的、普适的、一劳永逸的教育观念几乎是不存在的，教师要经常检视自身教育教学观念存在的缺陷与不当，并及时加以调整。

二、有效课堂的构建

1.有效教学基本定义

有效教学是指教师以课程标准为导向，遵循教学活动特别是学生活动的规律，以尽可能少的时间、精力和物力投入，取得尽可能多的教学效果，从而实现特定的教学目标，满足社会和个人的教育价值需求。

2.有效教学衡量指标

教学要合规律；教学要有效果；教学要有效率；教学要有效益；教学要有魅力。

3.实现有效教学活动的舞台：课堂

课堂是实现有效教学活动的舞台，是教师专业成长的平台，是教师提高教学艺术的“实验田”。好课是“磨”出来的，“实践出真知，实践长才干”。教师要在课堂拼搏中“学会教学”，在课堂实践中“磨炼本领”，求得“真经”。

4.有效课堂教学结构模式

自学—交流—展示—评价。

5.提高课堂教学行为有效性的途径

一是明确教学目标，提高教学内容的有效性；二是优化教学过程设计，提高教学活动的有效性；三是活用教学方法，提高教学方法的有效性；四是构建和谐师生关系，提高教学交往的有效性；五是锤炼教学语言，提高语言信息交流的有效性；六是精心设计问题，提高主体问题探究的有效性；七是适时进行多元评价，提高教学评价的有效性。

6.有效课堂模式的基本特征

(1)教学行为的立足点：学生学习的心理结构，即由教师讲授知识的逻辑结构为线索转向以学生学习的心理结构为线索。

(2)课堂教学的出发点：以学定教。这要求教师根据学情确定学习目标、学习内容、学习方法，让教学从“主题化”向“问题化”转化。

(3)课堂教学的基本程序：先学后教(颠倒的课堂)。课堂外：预习知识。课堂内：布置预习、预习指导、交流、展示、练习、辅导、评价。

(4)课堂教学的时间分配：以学为主。教师少讲甚至不讲，将学生听讲的时间压到最低。

7.有效课堂结构的优势

(1)学生课外学习活动：变课后练习为课前预习。

(2)学生是有准备来学习的。

(3)学生是带着问题来学习的。

好处：学生更有兴趣，学习效率更高。

8.城郊中学开展“136”自信生本课堂教学模式

“136”是指“一份学案、三时段、六环节”。

(1)“1”即“一份学案”，是指教师、学生每堂课共用一份学案。一份学案把教案、学案、练案合为一体，备课组统一使用。“3”即教学的三个时段，课前、课中、课后，或课堂自主学习10分钟，合作探究、交流展示15分钟，教师精讲点拨15分钟。“6”即“教学六环节”：目标展示、自主学习、合作探究交流展示、精讲点拨、巩固检测、小结反思。

(2)学校课改推广路径。自愿实践、骨干先行、典型引路、科研支撑、氛围推动、全面提升。反对“一刀切”“形式主义”等！

(3)学校课改发动与行动。一线专家团队报告具体做法：教师观摩交流—领导深入课堂、教研组检查督促落实—举办全市教研活动助推课改—到清华大学、浙江师范大学学习先进教育理念—与兄弟学校开展联合教研活动—广元名师会聚一堂研讨教改—名师课堂示范引领辐射—洋专家与土专家齐聚一堂讲课改—师徒结对,团结合作—工作时分工协作,节假日一起游玩,大家亲如一家人—教研组教师节假日携家人游玩。

9.总结

教育大计,教师为本。有好的教师才有好的教育。因此,全面提升名师素养,采取“走出去,请进来”和校本培训常态化等措施,努力提高其专业化水平,着力打造有效课堂,提高教学质量,将是今后教师教育发展的趋势,也是每一位教师、学校永恒的追求目标。

初探构建初中数学活力课堂的策略

广元市零八一中学 ○ 杨小芳

教学过程要处理好传授知识与培养能力的关系，引导学生在质疑、讨论、合作中学习。教师应尊重学生的人格，关注个体差异，满足不同的需要，创设能引导学生主动参与的教学环境，激发学生的学习积极性，培养学生掌握和运用知识的态度和能力，使每个学生都得到充分的发展。教师要给学生"自主探究"的机会，并不是说教师彻底放手，让学生完全"自由"学习，而是要根据不同的课型，设计不同的活动，力求成为学生学习活动的指导者、组织者，充分发挥教师的作用。

一、大胆放手，让学生成为作业评讲课的主人

传统的作业评讲，是教师将作业讲清楚、讲明白，学生能听清楚、听懂，忽略了学生的体验和感受，对学生来说是单纯的接受式学习，缺少交流和思考，听起来枯燥乏味，没有一丝活力。

首先，我在各学习小组中选取不同层次学生的作业进行批改，初步了解各层次学生的知识掌握情况；其次，课前把作业发给学生，组织各学习小组组内互相交流，组内成员互相帮助改正作业当中的错误。在小组合作活动中，小组成员之间可以互相交流、彼此判断、互教互学、共同提高，既充满温情和友爱，又像课外活动那样充满互助与竞赛气氛。小组成员之间通过提供帮助而满足了自己"影响别人"的需要，同时，又通过互相关心满足了归属的需要。在小组中，每

个人都有机会发表自己的观点与看法，倾听他人的意见，使学生有机会掌握良好的人际交往技能，当学生在一起合作融洽时，他们尝试得就会更多，学得也就更加愉快。再次，组织“三人行”学习小组，把组内不能解决的问题写到黑板上，其他学习小组能解决的题目，就让其他学习小组讲解，这样巧妙地运用了生生之间的互动，把“导”与“演”进行了分离与分工，把大量的课堂时间留给了学生，使他们有机会进行相互切磋，共同提高。学生不能解答的题目，再由老师解答。由于学生主体性得到了体现，他们自然会产生求知和探究的欲望，会把学习当作乐事，最终进入学会、会学和乐学的境地。教师的负担也可以由此大减，教学的良性循环也会因此而建立起来。在合作学习中，教师要充当“管理者”“促进者”“咨询者”“服务者”“参与者”等多种角色。

评讲完后，再给学生几分钟时间讨论交流，先把本节课的全部内容巩固消化，再对本次作业进行自评和小组评价。在课堂上，更多的是为学生着想，把课堂还给学生。这样的课堂充满了活力，呈现出了生机勃勃的精神状态：思维活跃、情理交融、师生互动、兴趣盎然。我认为，凡是学生能够改正出来的，教师绝不能替代，凡是学生能够独立发现的绝不暗示，尽可能多给一点思考的时间，多给一点活动的空间，多给学生一点表现自己的机会，让学生多一点创造的信心，多一点成功的体验，可以独立思考，自由表达。这些自由和权利大大地释放了学生的个性和潜能，使学生的主观能动性和创造性得到充分发挥，学生也因此变得活泼、敏捷和富有朝气。

试卷评讲课也可以这样做：首先，试卷批改后，课前发给学生，小组讨论试卷中的疑惑，教师不统一订正答案。填空题和选择题，由讨论中意见统一的小组讲解，对不同意见的题目由其他小组讲解，简答题由小组派一个书写认真的学员“抢写”在黑板上，再由各小组派一个学员讲解。其次，其他小组对刚才各小组的板书和讲解进行补充和评价；各小组的最后一位学员对其他小组的评价进行自我评价和反思，并针对小组成员存在的问题，对本组成员提出意见和要求。

在上述过程中，我认真倾听，并深入了解和分析学生的心理活动，及时抓住教育契机，运用多种教育机制让学生进行平等对话，使学生在自我悦纳的基础上，培养自信、自立、自强、自主的心理品质，从而达到发展自我、更新自我、完善自我的目的。

二、精心设计，让复习课更具挑战

以往的复习课，大都是教师滔滔不绝地从头讲到尾，把知识串讲一次，然后大量地做一些期末模拟试题。这样不仅教师讲得累，而且旧知识对大部分学生本就没有了新鲜感，学生只是被动接受，缺少交流和思考。

首先，复习前，先精心设计两套模拟测试卷（A卷和B卷），A卷重基础，难易程度接近中考；B卷重拓展延伸，难易程度略高于中考，兼顾不同层次学生的需求。测试后，首先，学生利用周末先和家长一起分析存在的问题，制订各自的复习计划。其次，学生分析各自在模拟测试卷中存在的问题，先在小组内交流。各学习小组先让各成员指出各自的优势和需要提高的地方，再总结归纳本组的优势和需要提高的地方，最后有针对性地讨论出各小组的“个性复习计划”。然后，各组代表在全班汇报各小组的“个性复习计划”，小组间针对其他组的汇报交流，对比各自的优势，主动申请帮助其他小组，各小组再次制订小组间的“互助复习计划”。最后，各小组内、小组间归纳整理、互相补充各章节知识要点、典型例题、易错题辨析，然后教师及时评价、指导和鼓励。

学生通过独立思考、亲子交流、小组互助等形式不断总结反思、完善复习计划的过程，使复习课变得更具挑战性，学生不断查漏补缺的欲望增强。

三、寓教于玩，让学生轻松入门几何推理

对于刚接触到几何题目的初中一年级学生来说，大部分学生对几何推理类的解答题条理混乱，不知道如何简明扼要地书写证明过程。作业和考试时，学生难写，教师难改。

我大胆创新，耐心培养他们的推理能力。从尊重孩子出发，发挥我们学习小组的作用，也为了更有效地进行组内成员间的互助交流学习，亲子间的交流与监督，我尝试了几何推理类题目训练的创新方法。首先，学生要进行知识储备：理解并掌握几何概念、性质、定理、判定。其次，进行榜样引领：把一些几何推理条理清晰的学生请到黑板上示范引领。然后，寓教于玩：①在“三人行互助学习小组”内，小组成员间做“师生”游戏，即一人叙述推理过程，一人充当教师角色补充和评价；②家长和孩子一起做“师生”游戏；③教师与学生一起互换角色做“师生”游戏。最后，小组展示：各小组随机抽取题目，向全班展示推理；

在整个过程中,学生经过组内成员的互助、家长的鼓励、教师的指导以后,条理逐渐清晰,学习更自信阳光,兴趣更浓。

教师要把学习的主动权还给学生,坚持以人为本,以学生为先,鼓励学生积极参与教学活动,构建初中数学活力课堂,给学生创设广阔的思维空间,留足学生独立思考、讨论的时间,提供给学生大胆展示的平台,放飞学生的心灵,让生命精彩绽放。

数学教学之感悟

旺苍县七一中学 ○ 胡琼芳

数学知识来源于生活，教师要积极地创造条件，在教学中为学生创设生动有趣的生活、情境来帮助学生学习，鼓励学生发现生活中的数学问题，养成运用数学的态度观察和分析周围的事物，并学会运用所学的数学知识解决实际问题，让学生学习有用的数学。我作为一名数学教师对新课程理念下的数学教学也有了自己的一些体会。

一、了解学生，建立和谐的师生关系

古人云："信其师，亲其道。"教学活动正是在知识与情感两条主线相互作用、相互影响下完成的。

1.和谐的师生关系是有效课堂教学的前提

师生关系和谐，教师的批评、提醒能被学生接受和理解，甚至感激，学生感觉到课堂气氛轻松，不但教师乐意"教"，学生也乐意"学"，从而使课堂教学的有效性大大提高。

2.怎样建立和谐的师生关系

我们教师要放下架子，既做关心学生的朋友，又做学生心灵、智慧的引路人。所以，教师应花更多的时间和学生进行情感交流，走进他们的学习和生活，让学生既"怕"你，又"不怕"你，"怕"主要体现在当学生犯错误时或没有完成任务时；"不怕"主要体现在当学生和你谈心或者争辩问题时。

二、钻研教材,明确教学方向

1.立足课堂,做实教学环节

大家都知道备好每节课很难也很重要,每节课前,我们都要做好充分的准备,钻研教材,深入挖掘教材的重难点以及中考考点,精心设计课堂练习、课后作业,用心设计教学环节等。但真正做到这些,是非常不容易的,每节课我们都要做到心中有数,学生掌握知识点固然重要,但教给他们正确的学习方法才是最重要的。

2.改变教法,确保学习效果

结合学校所划定的指标,针对我所带班级学生的实际情况,我注重教材内容的大胆取舍和整合。在确保教学进度的情况下,我尽可能讲一节新课,就及时批阅和讲解学生的书面作业,处理他们在知识和能力上存在的问题,及时巩固,克服遗忘,确保学生知识掌握的有效性。

三、有效学习,提高教育教学质量

1.培养良好的学习习惯

魏书生说过,学习就是养成良好的学习习惯。良好的学习习惯首先从倾听开始,这不仅是要求学生认真听教师的讲解,还必须认真聆听其他学生的发言,学生发言后其他学生要做出适当的评价,这样不仅检验了学生是否认真听讲,还可以调动学生的积极性。其次,培养学生做笔记的习惯。我在学生刚入学时,就要求他们人手一本笔记本,重要的定义、概念、定理、公式都要做好笔记,一些有规律的知识点让学生讨论并加以总结、提炼,也记在笔记本上,学生在记笔记的过程中也增强了对知识的记忆,而且熟记于心,这样可以大大提高在考试中的解题速度。三年所有的知识点都罗列在这本笔记本上,这样也有利于学生复习。然后,要求每位学生都有一本纠错本,收集典型例题,这些例题可以来自课堂,也可以是学生自己收集的。每次测验中,或者平时作业中,反复出错的题目必须收集,还必须写出解答过程中出错的原因。最后是养成多练的习惯,从而达到熟能生巧的目的。

2.改善师生之间的相处模式

对学生恩威并施,让他们在敬畏你的同时,还要让他们喜欢你。每接一届新生，我都要对他们提出严格的学习要求，并反复强调。开始时，学生都认为我太严厉了，甚至不敢亲近我。但我经常关心他们，当他们遇到困难时，我就主动、热情地帮助他们。学习下滑时，我就和他们一起分析原因，而不是批评指责。渐渐地，他们喜欢上了我，也喜欢上了我的课堂。课堂上我让他们当教师，并给予适当评价，让学生体会到成功的愉悦。他们有点滴进步，我都予以表扬。有学生常常说："胡老师，我小学时候数学经常考不及格，现在每次考试都是优生了，真的很感谢您。"我笑着说："那是你现在找到了正确的学习方法，我只起到了抛砖引玉的作用。"同时，我对他们也很严格，不认真听讲，不按时完成作业的，我都会严厉地批评他们。因此，这两个班中拖欠作业的现象较少。

3.重视课内课外的有效辅导

教师要利用课内课外时间有针对性地开展个别辅导，根据班级实际主动规划，力求做到"四个一"（每天关心一个培优目标学生，完成一道必考题型，过关一个知识点，落实一次作业批改），不当资料与试卷的"中转站"，讲解尽力做到准备充分，节节有效。

四、重视反馈，及时查漏补缺

1.重视考后关注，力求整体的提高

对基础较差的学生，帮助不仅体现在考试后结果的分析、课余时间的辅导，还体现在平时教学的细节之中。例如，平时应与他们多谈心，在学法上多指导，学生在课堂上注意力不集中时教师应善意提醒，学生情绪不佳时教师要与学生及时沟通，既要补知识，又要补方法，更要补思想，做到最大限度地调动学生的主观能动性。

2.重视批改测试，力求效果的落实

每节课后的作业要及时批改，对反馈的信息加以整理，下节课上新课之前做到有的放矢地评讲。每章结束后，及时测试，及时批改，认真分析试卷后，与学生一起找原因、找差距。每一次测试，到评讲完试卷不能超过两天，否则就失去了测试的意义。在考试中，我对学生有严格的要求：首先，要认真读题，关键词必须做记号；其次，基础知识不能出错。

如今，我还在平凡的岗位上忙碌着，虽然在工作中还会遇到新的挑战，但我会继续用我的真心、爱心，守护着我的学生，为他们播撒爱的雨露，指引他们走向成功。

二、课题研究

课题引领教师专业成长

广元市利州区嘉陵第一初级中学 ○ 杨艳　曾彦林

2017年，由市教育局重点规划，市继续教育办公室组织实施的第一期广元名师专项培养计划，历时两年，通过专家授课、导师引领、现场教学、实地考察等方式提高了自我的理论素养和实践能力。尤其在对六所浙江名校的考察学习中，名校深厚的文化根基和以教育科研促进教育内涵发展让我深受启迪。立足我校校情，2018年6月，我校向四川省教育科学院申报了“以‘孔子学堂’为载体的初中传统文化教育实践研究”课题，于8月经专家组评议通过，并在11月16日举行了开题仪式。在省市教科所精心指导下，经全体课题组成员一年的共同努力，取得了阶段性成果，并在2019年四川省教育科研课题阶段性成果申报中荣获三等奖，现总结如下。

一、课题研究背景及课题总的研究目标和内容

2014年3月，国家教育部颁布《完善中华优秀传统文化教育指导纲要》的通知，要求加强对青少年学生的中华优秀传统文化教育。2017年1月，中共中央办公厅、国务院办公厅《关于实施中华优秀传统文化传承发展工程的意见》指出，传统文化教育要贯穿国民教育始终。传统文化，就是中华民族的根和魂。践行传统文化，就是寻根、铸魂。我们研究的目标是更好地继承中华民族的优秀传统文化，形成初中学校传统文化教育的基本体系和实施模式，完善我校的

育人体系，落实立德树人的根本任务；为深化我校的课程改革，探索我校传统文化教育的途径、方式、策略，形成一套具有可操作性的初中传统文化校本课程，构建具有我校特色的校本课程。

1.此课题的总体研究目标

(1)以我校为样本，开展调查研究，调查中学传统文化教育现状，分析存在的问题，进一步寻求解决问题的方法，以形成初中学校传统文化教育的基本体系和实施模式。

(2)以孔子学堂为载体，构建校本课程的指导意见。以“天下兴亡、匹夫有责”为重点的家国情怀教育；以“仁爱共济、立己达人”为重点的社会关爱教育；以“正心笃志、崇德弘毅”为重点的人格修养教育，三大方面的传统文化教育内容体系形成相关读本，从而形成我校传统文化教育之国学经典教育、礼雅教育、家风家规教育的校本课程体系。

(3)从学科教育教学、课外活动开展、校园环境建设、家校协作、学生开展自我教育等方面，探索我校传统文化教育的途径、方式、策略。

2.此课题研究总内容

(1)开展调查研究，初步分析当前中学传统文化教育的问题。

(2)以孔子学堂为载体，构建初中学校传统文化教育内容体系。

(3)通过本课题的研究与实践，探索我校传统文化教育的有效途径、方法、策略。

二、阶段研究目标和内容

自2018年6月课题上报到8月份批准立项至今，课题研究已经进行了近一年时间。其间，我们专门举行了课题开题仪式，正式拉开课题研究的序幕。此阶段为课题重点突破阶段，其研究目标和内容是：全面实施课题研究方案，注重探寻校本课程、着力资源开发、拓宽实践路径、创立校本模型、提供教研保障、评价学生发展等方面的研究，创新课题研究的组织方式，开展与课题研究相关的沙龙活动；初步形成我校国学经典教育、礼雅教育、家风家规教育的校本课题体系；组织中期研究成果的汇报和论证，并根据论证情况及时调整研究方案，围绕动态生成的问题，进行深度研究。

三、阶段研究进程及活动

1.优化管理,提高课题研究的可行性

(1)优化学生管理。精心制订课内、课外的学习活动常规,强化激励机制,创造愉悦的学习情境,开展丰富有趣的实践活动,拓展初中传统文化教育的内容与形式,使学生乐学、活学,从而推动初中学校思想道德建设,提高中学生的思想道德素质和文化素质,推动提高初中学校育人成效。

(2)优化教学管理。精心设计打造了嘉陵一中校本课程,开发了校本教材:《嘉陵一中国学经典吟诵教材》《嘉陵一中家风家训家规教材》《嘉陵一中励志读本》。

20世纪,陶行知先生以“生活即教育”“社会即学校”“教学做合一”为核心,主张教育应当求真、尚美、向善,以“美善相契”的方式,实现育人的功能;培养具有完整个性和道德修养的人。陶先生的“赏识教育”“知行合一”教育理念与“孔子学堂”的内涵有很大程度的一致,于是在教学管理中,学校提出坚持贯彻国学经典教育、礼雅教育、赏识教育、知行合一教育、中华人民共和国国家教育部统筹学科教育等多层次多类型教育方式相结合的方针。因此,我们在课题研究的同时要求教师在教学的过程中寻找执行这一方针的最佳切入点,以便扎扎实实地开展具有我校特色的传统文化教育。

(3)优化校园文化管理。精心设计了以“美善嘉陵,儒雅一中”为主题的校园文化框架;提出了“四雅行动”,即“读雅书、讲雅言、做雅事、养雅趣”;完善了学校的办学思想体系——文化主题句:德承汉寿,志起嘉陵(学校精神)。办学理念:行知相合,美善相谐,儒雅相成。办学目标:办行知学校,育美善公民。一训三风:校训,自强自新,至善至美;校风,教须求嘉,学当图凌;教风,走行知路,传美善风;学风,树凌云志,做儒雅人。

2.开发校本课程,促进课题有效探索

(1)立足教材,在教材中寻找、筛选有一定代表性的材料,充分挖掘和展示传统优秀篇章中的各种道德因素,找到最应该传授的精华,加强梳理和分解,结合语文教材稍加拓宽,渗透优秀文化内容。把时代和民族倡导、尊崇的主流价值贯穿于教学全过程,把优秀传统文化贯穿在教育教学的各个方面。

(2)立足教学,创新具有校本特色与地域特色的传统文化教育活动形式。①全力推进“古诗文吟诵”,我校率先在全市大力推进学习吟诵教学,开办讲座、

编辑教材、设定课程、举办活动，使吟诵成为我校传统文化教育的亮点。②大力推进儒雅教育，结合我校实际情况开发与之相对应的校本课程，对学生进行学习习惯、生活习惯及礼貌礼节的养成教育。③全面实施“家风、家训、家规”教育，编辑了《传家风、立家规、树家风》校本教材，开展了“家长写、孩子诵、大家评”主题班会活动，创办家长学校，举行大型文艺晚会，在社会上引起强烈反响。大力挖掘广元市地方文化，把优秀的传统文化和地方特色文化深度融合。④通过开展社会实践活动，学生了解了广元市丰厚的文化底蕴，了解了广元市独特的地方民俗传统文化，增强了民族自豪感和责任感。

(3)立足课堂，教师改革课堂教学的方式。通过课堂教学策略的研究，我校的课堂教学呈现出一派欣欣向荣之态。学校与社团合作，“经典吟诵”“家风家训”“传统节日”“传统礼仪”“书法国画”“太极武术”“名人传记”“名著赏析”“古典诗词创作”等纷纷走进课堂，使我们的课堂鲜活了起来。

3.搭建平台，提供课题成果展示机会

(1)建立课题研究博客。我们创建自己的课题研究专栏博客，把自己的研究过程、研究感悟、研究成果转化成一段段文字上传到博客上，与同行交流，共同促进教师的成长，提高教师的幸福感和自豪感。

(2)创办课题研究资料简报。课题简报用于记录课题研究过程，展示课题研究实践的成果。学校课题组把课题研究的进度、阶段小结通过简报传达给每位实验教师。教师把课题研究过程的困惑与收获通过简报展示，并编辑成册。师生共同收获成功的喜悦，更激发了师生对课题的认同感、自豪感。

(3)开展专题研讨交流课。每学期每位课题组研究教师根据自己的课题研究上一节课题研讨课。在教研活动上，研究教师重点针对执教老师在教学中的指导、评价、效果上各抒己见，提出意见或建议，也可表达自己近段时间在开展研究过程中的困惑和问题。每学年开展一次青年教师课题实验成果汇报优质课评选，为教师搭建展示与研讨的平台。

4.外引内联，提升课题研究能力

我校开展这项课题研究主要是为了更好地继承中华民族的优秀传统文化，完善我校的育人体系，落实立德树人的根本任务。这项课题在全国各校的研究中已取得丰厚的成果。因此，我校是站在前人的肩膀上，吸收他人的优秀成果为己用的,这样一来,我们的研究可以少走弯路。我们不但要巧借他山之石,更要自主研究,形成独具特色、适合我校发展的教育体系。

5.拟定考评方法,促进科研水平提高

为调动广大教师开展教育教学研究的积极性,使课题研究与平时的课堂教学紧密结合起来,切实搞好我校"以'孔子学堂'为载体的初中传统文化教育实践研究"课题实验工作,更好地完善学校对教师教育科研成果的规范管理与保存,促进学校教育科研整体水平的提高,校行政结合学校的工作实际研究制订《嘉陵一中课题实验考评办法》。学校根据财力,每学期拨出适当资金作为教研专项奖励,各教师的奖金根据考核分值比例进行计算。

6.大力打造亮点,提高课题的鲜明度

随着课题的开展,我校的"传统文化教育"已成为本校的特色教育,引起了社会的广泛关注。市区各级领导也给予了大力支持,并多次到我校指导工作,鼓励我校课题研究深入扎实开展。教育同人也纷纷到我校参观访问,并做了宝贵的经验交流。社会、家长对我校的发展给予了高度评价,电视台也做了专题报道。

(1)我校大力倡导的"古诗文吟诵",已成为我校的一大亮点。我们编辑了《嘉陵一中国学经典吟诵教材》,制订了吟诵课程指导意见及实施方案。让吟诵走进课堂,让吟诵走进生活,让吟诵浸润学生的身心。我们举办了"诵中华经典,做四雅少年""和经典相伴,与书香同行""传古今文化,铸桃李芳魂"等大型文化艺术节活动,还带领学生走出学校,进行研学旅行。鼓励师生进行诗词创作,收集整理了《嘉陵一中师生诗词作品集》,营造了良好的文学经典吟诵氛围,塑造了师生高尚的道德情操。

(2)我校与国际行知赏识学会紧密联系,大力推进"行知赏识教育",多次邀请国际行知赏识学会会长曾桂安先生到我校举办讲座。编辑整理了《嘉陵一中行知赏识教育教享悦专集》《嘉陵一中师生行知赏识雨露集》,举办了"行知赏识教育我们在行动"教育论坛,开展了"嘉陵一中赏识教育主题班会"系列活动。2018年11月,"因真爱相聚话赏识共享"——第十届国际行知赏识家长论坛,在我校成功举办,得到了与会专家和领导的大力肯定,使我校更加享有社会知名度,走出广元,有了更广阔的天地。

(3)我校与家长家校合作,实施"家风、家训、家规"的教育活动,编订了相关的教材；采用“6+5”的模式开展活动（注：“6”指“六个结合”，即与学校德育教育结合、与师德师风建设结合、与校园文化建设结合、与家庭教育结合、与行风建设结合、与党风廉政建设结合。“5”指“五个策略”，即孔子学堂诵家风、主题班会亮家风、专题活动扬家风、社会各界评家风、最美家庭晒家风）；每月一次主题班会课，并收集整理成册；每学期开展一次学校共享、共筑教育新篇章的家长会；成立家长委员会及家长志工团，挖掘具有优良家风的家庭，分享他们好的育人经验，使整个学校、家庭、社会充满正能量，处处彰显和谐之音。

7.开办社团，举行活动，丰富课题的内涵

为了最大化地激发学生的传统文化认同感与自信心，提高学生素养，培养学生能力，我们组建了形式多样的社团，有“馨风”诗社、“文雅”演讲社、“儒雅”读书会、“优雅”书法班、“鸿儒”国画班以及朗读者协会、足球协会、篮球协会、武术太极协会、舞蹈协会、器乐协会、话剧协会等社团，每个社团拟定相关实施方案，定期开展活动，让广大师生在活动中感受中华优秀传统文化的无穷魅力。

学校以“孔子学堂”为载体开展“八个一”的活动：诵经典、祭先贤、讲故事、办讲坛、习六艺、传家风、过节日、办诗会；开设“国学经典诵读”和“教享阅”读书活动；开展“礼文化月”主题教育活动；对学生进行礼雅教育，形成学生行为习惯的养成教育活动体系等，由此建立了我校传统文化教育活动体系：

（1）以“孔子学堂”为载体的儒雅教育活动体系。

（2）以“家风、家训、家规”教育为内容的活动体系。

（3）以“行知赏识”“知行合一”教育为核心的活动体系。

（4）以“家国情怀”为内容的红色教育活动体系。

四、阶段研究进展与成果

1.编辑校本教材，开设校本课程

（1）编辑《经典诵读文本》《励志读本》《传家风、立家规、树新风校本教材》《党风廉政以及行风建设读本》《太极拳读本》等相关教材，构建我校传统文化教育校本课程。

（2）开设了吟诵、书法、太极、诗词楹联、舞蹈、合唱、名著阅读等课程。

2.撰写论文,收集整理研究素材

(1)撰写《以"孔子学堂"为载体的初中传统文化教育实践研究》课题研究报告。

(2)编写并收集课题相关简报。

(3)编辑《嘉陵一中教师家风家规家训集》。

(4)编辑《嘉陵一中学生家风家规家训集》。

(5)编辑《嘉陵一中师生行知赏识雨露集》。

(6)编辑《嘉陵一中教享悦专集》。

(7)编辑《嘉陵一中师生诗词楹联创作集》。

3.举办讲座论坛,营造研究氛围

(1)举办"汉寿讲堂之国学培训"。

(2)举办"汉寿讲堂之德育经验分享"。

(3)举办"嘉陵一中行知赏识教育教师论坛"。

(4)举办"嘉陵一中行知赏识教育班主任论坛"。

(5)举办"嘉陵一中行知赏识教育家长论坛"。

(6)举办"嘉陵一中行知赏识教育学生论坛"。

4.举行艺术节,丰富校园文化生活

(1)举行"诵中华经典,做四雅少年"大型文艺会演。

(2)举行"和经典相伴,与书香同行"大型文艺会演。

(3)举行"传古今文化,铸桃李芳魂"大型文艺会演。

(4)举行"诵经典诗词,扬中华美德"诗词吟诵朗读比赛。

5.进行社会实践活动,宣扬民族精神

(1)进行"传承优秀传统文化,我们在路上"社会实践活动。

(2)进行"剑门关蜀道文化"主题研学旅行活动。

(3)进行"红色文化"主题研学旅行活动。

五、阶段研究效果

以"孔子学堂"为载体的传统文化教育,不拘泥于传统的课堂教学,突破了文本统编教材教学的限制。传统文化教育以课文(文本)为凭借,以"孔子学堂"为载体,以传统文化教育为核心,以积累、理解、运用为前提,以揣摩、品味、体验、感悟、探究为手段，用师生自己的智慧和独特视角去积极发掘中国传统文化的精髓，进行多方位、多角度的拓展、迁移与辐射，让学生在研究实践中修身立志、怡情养性、健全人格、追求成功，从而达到文质合一、内外兼修、知行统一的教育目标，实践证明，传统文化教育收效显著。

1.促进学生全面发展

通过课题研究，全面贯彻落实党的教育方针，推进了学校传统文化教育，构建学校教育、家庭教育、社会教育三位一体的教育网络，促进学生的人格修养和人文修养的塑造，初步培养学生成为有文化修养、有人文关怀、有责任担当的人。

2.提升教师的师德修养和人格修养，提高教师育人能力

此次课题实践与研究，提升了教师文化修养，提高了教师文化品位及教师对课程资源的开发能力，提高了教师的育人水平。充分利用传统文化优势学科，深入开展传统文化教育教学研究，为初中传统文化教育教学提供案例和亮点。此次课题实践与研究，改变了教师的思维方式和为人处世方式，把教师的人生观升华到更高的境界，让他们能够自觉抵御外在的各种诱惑，坚守道德底线，实现人生理想，从而增强教师的师德修养和人格魅力。

3.促进学校的特色发展

通过本课题的实践与探究，现在已初步形成我校独有的活动体系，改变了原有的课程结构，完善了学校的育人体系。我们编写的校本教材，充分挖掘传统文化，具有浓郁的民族特色，学生容易接受，对学生人格的培养也有显著的教育作用。通过“孔子学堂”的建设，让“传统文化教育”成为我校独有的特色。环境对人的影响是巨大的，学生置身于特有的“儒雅”校园文化中，耳濡目染，在不经意间就会感受到文化的浸润，体验到“儒雅”的氛围，为培养学生成为真正现代儒雅君子奠定基础。

4.对家庭、对社会产生积极的影响

通过本课题的实践探究，学校对家长培训、引领，促进优良家风更好地形成和传承；好的家风又能对孩子的品德产生潜移默化的影响，对引领社会风尚，促进社区文明、社会文明健康发展起到积极的作用。在家庭及社会中普及和推广中华优秀传统文化，可以更好地继承和弘扬中华传统文化及区域文化的精髓。

六、现阶段研究不足、反思和下阶段研究设想

1.存在的问题

(1)我校毕竟处于教育不发达地区,教育理念、教育手段、教育设备、教育队伍、教育经费等各种教育资源还远远满足不了我们的发展。

(2)要激起师生对课题的兴趣,评价很重要,关于如何健全评价体系,我校还需要进一步努力。

(3)校本课程的开发,校本课程体系的建立初具雏形,还需大力完善。

2.下阶段研究设想

按照预设及动态调整的课题研究目标和具体分工要求,总结、反思实际效果,挖掘课题研究的亮点、特色,完成各类研究成果整理收集,撰写课题研究结题报告,做好课题结题和成果鉴定工作,同时,发布课题研究成果,申请结题,举行课题结题鉴定会。

家庭教育现状调查报告

——以广元市朝天区为样本

广元市朝天区教育和科学技术局 ◎ 李正生 刘琼英

一、调查的背景及目的

习近平同志在2015年春节团拜会上讲道:"家庭是社会的基本细胞,是人生的第一所学校。不论时代发生多大变化,不论生活格局发生多大变化,我们都要重视家庭建设,注重家庭、注重家教、注重家风,紧密结合培育和弘扬社会主义核心价值观,发扬光大中华民族传统家庭美德,促进家庭和睦,促进亲人相亲相爱,促进下一代健康成长……"讲话指出,家庭是每个人来到世上最先接触的环境,个人生存、家族延续、社会继替、国家维系都以家庭为基础,家庭教育在育人中的基础作用是学校教育和社会教育无可替代的。因此,家是国之基,家和万事兴,建好"人生的第一所学校"是每个家庭和全社会的神圣使命。

朝天区是广元市下辖的国家级贫困县区,地处川北,与陕西甘肃交界,总人口约21万人,其中农业人口近19万人,是典型的山区农村。近年来,随着青壮年外出务工人员增多等原因,"留守学生的教育管理"成了教育热词。据2016年春调查统计,全区中小学生共20599人,留守学生有11620人,占56.4%。其中隔代监护5244人,占25.5%;委托人监护731人,占3.5%;另有72人无人监护,自立成长。从我区家庭教育现状来看,家庭教育中呈现出一些积极因素:一是农村很多经济条件相对要好一些的家长能意识到读书的重要性;二是中小学生的家长普遍是75后,大多上过几年学,有一定的文化基础,学校与其沟通交流要容易一些;三是部分家长开始关注孩子的思想品德和个性发展;四是大部分家长关心孩子的教育,开始重视民主的家庭教育方式。但我们也清楚地看到,当前农村家庭教育依然存在诸多问题:一是大部分家长的家庭教育观念仍失之偏颇;二是仍然存在个别家庭不良的甚至是简单粗暴的教育方式;三是隔代管理产生诸多矛盾,留守儿童的教育问题依然严峻;四是家校合作在具体操作上存在不足,甚至时有矛盾产生。

家庭教育是学校教育的基础。学校教育和家庭教育二者缺一不可,缺少哪一个环节,都会对孩子产生不良的影响。2011年7月4日,四川省教育厅关心下一代工作委员会下发《关于组织开展创建全国优秀家长学校实验基地活动及印发〈四川省创建全国优秀家长学校实验基地实施细则〉的通知》(川教关函〔2011〕9号)。为进一步落实通知精神,2012年起,我区内之江中学、朝天一小、朝天二小、羊木镇小学、中子镇小学、城区幼儿园等六所学校参与了"全国优秀家长学校实验基地"的创建工作。各学校结合学校自身发展实际,相继创建了家长学校,成立家长委员会,把家庭教育正式提上学校工作日程,通过召开家长会,采取讲座、座谈、电话沟通等措施,开展家校合作育人活动,并取得了初步成效。2015年12月,我区被中国关工委事业发展中心及中国下一代教育基金会授牌"全国规范化家长学校实验区"。

为共建我区家校合作育人的教育环境,提高家长对家庭教育重要意义的认识,提升家长教育孩子的能力,作为朝天区教育行政主管部门,朝天区教育和科学技术局与主研学校之江中学,于2016年6月立项省级课题"农村地区家庭教育现状调查及区域推进家校合作育人的策略研究"。2016年秋,课题组着手开展发放朝天区家庭教育现状的问卷、访谈等调查工作,旨在通过调查研究,在充分了解我区不同学段、不同层次的学生家庭教育现状,分析家庭教育存在的问题的基础上,构建并完善区域性家校合作育人的有效机制,制订我区家庭教育、家长学校建设、家校合作育人的指导意见和实施方案,以便更有针对性地指导我区的家庭教育,促进下一代健康成长。

二、调查的对象和方法

此次调查对象，包括朝天区所有在校（园）学生（初中、小学、幼儿园）、家长、教师、社会人士。主要采用观察、访谈、问卷的方式进行。

（1）所有学生填写《朝天区在校学生个人情况登记表》，了解学生的家庭成员、学习情况、家庭教育情况及学生对家庭教育的心理需求等。

（2）家长和教师采用抽样问卷调查，分学段进行。幼儿园家长544人，教师32人；小学生家长1944人，教师306人；初中生家长1138人，教师145人。此次调查家长共3626人，教师483人。

（3）社会人士主要通过观察、访谈进行调查，了解他们对家庭教育的诸多看法。

（4）最终以问卷调查报告为主，综合多方面调查结果对当前家庭教育进行分析。

三、关于调查问卷的几点说明

关于本调查问卷的说明有以下三点：

一是在进行分析之前必须明确个体差异远大于群体差异。同时要考虑到学生的教育是循序渐进的，学生当前之所以有完全不同的表现是之前家长和学校共同努力而累积下来的结果。而且学生都有自主意识，即使是在外界环境完全相同的情况下，最终也可能会有完全不同的表现。所以，在单个问题上主要考虑各种类型的占比情况，进而对大方向做出分析与判断。

二是本调查主要是了解家庭教育现状。家长的思想观念、教育方法应该是调查的主要内容。因此，调查报告的主要数据分析来源是家长问卷。

三是由于采用的是网络问卷，答题者因文化层次不同，对问卷意义的理解不同，造成部分答案比率的偏差，在分析时未能全部考虑。

四是由于数据采用四舍五入的算法，有些问题的百分比总数并不总是100%。

四、调查问卷结果分析

（一）基本情况

在本次网上问卷调查中，家长填写问卷的积极性普遍较高，在部分问题的

“其他”选项中提出了相当有建设性的观点和建议，说明家长对孩子教育的关注度很高，同时也说明很多家长对育儿问题有自己的观点和看法，也愿意和学校合作，做好孩子的教育工作。

1.家长的基本情况

(1)从文化水平来看(第3题)，家长的文化水平普遍不高，其中，没上过学的占1.65%，小学毕业的占34.89%，初中毕业的占42.44%(见图1)。家长是孩子的“第一任老师”，父母的文化水平在某种程度上决定着家庭教育的思想与方法，必然会对孩子产生不同的影响。

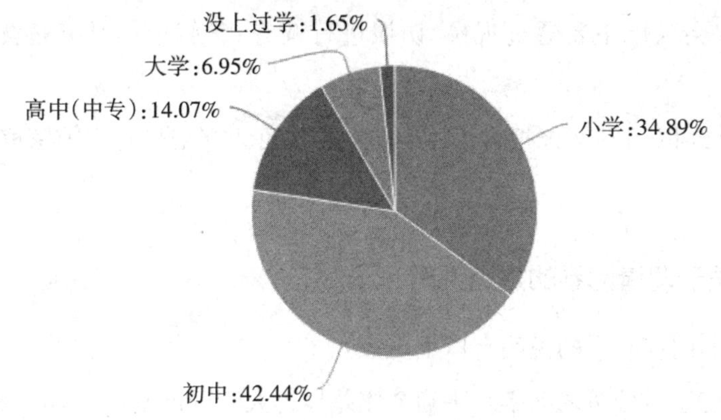

图1 家长文化水平情况

(2)从职业情况来看(第4题)，学生家长在家务农的占39.46%，在外务工的占32.21%，公务员及企事业单位的人很少，不足8%，其他为自主创业(做小本生意等)(见图2)。

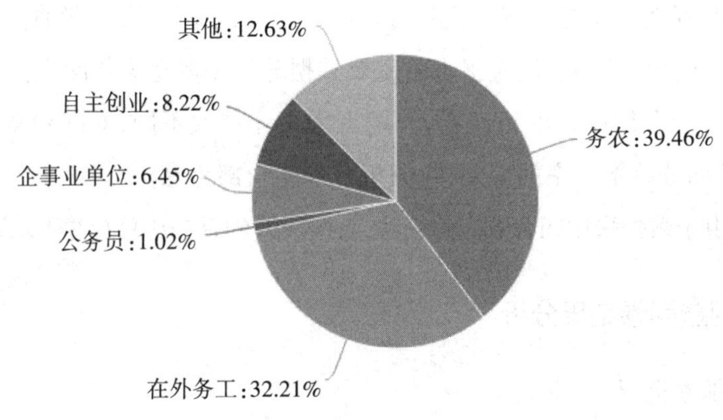

图2 家长职业情况

(3)从家庭组成来看(第5题),仍有10%左右的学生家庭构成不完整,单亲甚至是无父母而完全由其他人监管的情况也不少(见图3)。完整的家庭更能成就学生健全的人格。

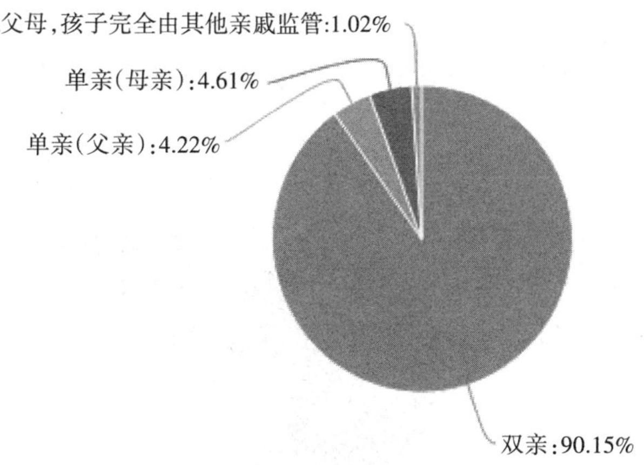

图3　学生家庭组成情况

(4)从家庭教育的主要责任来看(第7题),母亲是家庭教育的主要角色。据观察了解,参加家长会或学校要求家长参加的活动,母亲是主要参加者(见图4)。这些都说明在家庭教育中,孩子目前主要还是依托于母亲。作为孩子母亲的教育方法和思想,更大程度影响了孩子的成长品质,决定了家庭教育的质量。但是,在现代社会的家庭教育中,父亲的作用是任何人都不能代替的,父亲对孩子的性别角色、性格的形成、智慧培养、能力的形成等方面都有很大的影响。

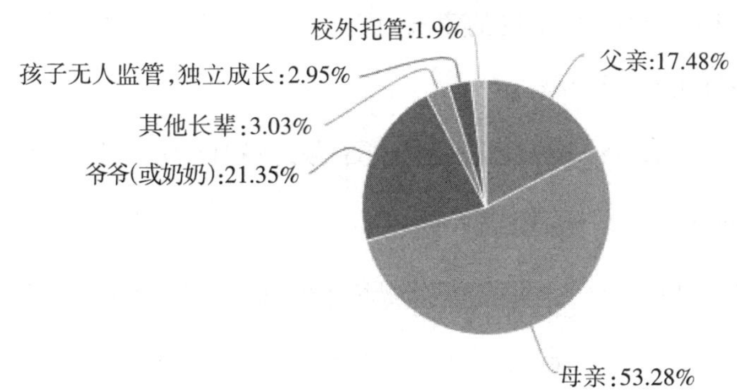

图4　家庭教育中孩子的主要负责人情况

2.基本的教育观念

(1)大部分家长对孩子上学的目的有正确的认识,在第9题中,高达90.73%

的人认为上学的目的是学知识、明道理，成为有涵养、有素质的人，但仍有10%左右的家长选择了其他选项(见图5)。但考虑到大部分人学历较低，很多家长是抱着“好”的心态来填写问卷的，实际上并没有那么高比例的家长真正抱着“学知识、明道理”的想法去教育孩子，这无疑会加大“问题学生”产生的可能性，让学生产生“读书无用论”的思想。这也跟家长自身的文化水平很有关系，具体的分析将在后面给出。

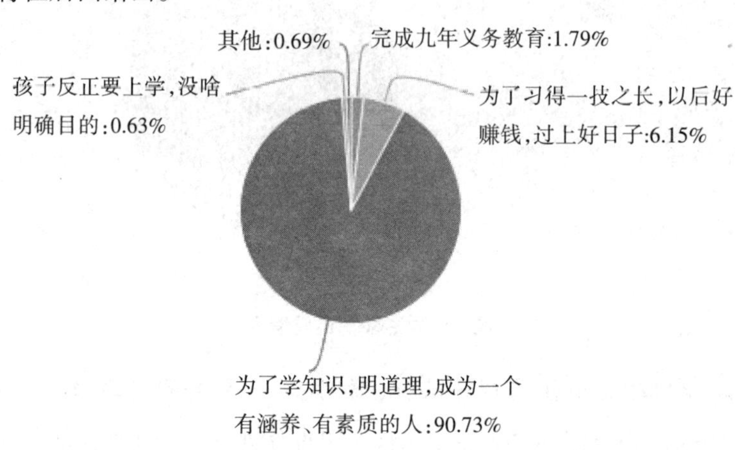

图5　家长对孩子上学目的的认识情况

(2)从家长对家庭教育的责任的看法来看(第8题)，仍有9.46%的家长认为家庭教育的责任是帮助孩子把学习搞好(见图6)，而忽略了家长在孩子的德育教育中会起到十分重要的作用，抑或是单纯地以学习成绩论成败了，这跟家长自身的教育程度有关系，不同的家长对孩子的具体教育方法也必然有所差异，这些讨论都将在后面给出。

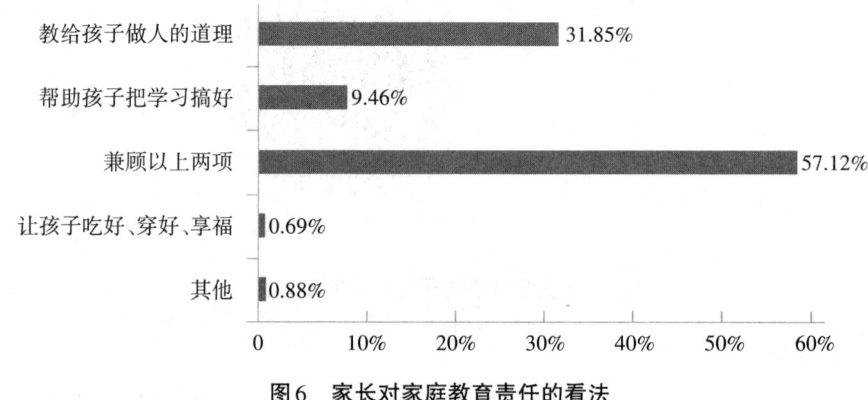

图6　家长对家庭教育责任的看法

3.与孩子沟通状况

（1）从与孩子沟通的时间上看，由于大部分家长在外务工，第10题的调查结果指出，高达29.73%的家长常常几个月才能回一次家，与孩子只能在电话上聊几句，到了初中以后，很多孩子都会选择住校，跟家长的沟通就更少了（见图7）。

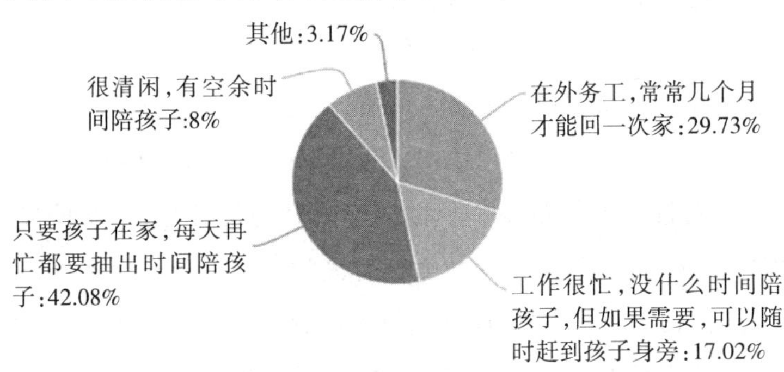

图7　家长与孩子沟通情况

（2）从沟通的方式上看，也符合上述情况，第11题调查结果显示，仅67.62%的人表示在共同生活中随意交流。在第17题的回答中也可以发现，仍有13.95%的家长表示会在孩子犯错时进行严厉的批评甚至体罚，考虑到很多家长批评孩子而不自知，实际的比例应该更大。这点在关于“夸奖”的调查中（第18题）也体现出来，28.87%的家长表示很少会主动夸奖孩子，6.21%的家长直接表明是以批评教育为主。

4.与学校的沟通情况

第23题显示，有35.96%的家长表示没联系过老师，有高达51.68%的家长表示只是偶尔联系老师，且只有当孩子在学校有问题或学校有事时才会被动地与老师联系（见图8），甚至有些家长害怕联系老师，这一点跟家长的文化水平、传统的教育观念不无关系。大部分家长文化水平不高，对老师有敬畏心理。

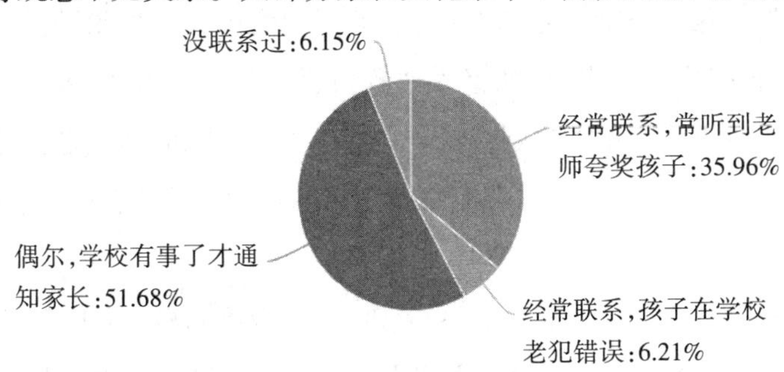

图8　家长与学校沟通情况

(二)交叉分析

1.家长文化水平差异分析

通过对家长对孩子上学目的(第9题)的认识问题的交叉分析可以发现,家长的文化水平直接影响了他们对孩子上学目的的认识,同时文化水平越高的家长对教育也越有自己独到的看法且更愿意写出来。

从对家庭教育的认识(第8题)上来看,上过大学的选择"教给孩子做人的道理"的比例有所增加,选择"兼顾两项"的比例反而下降,这和前四项比例的趋势是不同的。而且单纯从帮助孩子把学习搞好的角度考虑,家长文化水平越高,越能辅导孩子的学习,但是为什么拥有大学学历的家长反而做出了不同的选择呢?这点在我的意料之外,但仔细思考过后我认为这也在情理之中。

关于高学历家长的这一点"反常"现象,我认为原因有二:一是文化水平在大学之下的家长,虽然选择了"兼顾两项"且比例随着文化水平一起升高,但是考虑到很多人是抱着"好"的想法去填写问卷的,可见主流的思想还是很重智育的,他们还是沿着"学习好就出路好"的思想来教育孩子的,虽然嘴上说着"己所不欲,勿施于人"的大道理,然而他们身上那些各种不好的习惯仍在潜移默化地影响着孩子,比如插队、占小便宜、将工作中的坏情绪带到家中、什么事都往孩子学习成绩上靠等,从这些可以看出他们的思想和做法是不一致的。从"精英永远走在时代前沿"的角度出发,我认为拥有高学历的家长不选择"兼顾两项"的原因与低学历家长无力辅导孩子学习的原因不同,在如今各种关于高学历而低素质的新闻报道下,他们重新认识到家长对孩子德育方面的重要性,德育应当先行于智育,而智育远比德育重要,这也是当前中国教育体系存在的一个问题。二是拥有高学历的家长有良好的生活习惯,更自律,这也就能给孩子树立榜样,而家长在这些方面是不自知的,也就是说实际上他们给孩子带来的良好影响比他们料想中的更多,比如喜欢做数独、玩围棋、好书法、爱读书等等这些生活志趣,就在潜移默化中影响着孩子,从某种程度上讲,也就起到了辅导孩子学习的作用。相比被家长逼着看他们自己都不看的名著的孩子,高学历家长的孩子自然就会形成良好的学习习惯,而不必由家长操心了。

与第17、第18题交叉分析后,可以发现,家长学历越高,用批评与体罚去教育孩子的更少,他们更愿意用鼓励的方式来引导孩子。科学研究也表明,鼓励教育确实更能激发孩子做事的热情和想象力，多加疏导和鼓励而非批评体罚更有助于孩子身心的健康成长。但也有必要指出，鼓励教育并非溺爱，而一部分家长的“溺爱”也算不得“溺爱”，这一类家长在不触及自身利益前提下任由孩子调皮打闹给别人带来麻烦，而当孩子对家长的陪伴有所需求时却跑去娱乐打牌，很难说这些家长是真正地在为孩子考虑，只是打着“爱孩子”的幌子为自己找借口罢了。

从在孩子教育上存在的烦恼（第25题）来看，在孩子教育中父母有独到的想法虽然是一件好事，但是父母双方对问题理解所存在的差异也会带来烦恼。同时，认为没有时间陪孩子的家长比例比拥有大学学历的家长比例高，但是从其从事的职业（第4题），以及陪孩子的时间（第10题）来看，这一部分家长是有时间陪孩子的。我认为这来自家长的焦虑，与其烦恼于缺少陪孩子的时间，不如找找其他方面存在的问题，比如换个方式来与孩子进行沟通，从学生提交上来的报告中来看，学生最厌烦的就是家长打牌、喝酒、抽烟，以及家长不能站在自己的角度考虑问题。当然，家长有自己的娱乐项目是可以理解的，但是与其丢给孩子一句“大人的世界小孩不懂”，倒不如好好地和孩子约法三章，以身作则。这样不仅能抽出时间使自己休息，也能给孩子树榜样。

2.与老师联系积极性差异分析

与老师联系得越积极的家长在教育孩子方面也就更开明。从一定程度上来说，家长跟老师联系的频繁程度反映了家长对孩子教育的关心程度，这也促进了他们去寻求更好的教育方法，更多地为孩子考虑，同时在与老师的交流中也可以听一听老师对教育的一些看法，对孩子的总体表现有更好的了解，同时也从自己在教育当中存在的问题中醒悟过来。

从第15、第16题能看出，能够经常和老师交流的家长，在家庭教育方面的行动力也更强，能够为孩子树立榜样，并且能够较好地管教孩子。

从家长存在的烦恼（第25题）来看，与老师联系越紧密的家长更多地选择了“夫妇（家里人）意见不一”和“孩子不听家长话”。我认为家长关心孩子，热心于联系老师并且行动力很高虽然是一件好事，但是有时候过多的关心会造成相反的效果，孩子会对无所不想知的家长产生厌烦情绪从而产生逆反心理，也就不再听家长的话了。

3.父母差异分析

父亲在管教孩子方面比母亲更有威严,孩子不听父亲的话的比例更小,也体现在下面孩子的学习生活和习惯上。

从由父亲负责教育的孩子学习生活习惯也更加独立一些这点可以看出父母在管教孩子上面存在的差异,母亲对孩子的关心事无巨细,父亲的管理要宽松一些,喜欢从整体上去看待孩子的表现,这也是母亲过于干涉孩子生活却招来反感,然后觉得孩子不听话的原因之一。

在家庭教育的基本观念上父母亲也有一定的区别,父亲更加注重孩子的德育。相比于母亲,父亲通常对孩子疏于细致的管理,自然也不会亲自辅导孩子的学习,不会细致地去管理孩子的课外书籍,而是单纯地把智育这件事丢给学校来做,这就与学历造成的看法存在差异的原因有所不同了。

在以身作则方面的表现,母亲要优于父亲,由学生提交上来的报告也表明,在学生最厌烦的家长的行为中,父亲所占的比例也要远高于母亲,抽烟喝酒打牌明显也是父亲做得更多。其次就是父母吵架,从这一点来看,很多家长受“男主外,女主内”落后的思想影响,认为教育孩子是内事,完全由母亲负责。虽说父亲在教育孩子上实际所做的事情少于母亲,但是父亲起着重要的榜样作用,父亲的一言一行孩子都看在眼里。很多父亲不注意自己在孩子面前的表现,有些甚至会有家暴的行为,这无疑会给孩子带来伤害。

4.单双亲家庭分析

从数据分析来看,单亲家庭在各方面的表现都要差于双亲家庭,这无疑对孩子的教育会有所影响。

在第7、第10题中,单亲家庭中有高达32.19%的家长把孩子交给爷爷奶奶管理,陪孩子的时间也明显少于双亲家庭。

第12、第13题反映了来自单亲家庭的孩子的独立性要优于双亲家庭,但我并不认为这是一件好事,他们眼中孩子的独立性源于无人管教,并非主动的,与双亲家庭中孩子的有恃无恐而等到有人说才做事有很大的区别。如果能够统计这二者间真正用于娱乐和学习的时间的差异,想必双亲家庭中需要大人提醒才做事的孩子的表现也要优于来自单亲家庭的独立的孩子。

第14、第15、第16题反映了单亲家庭家长在孩子教育方面的积极性和行动力也都低于双亲家庭的家长,第15题显示孩子执行力低于双亲家庭的情况也印证了第12、第13题的结果,单亲家庭对孩子的影响是巨大的。

从第26题可以看出单亲家庭与学校联系的积极性也明显不如双亲家庭,虽然也有家长想在离异后振作起来教育好孩子,把生活希望寄托在孩子身上。但是从整体来看,家庭的悲剧也带来了他在教育孩子上的悲观态度,尤其是带给孩子巨大的影响,造成了孩子自身对自己未来的悲观态度。

5.孩子表现差异分析

从第11题可以发现,在学习生活上更加自主自觉的孩子更能够与家长"谈心",而有些需要家长提醒管理的孩子则与家长缺乏沟通。能够进行平等沟通的父母与孩子在生活中也必定是更加民主的,这说明平等民主的家庭环境对孩子良好行为习惯的养成有不可或缺的作用,这点在下面的分析中可以给出一定的解释。

从第14题可以看出两者存在的差距是巨大的,孩子表现更好的家长更能够以身作则,在教育上的行动力更高,这说明孩子的行为习惯与家长自身的行为习惯有着密切的关系。家长能够以身作则,孩子自然会以家长为榜样。而在有些家庭中,家长天天要求孩子做到准时自觉,他们自己却没有这种自觉意识,懒散的家长要求孩子做得更好必然会引起孩子的反感,甚至会招致孩子的叛逆,然而这些家长的应对方法是对孩子要严加管教,却没有意识到自己的坏习惯,还气得跳脚,认为孩子是在其他的地方学坏了,怪学校、怪孩子的同学。

有这么一种看法,如果孩子自身学习生活习惯良好、自主自觉的话,那么就没有必要再和孩子约法三章了。有许多家长有着这样的看法,认为有些孩子天生就很听话,家长也就不必太操心了。乍一听好像有点道理,诚然,个体差异远大于群体差异,在个例上或许存在这样的现象,而且对第17、第18题的统计分析也貌似"符合"这种看法,不听话的孩子就只有严加管教,听话的孩子就可以多夸一夸。但正如前一个分析中所言,很多家长是在发现孩子有些叛逆时才开始对孩子严加管教的,没有注意到这二者间的恶性循环关系,始终不得教育孩子的要领,不明白孩子叛逆的源头在哪儿。从家里具体的规定来看(第15题),这个题的调查结果显示的却是不同的现象,学习生活更加自主自觉的孩子的家里的规定更明了清晰,同时执行力也更高。

这里我们可以进行一个合理的推测,无法以身作则的家长对孩子的管教没有明确的想法和计划,想到一出是一出,在孩子娱乐和学习上没有明确的规定,有一句没一句地督促孩子学习和做家务,还自认为是在关心孩子的学习生活,最后招致孩子的不满和反抗,于是认为孩子不听话,对孩子的批评也变得多了,最终意识到孩子也拥有自己的意识,需要和孩子平等民主地进行交流的时候已经晚了。这类无法在孩子的学习生活上做出明确规定的家长,很难相信他们在自己的工作生活中会有多自律。而能够以身作则的家长在最初就和孩子约法三章,自己与孩子一起努力,最终收获了良好的学习生活习惯,孩子听话自觉,自己也过得越来越健康,与孩子对等且深入的沟通也能更多,而这点在上面第11题的结果分析中也有所体现。

第17、第18题也印证了第15题分析中所做的猜测,孩子的自主自觉和鼓励奖励是一个良性循环,而孩子叛逆和批评体罚形成了一个恶性循环,但也不是没有解救办法,如第15题中分析的那样,抓住源头,就能够逐渐改变现状,具体的方法就是家长要自觉地去改变自身的行为习惯,为孩子做出表率,同时要和孩子平等民主地沟通,弄清楚自己到底该干什么和孩子到底想要什么,与孩子共同进步。

从与老师联系的积极性来看,孩子表现更好的家长与老师的联系也更密切,这也与某些害怕老师联系自己家长所认为的孩子越自觉努力老师就越少联系家长的想当然的看法不同,这些表现良好的孩子的家长反而热衷于与老师联系,积极地去了解孩子在学校的表现,而非孩子听话努力就认为万事大吉了。这说明家长若真正对孩子的教育上心后,自然而然地就会到处取经,然后慢慢地改变自己在孩子教育上采取的做法,而非像某些家长所说的"孩子不听话只能打",大部分得出此结论的家长其实并没有真正在孩子教育中投入足够的精力。

五、对策建议

(一)家长层面

关于家长在教育中的重要作用,《清华教授齐发声:中国教育的根本问题出在哪儿》一语中的,文章指出:家长改变,中国的教育问题才会从根本上改变;家长到位,中国的教育问题才会有根本性改变。既然如此,家长该怎么做?

1.家长要多读书学习,提升自我文化品位

家教是什么?是家长对孩子的言传身教,往往体现在非智力因素方面,比如感恩、尊重别人、基本的规矩等,其实就是让孩子成为一个合格的社会人。孩子成为一个什么样的人,首先取决于父母。家庭是孩子的第一所学校,父母是孩子的第一任教师。事实证明,越是文化水平高的家长,越能让孩子有自豪感。越是能严于律己的家长,孩子的教育越是省心省事。润物无声是教育的最高境界。

家长自身不断加压充电是十分必要的。作为家长,学习的过程是再社会化的过程,是自我充实、完善的过程,是沟通、影响、感染孩子的过程。作为孩子,在家长的学习推动下,也会更加关注自身的学习。

母亲对家庭、对孩子的影响尤为重要,但作为母亲在认识上往往只关注孩子的成长,忽视母亲自身的需要和发展,把孩子作为生活的全部或生命的延续,从而造成自身的发展和兴趣爱好受到制约,情感体验被忽视,视野变狭窄。调查情况表明,在家庭中经常管教孩子的是孩子的母亲,而且,孩子在家里与母亲的关系较为亲密,孩子乐意接受母亲的教育。因此,母亲要不断学习,充实自己,树立终身学习的意识。

虽然孩子教育的主要承担者是母亲,但是父亲也有着重要的榜样作用,即使没有参与到对孩子具体的管教中,也应该认识到自己给孩子带来的影响。很多孩子厌烦父母的一点,就是把自己都做不到的事情强加给孩子。在学生调查报告中,学生最厌烦的家长的言行中出现较多的就有家长不设身处地地考虑孩子的问题,实际上说的就是家长自己贪图享乐却要求孩子做得完美。

2.家长要加强培训,更新教育观念

正确的教育观,是每个家长具有全面而长远的素质教育意识,特别注意孩子的品德和能力的培养。

诚然,很多家庭确实认识到品德和能力的培养在家庭教育中的重要性。然而,一旦当它与孩子的学业发生矛盾时,这个重心又发生了位移。

调查表明,每个家庭都希望自己的孩子尽快成才,但是这种成才观念经常带有一定的片面性。在许多家长看来,人才就是掌握高深学问的专家学者,从而忽视了在各行各业中数以亿计的有道德、有一技之长的劳动者。家长应通过学习,参加培训,了解少年儿童心理发育的特点和教育规律,与孩子建立平等、和谐、民主的家庭关系,努力与孩子一起成长。家长必须先懂得教育孩子的基本原理,提高自身各方面素质,才能教育好孩子。

以下八种教育观念,家长可以学习借鉴:①下班的路应该是回家的路。②父母好好学习,孩子天天向上。③教育孩子的前提是了解孩子,找到与孩子沟通的“语言密码”。④一定要管孩子,关键是怎么管。⑤做一个懂爱会爱的家长。高尔基说过:“单单爱孩子,这是母鸡也会做的事情,可是善于教养他们,却是一桩伟大的公共事业。”⑥不当众教育孩子。⑦不完全把孩子交给长辈或保姆。伏尔泰说:“对亚当而言,天堂是他的家;然而对于亚当的后裔而言,家是他们的天堂。”⑧在孩子面前多夸老师,学会用赏识的眼光看老师。家长和老师是同一战壕的战友,一定要与老师结成同盟军。

3.创设良好的家庭教育环境

科学的家庭教育环境的建立,有助于抵御社会的不良风气对孩子的影响,从根本上提高孩子的自身素质。良好的家教、家风,将直接影响孩子的三观,三观正,则成长顺。孟母三迁、岳飞刺字、梁启超家教的故事,无一不是强调家庭教育对孩子成长的重要影响。

4.与学校主动联系,主动作为

调查显示,家长能认识孩子的全部老师并主动联系的不足20%,而被动等学校联系自己的家长则成为常态。这说明,家长虽然从主观上关注自己孩子的成长,但从行动上教育孩子的主动性仍有待提高。孩子是自己的,切不可等、靠、要,应和老师主动联系交流,和身边的家长主动沟通,主动学习成功家长的教育方法。和孩子共商发展大计,记录孩子的成长点滴,私下跟老师交流孩子的思想动态,有意识地和孩子一起健身、娱乐、劳动、学习,无意识地带孩子走进自然走入社会,方方面面都需要家长身先示范,主动作为。

5.给孩子足够的独立成长空间

孩子不是家长的附属物品,需要独立成长的空间。在部分城镇学校,家长利用双休日为孩子请家教、报补习班的现象已十分突出。认识到孩子不能输在起跑线上固然是好事,但是让孩子在这两天内大补特补功课,使孩子比平时更忙、更累,那就有违双休日本来的含义了。专家建议,每周为学习差的孩子补上两小时的功课,使其对薄弱的学科不致掉队是有必要的,但大部分时间还是要让孩子自行安排。如果家长将孩子禁锢于文化学习的小天地里，在一定程度上就抑制了孩子的全面发展。

还有一种情况，部分家长把家庭教育看成是对孩子吃喝拉撒睡的全方位监管，小到洗脸梳头，大到立业成家，甚至个人隐私，无不一一过问，面面俱到，事必躬亲。殊不知，这样的教育，往往是越俎代庖，李代桃僵，使孩子独立生活的能力减弱，甚至会影响孩子对是非的判断。爱孩子，就要留给孩子独立成长的空间，让他们自己来适应这个纷繁复杂的社会，让他们自己走进家长共同期许的生活。

（二）学校层面

1.继续办好家长学校

建立健全机构制度，明确培训任务，落实活动开展。针对家教存在的问题，通过“家长会”“家长委员会”等方式，集中指导家教方法，促进家长转变教育观念；学校举办一些亲子活动，如“亲子阅读”“亲子演唱”“亲子竞技”等活动，让家长与孩子同台表演，共同成长。

2.畅通家校联系渠道

学校是教育的主体，要切实承担起家校共育的主体责任。各学校班主任要对班级所有学生的家庭状况、成长经历了然于胸；要摸清家底，畅通联系渠道。班级要采取建立QQ群、微信群、电话联系、班级论坛等多种方式，方便与家长交流，了解家庭教育动态，传递家庭教育的有效策略，帮助家长教育孩子。学校要建立家访制度，深入家庭，实地察看，避免受到虚拟网络及隔空传话等非客观因素的制约。

3.将“孝悌”放在学校德育教育的首位

尊师是中华教育的传统。孩子只听老师的话，是家长的普遍反映。学校可以合理利用这一契机，让孩子懂孝、行孝，听父母的话，诚心接受父母的教育，这样，家校合力，会让孩子的成长更为顺利。

4.建立特殊学生、特殊家庭教育档案，实行全方位的有效监控

课改实施的核心理念是“为了每一个学生的发展”。学校教育要有的放矢，尤其要对残疾、智障、单亲、留守、贫困等家庭的孩子寄予特殊的关爱和照顾。要求各班级建立特殊家庭学生教育成长档案，对其“衣食住行学”等方面实行全方位的有效监控，坚持做到教育无死角、无遗漏、无遗憾。

5.主动让家长参与学校管理,实现“教、管、学相长”

学校教育需要家长的配合,家长若能参与到学校管理中来,教育将能起到事半功倍的效果。①推行“课堂开放日”,让家长听评课,期末评教。②邀请家长参与重大庆典活动,跟孩子一起分享快乐瞬间。③组织家长参与期中、期末的考试巡考工作。④期末和班主任共同填写素质报告书、完善孩子的成长记录袋。⑤与孩子一起参与社会实践活动。⑥参与学校重大决策会议,如保险费、防疫费、新华文轩的教辅资料等代收费用的收取,学生社会实践活动听证会等。

(三)教育行政层面

1.大力宣传,强化措施,努力提高家长素质

提高家长素质是搞好家庭教育工作的重点。学校要采取多种形式,大力宣传家教工作的重要性,加大普及家庭教育知识的力度,使家长切实掌握科学的家教知识,学习成功的家教经验,提升家庭教育水平。

(1)帮助广大家长走出家教存在的四个误区,即溺爱、过高期望、过多保护和过重压力,树立正确的教子观、成才观。促进孩子在德、智、体、美、劳等方面的发展,重视思想教育,帮助孩子分辨是非,培养孩子的自主意识和独立生活能力,鼓励孩子尽量多参加社会实践活动,增强社会适应性;培养孩子良好的心理素质,创造条件,引导孩子自觉地磨炼自己,抗得住失败的烦恼,增强心理承受能力;严爱结合,以身作则,家长做好榜样,潜移默化地影响孩子,营造有利于孩子身心健康成长的家庭教育氛围。

(2)教育家长担负起教育监护孩子的责任。家长再忙也不能忘了一件最重要的事——教育孩子。父母要多与孩子沟通,关心他们,了解他们,孩子还小,可塑性很强,他们的健康成长,关键在于家长的正确教育。

2.开展特色活动,扩大家教工作的辐射面和影响力

(1)通过“请进来,走出去”,培训家庭教育“本土专家”,建立家庭教育辅导站。问诊区域内存在的家庭教育问题,提出科学应对策略。既服务于个别家庭,又效力于学校社会。

(2)要经常组织一些融知识性、科学性、趣味性于一体的丰富多彩、新颖活泼、健康向上的家庭教育实践活动,增强家教工作的生机和活力,吸引家长和孩子共同参与,亲子互动,创造一个家家参与、人人争先的良好局面,在参与中接受教育,提高自身素质,创建和谐家庭。

(3)开展“优秀家长”“最美家庭”评选活动,树优良家风,弘扬正气。争取区委区政府、区委宣传部、区文明办、区关工委、区妇联的肯定和政策支持,开展评优活动,树榜样、树新风,让整个社团群体学校家庭都充满正能量。

3.协调组织家校沟通,促进家校共育

调查显示,学校教育的劣势:一是时间、空间、内容、形式的限制;二是过分强调统一性与集体性,导致了针对性差,不利于个别教育。家庭教育的劣势:一是因家长的政治、文化、道德素质的差别和家庭经济状况、成员结构不同,给家教的有效性造成了较大麻烦;二是家教方法的相对简单化、单一化,直接影响了家教效果。因此,学校教育和家庭教育要扬长补短,整体互补。并进一步建立健全学校、家庭、社会“三位一体”的教育网络。各方面必须密切配合,齐抓共管。

作为教育行政主管部门,要协调家校之间的联系。要求学校定期举办家长培训,共同学习、交流、探讨有关家庭教育知识、经验的方法。不定期地召开家长座谈会,通报学生在校及在家的学习、思想和生活等方面的情况,做到正确引导。同时,监督家长委员会充分发挥家庭教育组织的作用,推动家庭教育社会化。

4.政策引领,舆论导向,制定区域家庭教育指导意见

根据国家、省市家庭教育指导意见,结合我区家庭教育现状调查及试点学校的前期研究,探索出家庭教育的有效策略,形成适合本地区学习推广的农村家庭教育育人模式,再将其成果逐步在全区推广,全面铺开。作为当地教育行政主管部门,要以推动我区“全国规范化家长学校实验区”工作为契机,争取当地党委政府的支持,整合社会资源,与当地关工委、妇联、团委搭建工作联系制度,出台相关政策,建立协作机制,制定我区家庭教育、家长学校建设、家校合作育人的指导意见和实施方案,以期规范指导我区的家庭教育工作。

附件:朝天区家庭教育现状调查问卷(家长卷)

亲爱的家长:

您好! 首先真诚地感谢您抽出宝贵的时间来填写这份问卷。此次调查是为了更好地了解我区家庭教育状况及您对当前家校共育工作的建议。本问卷会采用不记名的方法,结果只用于研究,所以请如实作答以下问题。衷心地谢谢您的合作!

1. 您的孩子目前就读于哪一所学校? ________[单选题][必答题]

○ 之江中学

○ 曾家中学

○ 中子中学

○ 大滩中学

○ 羊木中学

○ 朝天镇第一小学

○ 朝天镇第二小学

○ 李家小学

○ 曾家镇小学

○ 西北小学

○ 羊木镇小学

○ 转斗小学

○ 中子镇小学

○ 鱼洞小学

○ 文安小学

○ 元吉镇小学

○ 城区幼儿园

○ 大豪博爱幼儿园

○ 羊木镇小学附属幼儿园

○ 曾家镇小学附属幼儿园

2. 您是孩子的________。[单选题][必答题]

○ 父亲

○ 母亲

○ 爷爷(或奶奶)

○ 其他长辈

3. 您的受教育程度是________。[单选题][必答题]

○ 小学

○ 初中

○ 高中(中专)

○ 大学

○ 没上过学

4. 您现在从事的工作是________。[单选题][必答题]

○ 务农

○ 在外务工

○ 公务员

○ 企事业单位

○ 自主创业

○ 其他

5. 您的家庭情况如何? ________[单选题][必答题]

○ 双亲

○ 单亲(父亲)

○ 单亲(母亲)

○ 无父母,孩子完全由其他亲戚监管

6. 您的家庭人均年收入一般在________。[单选题][必答题]

○ 5000元以下

○ 5000元至2万元

○ 2万元至4万元

○ 4万元以上

7. 您家里主要由谁负责教育孩子？________(日常监管并辅导功课)？[单选题][必答题]

○ 父亲

○ 母亲

○ 爷爷或奶奶

○ 其他长辈

○ 孩子无人监管，独立成长

○ 校外托管

8. 您认为家庭教育的主要责任是________。[单选题][必答题]

○ 教给孩子做人的道理

○ 帮助孩子把学习搞好

○ 兼顾以上两项

○ 让孩子吃好、穿好、享福

○ 其他

9. 您认为孩子上学的主要目的是________。[单选题][必答题]

○ 完成九年义务教育

○ 为了习得一技之长，以后好赚钱，过上好日子

○ 为了学知识，明道理，成为一个有涵养、有素质的人

○ 孩子反正要上学，没啥明确目的

○ 其他

10. 您是否经常在家陪孩子？________[单选题][必答题]

○ 在外务工，常常几个月才能回一次家

○ 工作很忙，没什么时间陪孩子，但如果需要，可以随时赶到孩子身旁

○ 只要孩子在家，每天再忙都要抽出时间陪孩子

○ 很清闲，有空余时间陪孩子

○ 其他

11. 您跟孩子沟通的主要方式是________。[单选题][必答题]

○ 在共同生活中，随意交流

○ 单独抽时间谈心

○ 只是在餐桌上，偶尔聊几句

○ 缺乏沟通

○ 只能打打电话

○ 其他

12. 您的孩子的生活习惯是________。[单选题][必答题]

○ 孩子空闲时间喜欢看电视、玩游戏、睡懒觉，学习不主动

○ 总得大人督促提醒，很少做家务

○ 自己的事情自己做，如按时起床，做扫地、洗小衣物等家务

○ 几乎没做过家务

13. 您孩子的学习情况是________。[单选题][必答题]

○ 需要大人提醒他先写作业，然后再看电视或者玩

○ 自己知道学习，不用怎么操心，放学回家后先完成作业，然后才看电视或者玩

○ 顾不上管他，反正作业他得写，有时会写到很晚才完成

○ 没看见他写作业

14. 您是否有意识、有计划地对孩子进行过思想品德、思维、意志等方面的教育或训练？________[单选题][必答题]

○ 有计划，并且长期坚持

○ 有计划，但没能坚持

○ 偶尔，记得了就做一些

○ 没有

15. 家里有明确的规定孩子看电视、上网、玩游戏的时间吗？________[单选题][必答题]

○ 有，孩子能执行

○ 有，但孩子不能执行

○ 没有明确规定

16. 您是否有意识地以身作则，改掉自己的一些坏习惯(如戒烟戒酒，不打牌或少打牌)，来带给孩子好的影响？________[单选题][必答题]

○ 有过，并且比较好地坚持下去了

○ 有过，但实在是坚持不下去

○ 没有

17. 当孩子犯错时，您如何跟他沟通？ ________[单选题][必答题]

○ 摆事实讲道理

○ 与孩子讨论、允许申辩

○ 暗示、提醒

○ 严厉批评直至孩子认错

○ 体罚，让他长记性

○ 其他

18. 您是否经常夸奖或奖励孩子？ ________[单选题][必答题]

○ 是的，甚至会在批评他后有意识地去进行补足夸奖，达到“打个巴掌给个枣”的教育效果

○ 是，会有意识地去夸奖他，鼓起他的勇气

○ 偶尔，在他做了好事，或是取得了好成绩时会夸奖他

○ 以批评教育为主

○ 其他

19. 您对孩子在学校的表现了解程度如何？ ________[单选题][必答题]

○ 了如指掌

○ 基本了解

○ 不了解

○ 不想了解，那是老师的事

20. 您了解孩子学习情况的方式是 ________。[单选题][必答题]

○ 看考试成绩

○ 听孩子汇报

○ 到学校问老师

○ 在家长群里了解

○ 没了解过

21. 当孩子在学校犯了错误时,您的态度是________。[单选题][必答题]

○ 训斥打骂

○ 抱怨学校、老师

○ 主动与老师联系,积极处理

○ 不管不问,随他去

○ 其他

22. 您是否认识孩子的老师,并经常和老师取得联系? ________[单选题][必答题]

○ 认识孩子的所有任课教师,并经常联系交流,了解孩子的情况

○ 认识孩子的班主任和几个主课教师,并时不时进行联系交流

○ 只认识孩子的班主任,孩子有什么异常才会联系老师

○ 只认识班主任,害怕老师联系自己

○ 不认识

23. 您孩子的老师有没有主动和您联系,沟通交流孩子的情况? ________[单选题][必答题]

○ 经常联系,常听到老师夸奖孩子

○ 经常联系,孩子在学校老犯错误

○ 偶尔,学校有事了才通知家长

○ 没联系过

24. 您认为家庭教育和学校教育的关系是________。[单选题][必答题]

○ 孩子在学校就是学校的事

○ 家长管生活,学校管学习

○ 孩子的教育不仅仅在学习上,而且不能简单地将责任分割,各方面都要家校共同协作才能完成

○ 其他

25. 在教育孩子方面,您最大的烦恼是________。[单选题][必答题]

○ 没时间教育孩子

○ 不知道教育方法

○ 夫妇(家里人)意见不一

○ 孩子不听家长的话

26. 学校定期组织与家长沟通，您愿意参加吗？________[单选题][必答题]

○ 愿意

○ 不太愿意

○ 不愿意

○ 无所谓

27. 您希望通过哪种方式来提高自己的家庭教育水平？________[多选题][必答题]

○ 看书

○ 电视广播媒体

○ 和朋友交流

○ 听专家讲座

○ 其他

28. 您对家校共育有什么好的建议？[填空题]

____

____

____

____

____

“五学教学策略”在高中英语课堂阅读教学中的应用研究报告

四川省广元中学 ◎ 宋伏建

一、课题研究的背景和目的

(一)研究的背景

1.传统的课堂阅读教学与新课改理念背道而驰

传统的阅读教学,例如,自下而上式(Bottom-up Approach)、自上而下式(Top-down Approach)、图式理论(Schema Theory)都注重读者与文本之间的互动,强调读者与“作者”之间的静态交流,忽视了课堂这个特殊的教学场所,以及对这个特殊的场所中众多阅读个体之间的交流互动和合作探究精神的培养。

传统的课堂阅读教学强调教师传道授业解惑和严师出高徒,教师主宰课堂,学生被动服从,没有话语权,“平等、民主、和谐”和“自主学习、合作学习、探究性学习”都是遥不可及的奢望。

2.部分教师未能很好地践行新课改理念

新课改提倡“以人为本,学为中心”,强调学生是学习的主体,课堂的一切活动都必须围绕学生有效地展开。

但是,有的教师为学生设计的阅读问题很肤浅,不能引导学生对课文内容进行深入探究;有的教师阅读课堂很热闹,但整堂课学生都被教师的问题牢牢地控制着,课堂缺乏有效的互动和探究;有的教师干脆“穿新鞋走老路”,一夜回到“解放前”。

3.“五学教学策略”为英语课堂阅读教学带来的启发

为了积极响应新课改精神,改良课堂教学生态,探索有效的课堂教学模式,提升课堂教学质量,自2014年初起,广元中学先后多批次派教师东学山东省昌乐二中的“高效课堂”,西学陕西省宜川中学的自主管理和自主学习,北学河北衡水中学的“衡水模式”,南学广东省生本教育中心推行的生本课堂等,经过充分论证,提出了“五学教学策略”(也称“1355”),给英语课堂阅读教学带来了启发。

(二)研究的目的

高中英语教学要侧重培养学生的阅读能力。课堂阅读教学的主要任务是培养学生的阅读兴趣,教会学生正确的阅读方法,帮助学生掌握基本的阅读技能,并通过对大量阅读材料的学习和训练,获取语言知识,提高阅读能力,培养英语核心素养。

本课题组认为,学校的“五学教学策略”针对学校各门学科,从全局出发,涉及面宽。本课题研究的主要目的,就是要根据英语学科的特点开展有针对性的研究,让“五学教学策略”在我校高中英语课堂阅读教学中得到细化、落实、深化和推广,建立起英语“五学”课堂阅读教学的基本模式,建立起真正的、可持续的、新型的“平等、民主、和谐”的课堂师生关系,建立起“自主学习、合作学习、探究性学习”的稳固的新型课堂学习方式,优化课堂阅读教学生态,提高课堂阅读教学质量,巩固和推广学校“五学教学策略”的研究成果,实现新课改理念下“知识与能力、过程与方法、情感态度与价值观”等三维教学目标,培养学生的“语言能力、文化意识、思维品质、学习能力”等英语核心素养。

二、课题研究的设计与过程

(一)课题研究的理论基础

1.课题的界定

(1)“五学教学策略”。“五学教学策略”是广元中学经过充分论证后形成的富有广元中学特色的课堂教学策略。目的是优化课堂教学生态,创新课堂教学模式,推进课堂教学改革,提升课堂教学质量。基本内涵包括:一个中心(教学思想:以生为本,学为中心);三条原则(主体性原则、合作性原则、实践性原则);

五种策略（“导学”“读学”“群学”“练学”“悟学”）；五类要求（目标预设有亮度、自主学习有力度、合作学习有效度、探究学习有深度、师生关系有温度）。

（2）研究的范围。本课题主要针对高中英语课文阅读新授课的教学策略进行研究。

（3）研究的内涵。“五学教学策略”有比较成熟的理论体系和较强的学科适应性，但针对不同学科和不同课型，“五学教学策略”的使用方法存在差异，不能一概而论和全面照搬。

本课题组希望探索出“五学教学策略”在高中英语课文阅读新授课教学中的应用方法，总结出（后称）“五学课堂阅读教学策略”，将学校“五学教学策略”的后续研究深入推进。

2.理论依据

（1）“五学教学策略”受到了人本主义思想的影响。人本主义心理学认为，学生不仅是有生命的个体，还是有意识、有情感、有个性的社会人，不是盲目、机械、被动的知识接收者。课堂教学必须尊重生命的发展规律，尊重学生的主体地位，充分发挥学生的潜能和主观能动性，把学生的主动学习和富有个性的学习放在教学的首要地位。

人本主义思想启示我们，课堂教学必须体现“以生为本，以学为中心”的教学思想。

（2）“五学教学策略”借鉴了生本教育的核心理念。生本教育强调“一切为了学生，高度尊重学生，全面依靠学生”。要求教学实现三个转变：把为教师容易教而设计的教学，转变为学生容易学而设计的教学；教学从主要依靠教转变为主要依靠学；教育从控制生命转变为激扬生命。

生本教育理念启发我们改革教学方式，提倡学在教前，先学后教，以学定教。

（3）“五学教学策略”得到了建构主义思想的启发。建构主义认为，学习是在一定的情境，即社会文化背景下，借助其他人，通过人际间的协作活动而实现的意义建构过程，认为“情境”“协作”“会话”和“意义建构”是学习环境中的四大属性。

建构主义思想启发我们，课堂教学活动必须是在课堂教学情境中，通过学生与文本之间、学生与学生之间、学生与教师之间的交流、合作和互动,共同实现意义构建的过程。“自主学习、合作学习、探究学习”成为课堂教学的主旋律是必然的,“友好、民主、平等、合作、探究”成为高效课堂应有的属性是必然的。

(4)“五学教学策略”是顺应新课改的必然选择。普通高中英语新课程标准提倡指向学科核心素养的英语学习活动观和自主学习、合作学习、探究学习等学习方式,新课标认为教师应设计具有综合性、关联性和实践性特点的英语学习活动,使学生通过学习理解、应用实践、迁移创新等一系列融语言、文化、思维为一体的活动,获取、阐释和评判语篇意义,表达个人观点、意图和情感态度,分析中外文化的异同,发展多元思维和批判性思维,提高学生语言学习能力和运用能力。

(二)研究目标

1.转变教师的课堂阅读教学观念

希望通过本课题研究,转变教师的课堂阅读教学观念,使他们深刻意识到“五学教学策略”应以学生为中心,建立“平等、友好、民主、和谐”的师生关系,通过“导学、读学、群学、练学、悟学”等方式,让自主学习、合作学习、探究性学习成为“五学”课堂阅读教学的灵魂和常态。

2.改革教师的课堂阅读教学行为

希望通过本课题研究,改革传统阅读课堂上教师教学生读,教师讲学生听,教师译学生记等机械、无趣、低效的阅读教学行为,让教师成为学生阅读活动的组织者、守望者、记录者、引导者、合作者、协助者,让学生在自主学习、合作学习、探究性学习、体验性学习、实践性学习的过程中不断提出问题、探究问题和解决问题,实现主动而富有个性的学习。

3.提升学生的阅读能力和质量

希望通过本课题研究,转变学生的课文阅读方式,让学生不再在课堂上被教师牵着鼻子走,不再在教师的灌输下被动地阅读,而是在教师的问题引导下,解读文本,生成疑难,小组探究,合作释疑,再通过训练、检测巩固强化,最后通过自主整理、归纳小结和自悟反思实现知识的内化和迁移。通过提升学生阅读的兴趣、深度和广度,提高学生的阅读能力和阅读质量。

（三）研究内容

1.研究教材

现行高中英语教材阅读题材广泛，涵盖天文、地理、历史、人物、日常生活、文学艺术、科学技术、环境保护、体育卫生等领域，有利于拓宽学生的视野和知识面，培养学生的阅读兴趣。现行高中英语教材阅读体裁多样，有记叙文、说明文、议论文、小说、传记、戏剧、诗歌、应用文体等，有利于让学生领悟不同文体的写作特点，提高学生的写作能力。

本课题组希望充分挖掘、研究、利用英语教材中阅读题材和体裁的多样性，认真嵌入五学课堂阅读教学策略，将教材的潜力充分发挥出来。

2.研究实施“五学教学策略”的基本方法

“五学教学策略”适用于各门学科和各种课型。本课题主要研究如何将“五学教学策略”科学合理地运用到高中英语“五学”课堂阅读教学中去，让课堂阅读教学产生更大的效益。内容包括：

（1）怎样体现“以生为本，以学为中心”的教学思想。

（2）怎样体现“主体性、合作性、实践性”的教学原则。

（3）怎样使用“导学、读学、群学、练学、悟学”的教学策略。

（4）怎样实现“目标预设有亮度、自主学习有力度、合作学习有效度、探究学习有深度、师生关系有温度”的教学要求。

3.研究“五学课堂阅读教学策略”的基本模式

本课题研究努力探索出“五学课堂阅读教学”的基本模式，让教师有“章”可循，让阅读教学有“法”可依，转变教师的课堂阅读教学观念，改良课堂阅读教学生态，优化课堂阅读教学结构，提升阅读课堂教学质量，促进青年教师的专业成长。

（四）研究方法

本课题采用了以下四种研究方法：

1.行动研究法

我们经常利用QQ、微信、教研组、备课组活动时间交流心得、探讨问题、共同应对研究过程中出现的困难和挫折，力求研究过程优质高效。

2.比较研究法

我们常常反思课题研究进程中教师的阅读教学观念和行为，学生的学习方式和态度的变化，分析现象、找出问题、及时矫正，确保研究过程科学、合理、有序、高效。

3.经验总结法

我们改善了传统阅读教学中“教师主宰课堂，学生被动服从，教师一讲到底，学生只听天书，把阅读课上成语法课、翻译课、词汇课，只讲不练，只听不读，师生之间缺乏有效互动”等不良现象，坚决遵循“以生为本，以学为中心”的教学思想，践行“主体性、合作性和探究性”原则，科学合理地运用“导学、读学、群学、练学、悟学”五种学习策略。

4.文献研究法

我们认真学习了郭思乐的生本教育理念，美国乔纳森·伯尔曼和亚伦·萨姆斯的“翻转课堂”理念，以及高中英语新课程标准和广元中学的“五学教学策略”，为本课题研究奠定了理论基础，提供了方法借鉴。

（五）研究过程

1.准备阶段（2015年9月至12月）

组建研究队伍，学习相关理论，培训研究人员，制订课题方案，开展前期部分研究工作。

2.实施阶段（2016年1月至2018年8月）

（1）开展“一周一课、一周一研”研课、上课、评课活动，扎实推进课题研究。

（2）每学期开展一次“五学”课堂阅读教学展评活动。

（3）组织教师撰写教研论文。

（4）组织教师撰写教学反思。

（5）收集、整理、保存优秀课件、教案、学案、视频等资料。

（6）汇总、总结各阶段的研究工作。

3.总结阶段（2018年9至12月）

总结研究成果，写出研究报告，准备结题。

三、课题研究的成果

(一)理论性成果

1. 转变了参研教师的课堂阅读教学观念

在传统的课堂阅读教学中,教师是阅读教学的中心,是课堂阅读的主宰,是知识的拥有者和传授者,师生之间是服从和被服从的关系,缺乏真实有效的互动,即使教师的阅读课设计有互动问题,学生也在积极地回答问题,但学生是被教师的问题牵着鼻子走的,没有自由思考和自主发挥的空间,课堂上呈现的是阅读假象,教学效果不理想。

通过本课题的研究,参研教师普遍转变了课堂阅读教学观念。教师不再主宰阅读课堂,而是成了学生阅读活动的组织者、引路人、指导者和参与者,学生真正成了课堂阅读教学的主体,主动学习和富有个性的学习成了英语课堂阅读教学的基本属性和新常态,师生之间建立了“平等、友好、民主、和谐”的合作关系。

2. 改革了参研教师的课堂阅读教学方式

传统的课堂阅读教学方式是:教师讲学生听,教师问学生答,教师写学生抄,教师布置任务学生按要求完成。传统的阅读教学流程是:教师教读生词—学生熟悉生词—教师呈现阅读问题—学生回答阅读问题—教师逐句翻译课文、讲解知识点—学生边听边记录—学生背诵课文或段落—学生完成作业。学生完全按教师设定的套路和规范被动地应对学习,无法实现主动学习、创造性学习和个性化学习。

课堂阅读教学观念的转变,直接引领着参研教师课堂阅读教学方式的变革。通过本课题研究,参研教师纠正了“控制课堂、控制学生、控制学习”的传统低效的教学方式,接受了“以生为本,学为中心”新课改理念,养成了“学在讲前,先学后教,以学定教”的教学习惯,掌握了教师“导学”—学生“读学”—师生“群学”—学生“练学”—学生“悟学”的全新的“五学教学策略”。自主学习、合作学习、探究性学习成为“五学”阅读课堂教学的主旋律。

(二)操作性成果

新课改理念强调教师是学生学习的组织者、引导者、合作者和协助者,“导学和助学”贯穿课堂教学的全过程。“五学教学策略”是课堂教学的基本策略,不是一节课全用，也不是必须按序进行，而是根据学生特点、学科特点、课型特点科学合理地运用。通过研究，课题组总结出将“五学教学策略”运用于高中英语课堂阅读教学的基本方法。

1.“导学”：体现“目标导学”

“导学”的核心是“导”。“导学”包括：“目标导向”“话题导入”“问题导学”。“导学”贯穿课堂阅读教学的全过程。教师的“导”直接关系到学生的“学”。

（1）目标导向

教师以学案的形式，向学生展示本节课应该达成的目标。例如，课题组老师在上外研版必修4第5模块“A Trip Along the Three Gorges”中的“1 INTRODUCTION”“READING AND VOCABULARY”时，向学生展示的目标如下：

①语言目标：自己查阅学习词汇，包括surround，hilly，narrow，exploit，at the edge of，be heavy with，cliffs，peak，plain，plateau，slope，bamboo，colleague，construction site，distant，goods，legend，rash，characters，deck，dock，detour，exploit。

同伴互助弄懂以下结构，并标注语言难点：

We could see the sun setting behind the white pagoda.（P42）

Every ...，every stream that joined ...，every ... was heavy with the past.（P42）

On a distant mountain was a sign in 20-foot characters.（P42）

②能力目标：使用本文所学目标语言和文章结构描述三峡风景。

③德育目标：了解中国三峡的文化和典故，感受祖国的自然风光和中国人民的智慧，增强爱国意识。

导学目标帮助学生明确任务，找准方向，但不限制学生思维，不影响学生自由发挥。

（2）话题导入

目的：激活学生的背景知识，带学生提前进入阅读情境。

要求：时长3分钟以内，发挥情境激趣的功能。

基本形式：讨论导入法、音乐导入法、时事导入法 、直观导入法。

①讨论导入法。教师围绕阅读话题，花几分钟与学生进行头脑风暴或自由交流。

目的:活跃课堂气氛,激活学生的背景知识和想象力,吸引学生自然轻松地进入阅读情境,产生阅读冲动,为课文阅读创造条件。

要求:讨论的议题应具有层次性、开放性、趣味性、知识性、娱乐性,紧贴课文话题,适合学生认知规律和心智水平。

②音乐导入法。优美的音乐旋律犹如品尝一杯散发出淡淡清香的绿茶,能使学生身心愉悦,很快进入阅读状态。

目的:缓解紧张心情,降低阅读焦虑,培养审美情操,增强课堂气氛。

要求:教师应根据学生的年龄特点和不同的时间节点,选择不同类型的音乐。例如,天气炎热的下午,适合播放激昂的音乐提神。

③时事导入法。教师通过讲解国内外发生的重大事件或发生在学生身边的事,来引起学生阅读的兴趣。

目的:吸引学生的注意力,引发学生的思考,将学生带入阅读活动中。

要求:用于阅读课导入的时事必须与学生生活密切相关,或是学生高度关注的,与课文话题紧密联系的材料。所选材料应该具有时代性、趣味性、生活性、故事性和可读性,具有积极的教育意义,充满正能量。

④直观导入法。教师通过使用实物、图片、简笔画、幻灯片以及视频等辅助手段,更快更好地让学生熟悉所要阅读的相关内容。例如,课题组老师在上外研版必修3第3模块"The Violence of Nature"中的"READING AND WRITING"部分时,使用了图片和视频导入法激发学生兴趣,并在图片和视频展示过程中,让学生熟悉课文中相关的话题词汇,为后续的阅读做好准备。

目的:巧妙地在教学中运用多媒体手段,把仅凭语言无法准确描述的抽象事物通过幻灯或视频等方式更具体直观地展示出来,给学生最直接的视觉冲击,引起学生的好奇心,将学生提前带入课文情境。

要求:用直观导入法时必须目的明确,过程简练,指向性强,让学生产生阅读和探索的冲动,不能让学生因久久回味视频中的情节而分散阅读的注意力。

(3)问题导学

教师必须精心设计引导学生达成学习目标的关键问题,引导学生明晰重点,理清思路。导学问题应该具有导向性、层次性、开放性和可议性,避免限制学生的思维。例如,课题组老师在上外研版必修4第5模块"READING AND

VOCABULARY”时,为学生设计的理解文章内容的问题有如下3个:

(1)Skim the text to get the main idea of the whole text.(略读全文,把握文章中心思想)

(2)Scan the text to match the main idea for each paragraph.(寻读全文,为各段匹配大意)

Exercise One:速读第42页教材课文全文,匹配段落大意。

①Para.1 A. The first gorge — the Qutang Gorge.

②Para.2 B. We decided to take a trip by the Jiangyou boat.

③Para.3 C. The third gorge — the Xiling Gorge and the Three Gorges Dam.

④Para.4 D. We started the trip on a beautiful afternoon.

⑤Para.5 E. The scenery of Wu Gorge.

(3)Read the text again to choose the best answer to each question.(再读全文,选出各题的最佳答案)

①Peter and his colleague came to China to________.

A. have a trip along the Three Gorges

B. study the history of China

C. teach English at a teacher training college

D. do business with Chinese people

②At the first gorge, Peter and his friend________.

A. saw the sun setting behind the white pagoda

B. left the docks on a beautiful afternoon

C. made a detour up the Daning River

D. slept through the gorge and saw nothing

③What did Peter Hessler and his colleague do as they came out of the third gorge?

A.They rode bamboo rafts along the river's edge.

B. They got off the boat to take pictures.

C. They sailed into the construction site of the dam.

D. They made a detour up the Daning River.

2.**“读学”：体现“自主探学”**

“读学”是学生自主探究课文的开始。

教师的作用：组织者、旁观者、记录者、引导者、协助者。

学生的责任：熟读课文、自主探究、生成问题。

“读学”的实质是“独学”，是学生自主阅读和独立探究课文的过程。

读学要求：潜心、专注、灵动。

（1）熟读课文

学生阅读理解能力是学生在阅读体验中通过自悟提高的，不是通过教师讲解提高的。阅读是凸显学生独立学习和自主探究的过程，是“以生为本，学为中心”的教学思想的体现，是主体性原则的体现，是学生自主进行英语学习并成为一个负责任的学习者的表现。

要求：学生带着教师提供的导向性问题，熟读课文，解读信息，提炼要点。

（2）自主探究

语言知识不能靠教师灌输而掌握，阅读技能不能靠教师传授而提高，理解能力不能靠教师讲课而精进。学生是学习的主体，一切收获和进步都源自学生的自主学习。

要求：学生根据各自的认知水平和理解能力独立解读课文，完成阅读问题，标记疑难，自研自探，大胆质疑，找出自己无法解决的问题。

（3）生成问题

学生依靠自主阅读，积极思考，获得知识，获取信息，解决问题，获得阅读技能，体验阅读乐趣，培养阅读兴趣，并让学生获得成就感，有利于培养和提高学生独立学习能力和问题解决能力。学生在阅读课堂上主动提出一个新问题比解决一个现有问题更重要。

要求：鼓励学生探究课文，大胆质疑，并把自己的困惑放到小组或全班进行讨论，从而引发一个更大的学习场。

例如，在外研版必修2第4模块课文中有这句话：Cubist artists painted objects and people, with different aspects of the object or person showing at the same time。一名学生问：这句话为什么用“showing”，而不是“shown”呢？该生百思不得其解，然后他将这个问题提交到了小组讨论，教师表扬该生提出了一个很有价值的问题。

3.**“群学”：体现“合作助学”**

联合国教科文组织把“学会做人、学会做事、学会合作、学会求知”作为21世纪教育的四大支柱。群学正是“学会合作、学会求知”的具体表现。“群学”包括小组内交流、全班展示、教师点拨。它将课文阅读推向更高阶段，是“合作性原则”的体现。学生之间受共同学习目标的激励和团队凝聚力的影响，建立了亲密友爱的伙伴关系和互相支持的学习氛围，团队归属感和合作成功感得到提升。

要求：学生之间要做到协作探究，互议互评，互助互学，成果共享。

(1)小组内交流

目的：探讨问题，交流心得，互学互帮。

小组内交流可分为以下两个阶段：

①对学

组成：2~3名同质(处于同等学习程度)的学生组成“对学”。

目的：通过小型合作，解决读学中同层次学生存在的问题。

优点：“对学”的学生处于同一层次，有着相同或相似的最近发展区，有平等的话语权，便于沟通合作，是高效课堂上“读学”(或独学)之后的一个基本步骤。

由于学习内容的难易度不同，有时可以省略对学环节。

②小组内交流

组成：一般由4~6名学生组成学习小组。

目的：学习小组内学生之间共同探究对共同存在或个别存在的疑难和困惑，分享阅读成果。

优点：在小组交流过程中，学生不仅提出了自己无法解决的阅读问题，也将自己融入小组共学的活动中去，让难题在讨论中化解，让困惑在分享中明了，让思维在碰撞中严谨，让智慧在激荡中生成，让友谊在共处中加深。

小组内交流一般安排在读学和对学之后。

要求：在小组内交流中，同伴互助，充分交流意见和看法，尽可能解决“读学”过程中遗留下来的问题。

(2)全班展示

全班展示分为分享助学、辩论启学、同伴教学和教师引学四个部分。

①分享助学:学习小组的代表分享他们对某些阅读问题的独到见解。

②辩论启学:不同小组之间就某些有不同见解的阅读问题在全班展开辩论。

③同伴教学:某些学生为其他学生讲解阅读遗留问题。

④教师引学:教师补充、归纳、完善学生的答案。

“读学”部分的那个学生提交的问题,在小组内未达成一致意见,最终被提交给全班讨论。讨论中,有学生认为这句话用了“with”的复合结构,“showing”做了宾补,而且与“aspects”构成被动关系,因此该用“shown”;有学生认为“with”复合结构部分意指“画中的人或物的一些部位一直显露着”,因此该用“showing”;有学生认为这里既表被动,又表正在发生的行为,该用“being shown”。讨论中,教师始终面带微笑,观察着学生的状态,感受着学生思维被激发的兴奋和喜悦。学生争得面红耳赤却无法统一意见。然后,教师才漫不经心地提醒说:“我们可不可以跳出纯语法的思维束缚,想一想这句话的本意是什么,是仅仅表示画中的人和物的某些部位暴露在外呢,还是更想说‘Cubist artists’的画过于逼真,就像在自然状态中的真人真物呢?”因为学生的探究性学习有深度,老师的评议点拨启智得法。因此,教师一句话就让学生茅塞顿开,也省去了多余的语法解释。

这样的讨论进一步提升了学生大胆探索和勇敢质疑的勇气,在全班起到了很好的导向和示范作用。在讨论中学生互议互评,分享成果,合作释疑,增长智慧。由学生充分参与和主导的阅读课堂,学生参与面广,探究积极性高,所获得的语言知识、思维能力都是与教师主导的阅读讲解课远远无法相比拟的。

(3)教师点拨

经过读学和群学,学生的自主学习、合作学习、探究性学习得到充分体现,思维能力得到充分培养,疑难问题得到基本解决。

教师一直观察和记录着学生好的表现和没有解决的问题,对学生的解答进行适时的校正、优化和完善,对部分重难点问题进行精讲释疑,点拨方法,拓展思路,归纳技巧,对整堂课学生的表现进行评价、总结和提炼。

“读学”和“群学”的主要目的是“为学生发展学习能力创造有利条件,帮助学生在英语学习的过程中,学会进行自我选择、自我评判和自我监控,培养学生自主学习、合作学习和探究式学习的能力。自主、合作、探究式学习对激发学生的学习兴趣、提高学生课堂活动的参与度、促进师生间的合作交流具有重要作用,而学生能否有效地开展自主、合作与探究式学习是衡量他们学习能力发展水平的重要指标”。

4.**“练学”:体现“反馈检学”**

目的:了解学生对课文内容的掌握情况,检验“读学”和“群学”的质量。

检测方式:基础训练,变式精练,过关检测。“练学”是“实践性原则”的体现。

(1)基础训练,主要包括:课文中的关键单词、短语、语法等基础知识;用于理解和巩固课文内容的阅读理解试题;课文所涉及的文化知识、写作技巧等。

目的:即学即练,基础落实,加深理解。

(2)变式精练,主要包括:对课文中的重要知识点、易错知识点进行变式训练;对课文中所学文化知识进行模拟表演、展示、比较;利用课文中所学的写作技巧进行写作。

目的:考查学生对课文中所学语言知识、文化知识、写作技巧等的迁移能力,做到举一反三,训练思维,提升能力,培养学生的英语核心素养。

(3)过关检测,主要包括:课文中所学到的重要语言知识、文化知识、阅读技巧、写作方法。

目的:考查学生对本篇课文所学知识和技能的掌握情况,做到及时检测,及时反馈,即练即评。

三种检测形式可合卷考查,也可分卷进行。

5.**“悟学”:体现“反思固学”**

通过反思,巩固课文中所学的语言知识、文化知识、阅读技能等,主要包括:

(1)整理知识。目的:理清脉络、构建体系、感悟奥妙。

(2)归纳方法。目的:熟知规律、掌握策略、提炼技巧。

(3)反思得失。目的:自悟自省、查找缺漏、提升品质。

例如,课题组老师在上外研版必修3第3模块“The Violence of Nature”中的“READING AND WRITING”一课时,就通过思维导图引导学生进行了如图1及图2所示的“以读悟写”活动。

首先,向学生提出:How to describe a disaster?

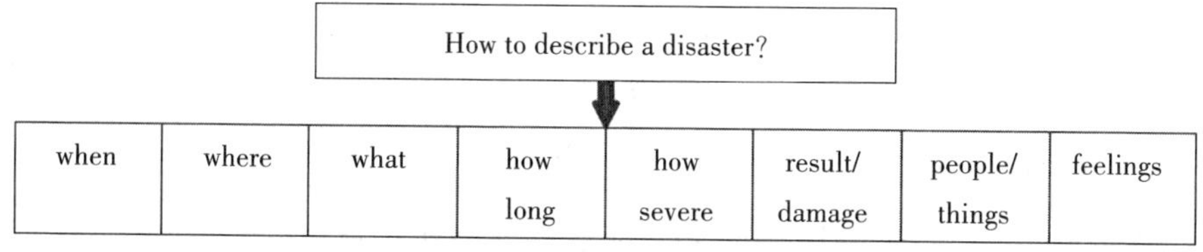

图1 “以读悟写”活动1

通过思维导图,让学生回忆灾难涉及的因素,学会描述灾难的方法。

接着,将问题引向深入,提出:What should we do when disaster happens?

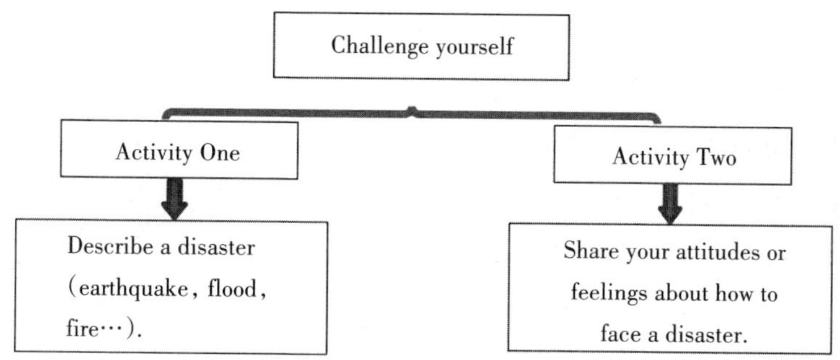

图2 “以读悟写”活动2

通过引导学生描述灾难,分享面对灾难时应有的态度和能力,进而提升学生的情感态度价值观。

最后,课题组上课教师做出总结:“A disaster may make us scared, but it also teaches us to cherish our friends, family and life!(灾难可能使我们害怕,但也能让我们珍惜我们的朋友、家人和生命!)”

一句精辟简短的总结,让这堂课在高潮中圆满结束。

要求:一节课结束时,教师应引导学生充分利用思维导图,反思、回顾、领悟、总结本节课的内容,掌握方法,提炼规律,构建知识网络,最大限度地提高课堂阅读教学的效果。

四、课题研究的效果

1.提高了学生课堂阅读的质量

在“五学”课堂阅读中,学生真正成为课堂的主人,可以根据自己的知识背景、阅读水平、理解能力、情感态度价值观等,对所读材料自由加工,发表自己的观点和见解，在自主学习和合作探究中找到了话语权，在同伴互助、师生共享中取长补短，学习语言知识，掌握阅读技能，增强阅读自信。整个阅读课堂没有压力，没有嘲笑，没有自卑，阅读气氛轻松活泼，充分调动了学生自主学习能力和合作探究精神，学生将阅读变成了一件幸福和快乐的事情，学生的阅读水平不断提高。

近三年，我校学生多次参加全国中学生英语能力竞赛，有120余位学生荣获国家级一、二、三等奖，420余位学生荣获省级一、二、三等奖，我校近三年高考英语成绩在市内一直名列前茅，为广元市高考做出了突出贡献。

学生的"语言能力、文化意识、思维品质、学习能力"等英语核心素养得到了真正的培养和发展，起到了很好的育人效果。

2.增强了教师的教育科研能力

英语组教师积极参与研课、备课、上课、评课，在研究中学习，在学习中进步。张雁红、王萍萍、何熠琦、王小恩、郑小娟、李和清、周雪莹、谭新燕、何江等多位教师荣获省、市、校级课堂阅读教学展评一、二等奖，有15篇教育科研论文在国家级、省级等刊物发表或获奖，张雁红、王敏、王萍萍、胥清静、谭新燕等多位教师顺利晋升高、中级职称。部分教师首次接触到教育科研课题，就掌握了做科研课题的方法，感受到了做科研课题的价值，提高了自己的理论水平，丰富了实践经验，促进了自己的专业成长。

3.产生了良好的社会辐射效应

课题研究过程中，王萍萍、张雁红、郑小娟、何熠琦、王小恩、谭新燕、周雪莹、李和清、何江等教师多次在省、市、校和组内上"五学"阅读研究课或示范课，积极宣传和推动课题研究；课题组多次邀请朝天中学、树人中学、实验中学等兄弟学校的英语教师现场观摩和交流；宋伏建、张雁红、王萍萍等工作室成员多次在市直属学校和送教元坝中学的活动中，宣讲"五学教学策略"、上"五学"课堂阅读教学示范课。

这些研讨活动，既推动了课题研究，又起到了很好的社会辐射效应。

五、存在的问题和对策

在研究过程中，我们发现了以下问题：

(1)一些刚入校的教师，由于没有参加该课题研究，或参加该课题研究的时间短，在英语阅读教学中运用“五学教学策略”的意识还比较淡薄，运用能力有待加强。

（2）部分教师不能根据课堂实情灵活运用“五学教学策略”。

（3）部分教师不能持之以恒地践行“五学教学策略”。

我们的对策是：

（1）提倡教研组长、备课组长随时推门听课，检查、督促教师践行“英语阅读教学策略”。

（2）让在“五学”阅读教学方面做得好的教师在备课组和教研组交流经验、上示范课。

（3）鼓励教师撰写“五学”阅读教学方面的教研论文交流发表。

（4）继续开展“五学”阅读教学的后续研究。

我们希望通过一系列措施，有效地巩固和扩大该课题的研究成果，使“五学教学策略”深入人心，持续发酵，促进我校英语教师的专业成长和课堂阅读教学质量的提高。

初中英语学科教研组建设的探索与实践

广元市利州区大东英才学校 ○ 徐海燕

教研组在学校工作中有着特殊的地位和作用。它是学校常规教学教研工作顺利开展的基本管理单元,是创新性教学教研工作顺利开展的业务指导站,是学校教学质量的重要责任主体,是学校学科特色建设的主人翁。教研组为教师个人的专业发展提供动力和养分,也为教师展现自身的教学成果提供平台。

我校由教务处和教科室牵头,融合了两个市级名师工作室,成立了学校英语教研组,并在三个年级分别设立了三个备课组。教研组长和备课组长作为学科带头人,组织教师开展教学教研工作,实现从个人智慧到集体智慧再到个人智慧的升华。在长期的积累和不断地自我否定过程中,逐渐形成了大东英才学校英语学科教研组特色:深化认识、问题导向、学习创新、智慧共享。

一、积极发动组员,充分酝酿讨论,并逐级形成英语学科价值认识、英语学科建设目标、英语课程建设体系和学科学生发展目标

美国商业思想家诺曼·皮尔曾说:“所有成功人士都有目标。如果一个人不知道他想去哪里,不知道他想成为什么样的人、想做什么样的事,他就不会成功。”教研组借助学校行政管理的力量,积极发动教师,广泛学习,精深学习,同时营造民主和谐愉悦的讨论氛围,多管齐下,最终明确英语学科价值,共商学科建设目标。

英语兼具工具性和人文性，即具有教学和教育的双重价值。英语作为一门交际性学科，语言能力的提升是培养学生核心素养的重中之重，只有提升语言学习者的语言能力，才能彰显英语学科的魅力。英语提升的过程为学生打开通了往世界的视野，为他们通往顶层社会，接触尖端科技打好基础，让中国走向世界、世界认识中国。同时，英语教学又是英语教育，不能忽视，因为英语学科在促进人的心智发展、塑造健康的品格、培养思维能力方面有着独特的作用。

在深入讨论学科价值的基础上，结合教育大环境和我校实际情况，我们最终确立了学科建设目标：树品牌、创特色、建示范。目标的落地实施依靠学科课程体系的建设，其建设思路为：以课标为依据，有效开发和整合教学资源，以教师和学生为双主体，构建以疑问为主轴、以实践为主线的高效互动课堂，把学习主动权还给学生，提高每一个学生的学习乐趣和学习能力，全面提升其核心素养，让成绩好成为素质好的自然产物，让我校的英语教学真正成为广元市的一扇窗。我校英语课程建设体系如图1所示。

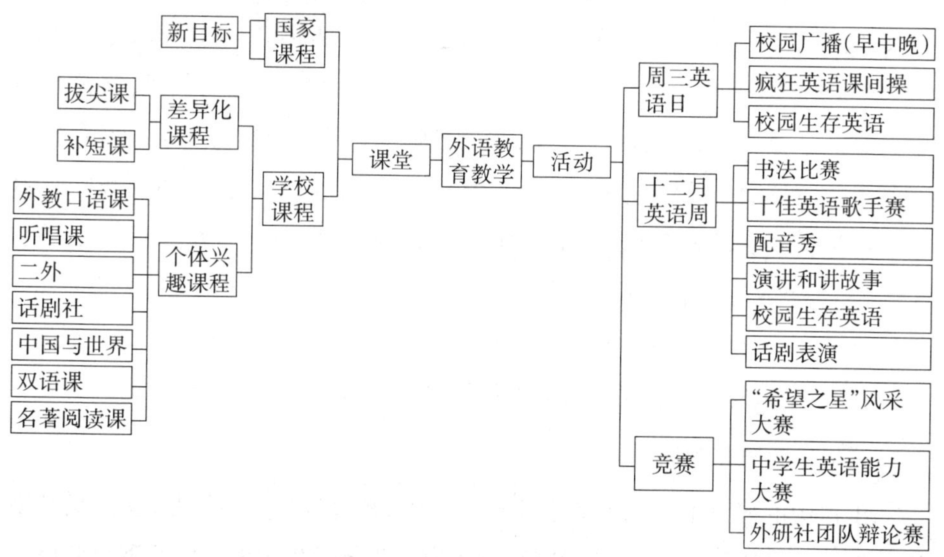

图1　英语课程建设体系

在学科建设目标确定后，再讨论形成学科学生发展层次目标。学科建设目标一是目标分层：基本目标，即全员达到市级优秀学生水平；中级目标，即30%～40%的学生达到省级优秀学生水平；巅峰目标，即20%～30%的学生达到国家级优秀学生水平。二是教学过程分层：活动分层，将个体学习和小组合作形式相结合;任务分层,让每位学生都体验到成功的喜悦;要求分层,充分尊重每个学生的个体差异,“顺木之天,以致其性”。

二、坚持常规教研,创新特色教研,以学习和反思为途径,以问题为导向,落地英语学科建设

(一)坚持常规教研

宜川中学校长孙明贤说:“把简单的事情做到极致就是不简单,把常规的事情做到一以贯之就是习惯,就是文化。”任何创新都基于对基本规则熟练掌握后的融会贯通与灵活运用。教研组经过10多年的发展,沉淀积累了一些好的做法,并结合利州区“有效教学”和“生本教育”活动的新形式,创造性设计了新的规则,进而形成了一套有大东特色的英语常规教研活动,即“五个一”活动。

(1)每周一次落实“五定”“五议”的全校教研会。“五定”即定时间、定地点、定每周进度、定教学内容、定中心发言人;“五议”即议学生学习状况、议备课中的疑难问题、议可供使用的教学方法手段、议课后心得体会、议教改动态信息。

(2)每个教师每学期必须上一次公开课,各备课组长、骨干教师、名师必须发挥带头示范作用,上两次公开课,新进教师也必须上两次公开课。所有教师必须参与听评课,评课采取书面评议和口头评议相结合的方式,听课教师必须在听课记录中填写详细评课意见,并在交流活动中发表个人评析。

(3)每个教师每学期至少撰写一篇论文,并由教研组评选出优秀论文。

(4)每个人每学年在学科内做一次主题讲座,并将发言稿和课件结集成册。

(5)每个人每学月撰写一则优质教案,并结集成册。

(二)创新特色教研

工作中的痛点就是创意的增长点。所以,教育教学中的问题,就是我们创新的地方。当依靠个人智慧无法解决问题时,发挥教研组的集体智慧就变得势在必行和弥足珍贵。闭门造车、冥思苦想的禅式思维,显然不能解决实际问题或者造成效率低下。正所谓“问渠那得清如许,为有源头活水来”,学习和反思就是源头活水。

1.学习换脑是先导

利用定时的教研会组织教师集体学习《基础教育课程改革纲要》《初中英语

新课程标准》，采用阅读和讨论相结合的沙龙模式。推荐优秀的专业书籍、报刊、网站、微信公众号给教师，让自主阅读走进教师的生活，使之逐渐成为一种习惯、一种生活方式。

通过学习，全组教师充分认识到改善自己教学行为的紧迫感、责任感，使自己努力成为新课程的研究者、开发者、创造者，增强教师实施新课程的意识，树立“教师即研究者，教室即研究室，科组即教研组”的观念，使教师认识到教科研是每个教师自身发展的需要，提高参加教学科研活动的积极性和自觉性。

2.做反思性的教师

美国教育心理学家波斯纳提出了著名的“教师成长=经验+反思”的公式，北京师范大学林崇德教授也提出类似的公式：“优秀教师=教育过程+反思”。反思使教师处于理性的自我控制之下，有助于教师形成科学的教育信念、教育科研意识，有利于教师形成自己的教学风格，促进教师的专业发展。我们通过以下具体途径，让教师成为一名愿意反思、善于反思、习惯反思的教师。

一是上课前，执行集体备课制度。年级备课组长提前两周布置备课任务。主备教师提前一周备出初案，在集体备课活动之前打印并分发给同组教师，并将初案、配套课件、音像资料等上传至备课组教师群。同组教师研读初案，主备教师简要说课，备课组长组织讨论，力争达成共识，提出修改方案。教师根据修改方案、班级学情和个人教学风格进行个性化复备，课后写出教学反思。主备教师根据大家的意见和建议，及时修改，形成优案，要求格式统一规范、讨论要点详细适用、反思具体高质、目标指向科学合理、表述清楚规范、过程清晰完整、内容准确翔实、体现课改精神、能促进自身专业成长。主备教师将教案再上传至备课组教师群，以方便大家再利用。每一个教学月结束后，由备课组长将教案汇总传给教研组长，然后经教科室审查，传至大东英才教学资源库。开展集体备课活动，在促进教师快速成长的同时，提高全组教师的备课质量和教学效益。

二是上课后，书写教学反思。教学反思包括对自我经验的总结回顾，对自身教学经验的理论升华和主动探索教学问题进而调节、修正教学实践的过程。反思的步骤，借鉴焦晓骏老师在《怎样成为一名优秀英语教师》中对此问题的论述，论述内容如下：明确问题；围绕问题从课程、学生、管理等方面收集有关资料；以问题为中心分析资料、达成理解、形成创新性的解决方法；建立理论假设、解释情境、指导行动;在考虑过每种行动的效果后,教师就可以开始实施行动计划了。

3.深入开展教师个人小课题研究

小课题研究倡导每一位教师树立“问题即课题”的意识,从自身的需求和教学实际出发,认真剖析自己的教学行为,寻找教学中存在的问题,做出自我诊断,然后在若干问题中筛选出自己最感兴趣的、最迫切需要解决的问题作为课题,再找到最适合自己问题的解决方法和策略。因此,解决问题的过程就是研究的过程,收获即成果。我校各个备课组由2~3人自由组合,建成小课题组,开展研究。截至目前,整个教研组做了近20项小课题研究,为系统性地解决教学过程中的问题,起到了极为重要的作用。几个具有代表性的课题如下:“初中生英语学习兴趣的激发和长效保持”“初中生周末英语作业的质量管控和检查”“新课导入探究”“怎样获得考场高分作文”“单元同步听写实施”“话题复习法实施可能性的研究”“学生手写课堂笔记和打印课堂笔记优劣的对比研究”。

4.借助交流展示、学术讲座,助推个人和团队的提升

学校以各级公开课、教研会、读书交流会、小课题研讨会为平台,为教师搭建交流的平台,同时用“走出去和请进来”的方式扩大教师的视野,把理论和实操结合起来。大东英语组近年来先后赴山东杜郎口中学、陕西宜川中学、广东香江中学、广东港桥中学、四川绵阳东城中学、成都七中、汉中龙岗中学、遂宁绿然国际学校等名校进行学习交流。每次学习的教师除认真做好记录外,还要完成“三个一”:一节学习应用模拟课,一份学习情况介绍(在教研组上汇报),一篇学习心得体会。学校教研组通过培训、学习、体验、反思、交流、总结等一系列过程,促进了全体英语教师逐步树立新的教育理念,大胆投身于课改实验,不断提高业务素质。

三、立足课堂,延伸课外,提高课堂教学质量,培养学生英语素养

(1)课堂是教育教学的主阵地,提高课堂教学质量是教学的主要目标。总结我校目前英语课堂的特色,大致如下:

首先,重视学生基础学力的培养,如对拼读能力、查词能力、听说能力、阅读能力、词汇记忆能力、文化意识的培养等。

其次,重视学生主动参与课堂学习度。上课之初,在对教材二次开发的基

础上，设置问题情境，引发认知冲突，建立智慧上的挑战，激发学生参与知识形成过程的兴趣，从而让学习过程成为学生自主建构知识的过程，以提高课堂教学的有效性。课堂进行中，个人学习与小组合作学习相结合，不是形式上的大合唱，而是实质性的思考、表达、讨论与交流。教学成果展示时尽量扩大展现面。

再次，注意培养学生的思维力和创新能力。教师在课堂教学中要创设探究情境，搭建探究平台，让学生自主发现问题，让学生自主生成知识，让学生自主归纳规律，最后通过旧知衍生出新知。

最后，关注学生的正确情感态度价值观的形成。

(2)为学生搭建各种平台展现自己。课堂上有预习展示活动和短剧表演，紧扣教材，运用目标语言；每单元一次的自由讨论既立足教材又跳出教材，内容包罗万象，形式新颖活泼。课堂外在英语学科课程建设体系图中，有详细罗列，不再赘述。

四、团结协作，智慧共享是教研组存在的价值

个体的目标应与集体的目标一致，个人也应融入集体中全力奋进。英语教研组在学校教科室和教务处的统一管理下，开了个头，让各个备课组和各个教师心往一处想，劲往一处使，形成最大的教学合力。

(1)建立愉悦和谐的人际关系，不惺惺作态、不尔虞我诈、不自私保守，营造风清气顺、勤勉共进的教研氛围。

(2)学校建立“个体+团队”捆绑考核机制。

(3)同一备课组统一进度，统一教学重点、难点，统一练习，并严格执行集体备课制度。

(4)公开课、作业命制、小课题研究等活动，大家按照学习提高、共建共享的原则，谈感想、提建议，教师都热烈发言，教研风气浓厚。

(5)开展“以老带新”的青蓝工程，新老教师结对了，互帮互学，共同提高。尤其是让青年教师尽快成长起来，保证学校英语学科可持续发展。

总之，教研组只有在充分认识到学科价值的基础上，才能确立符合校情学情的学科课程建设体系和路径，既立足课堂又适度延展到课外，把教师个人工作需求和教研组的工作需求紧密地结合起来，对常规教研和特色教研常抓不懈，才能真正打造一支务实高效的英语教师队伍。

初中英语生本课堂教学实践中的问题与改进策略

广元市利州区中小学教研室 ○ 解学英

一、以生本教育为基础，构建具有区域特色的"1+5"初中英语课堂教学模式

生本教育是由原广东省教育科学研究所所长郭思乐教授主持开展的教育整体改革实践。生本教育强调教育应实现由"师本教育"向"生本教育"转变，即把为教师的好教而设计的教育转向为学生的好学而设计的教育，实现学生积极、主动、活泼、健康地发展。生本教育"一切为了学生，高度尊重学生，全面依靠学生"的价值观，让教育激扬生命的理念和"先学后教，以学定教"的以学生为本的自主学习模式，给予我们深刻的启示。在此基础上，我们构建了具有区域特色的"1+5"初中英语课堂教学模式。"1"是指评价激励贯穿一节课的始终。"5"指5个教学环节。具体如下：

(1)值日报告，对话表演(5分钟)。值日生所在小组上台进行对话表演。

(2)前置学习，交叉检查(5分钟)。交叉检查前置学习的效果，评价计分，及时掌握学情。

(3)小组交流，合作探究(5~10分钟)。围绕学习目标，针对前置小研究中反馈的问题以小组为单位进行合作探究。

(4)创设情境，活动展示(10~15分钟)。创设语言运用情境，发挥小组作用，最大限度地调动每位学生互动、参与的积极性。

(5)检测小结,反馈达标(5～10分钟)。本环节采取检测、小结等不同形式的评价手段,反馈学习目标达成情况。

本课堂教学模式能有效地深入落实以生为本的理念和新课程标准的精神,实现教师“以教为主”的方式向学生“以学为主”的方式的转变。通过课例研究,教师探究出不同课型的生本活动形式,学生内在的学习动力被激发出来,乐于参加学习活动,教学效果良好。但在初中英语生本课堂教学实践中,还存在一些亟待解决的问题。本文将对表现突出的四个方面进行深入分析,并探讨解决问题的有效策略。

二、对生本理念的认识不深刻、不到位,对学生的尊重、理解、信任和指导不够,有生本之名,无生本之实,教学效果不佳

案例:在某乡镇学校九年级英语教师的一堂课上,安排学生小组合作学习宾语从句,但班上至少有两名学生没有参与到小组合作学习中,处于一种无所事事的状态。笔者作为听课教师,和其中一位学生进行了简单的交流,主要想了解他是否能完成教师布置的任务。他基本能达到教师的要求,在读课文对话时,除了个别较难的生词外,其他都能读出来。笔者感觉这个学生还是有英语学习的基础的。课后,笔者和任课教师进行了沟通,特别问到那位学生的学习情况,教师一听到笔者提到的那位学生,就立马说那个学生根本没法学英语。笔者向教师说明了那个学生读课文的情况,并对教师说,那个学生绝不是完全没法学,他有学好英语的基础,是能学好英语的。

评析:笔者作为教研员,在以前到校听课后和教师的交流中,经常听到类似的话语,某个或某些学生完全没法学。而在实施生本理念两年后,有这种观念的教师仍然存在。有些教师不相信所有学生都有学好的可能,更没有静待花开的想法,对有些学生放任自流,不关注他们学习状态,也不关注他们的学习目标是否达到。这些学生感受不到教师的尊重和信任,也得不到教师的关心和指导,他们过早地丧失了学习的兴趣,学习能力低,学习成绩差,自信心不足,学科育人目标无法实现。

建议:理念是行为的先导。教师要认真学习生本理念,并落实到行动中,用生本理念规范自己的言行,要真正赏识学生。美国赏识教育的鼻祖威廉斯·詹姆士(美国心理学之父)曾说过,每个人内心深处最本质的要求就是获得别人的

赏识。《第56号教室的奇迹》中的雷夫·艾斯奎斯说，成功的秘诀，就是赏识你的孩子，相信每一个孩子都是天才，奇迹就会发生。

首先，教师要理解、尊重、信任学生。教师要理解学生在认知、情绪等方面的特点，要尊重学生个体差异，更要相信每个学生都有向上的愿望，都渴望被关注、赏识，每个人都有无限的潜能，而且最终将发展成有能力的独立的人。

其次，教师要运用有效的方法，帮助学生建立自信。一位教育专家说过，教育最残忍的事就是摧毁一个人的信心。教师要从关注学生的分数、名次，转变为关注学生的学习方法、过程，关注学生良好学习习惯的养成，关注学生英语学科基本学习能力的培养。

最后，教师要有好的心态，凡事正面思考。朗达·拜恩在《力量》一书中提到，爱的法则就是吸引力法则，而吸引力法则就是给出什么，收回什么。教师要发掘每个学生的闪亮点，少看缺点，多看优点，建立和谐的关系；把焦点放在教师想要的正面，而不是教师不想要的负面；学会提醒，用建设性的批评唤醒学生心中好孩子的感觉；学会包容，耐心等待学生的成长。

三、对英语新课程理念认识模糊，机械化照搬生本课堂模式，教师作用弱化，未能有效培养学生的初步综合语言运用能力

案例：在某乡镇初中一节八年级英语课上，其中一个重要的内容就是先小组讨论上节课所学内容，然后分别由学生讲解语法知识点，学生把教辅资料上的内容说出来，教师适当补充一些要求学生造句的练习，教师只在电子白板上板书部分内容，没有在黑板上板书重点难点。

评析：本班学生只有13人，英语基础差。教师接受了生本理念，采用生本课堂模式，试图把课堂还给学生，由学生的讲解代替教师的讲解，给学生更多展示机会。但这也暴露出教师对英语新课程改革的认识不清，过分重视词汇和语法的讲解，教师的作用发挥不充分。在学生展示前，教师未做良好的语音语调示范，学生不能准确流畅地朗读出教材里的对话和短文，也不能进行对话表演，只是记住了一些零碎的英语知识点，未能有效培养初步综合语言运用能力。这种方式没有改变课堂机械化的状态，没有把以前教师讲解语言知识点变为学生讲解语言知识点，忽视了对学生语言运用能力的培养。

建议:首先,教师要明确英语课程改革的要求。初中英语学科教学要改变传统教学中过分重视语法和词汇知识的讲解与传授,变被动接受为主动地学,培养学生综合语言运用能力。新《英语课程标准》从重视语言知识的传授转向对学生初步的综合语言运用能力的培养,强调学习外语的过程不再是一个枯燥的背诵和记忆过程,而是一个积极主动学习的过程,一个不断提高语言运用能力和人文素养的过程。新《英语课程标准》以描述学生"用英语做事"为主线,强调培养学生综合语言运用能力。

其次,充分发挥教师的作用。生本教学改革的核心是转变教师作用,教师要设计和组织学生任务型学习活动。教师要创造性地使用教材,要把握好教学的重点和学习的难点,设计和学生生活相联系的感知、理解、运用语言的活动,创设和学生生活实践相结合的任务型语言活动。这里的"活动",一方面指每个课时教师为学生好学而设计的学习活动,每节课学生能开展用英语做事的活动;另一方面指一个单元结束后,学生能利用本单元句型和词汇编小剧,进行短剧表演活动。

最后,英语活动是推进英语生本教育的关键,生本英语学科的标准是是否形成英语活动。活动的创设主要应关注四点:一是有情境;二是有信息的差距;三是有小组活动,以学生的活动限制教师的讲解;四是有评价激励。在活动中充分调动学生参与自主、合作、探究的积极性,搭建各种展示的平台与机会,让不同层次的学生在活动中均能得到锻炼与发展,培养学生初步综合语言运用能力。

四、前置小研究未做到简单、根本、开放,前置小研究作业化,没有起到先学的作用

案例:一位初中英语老师对Unit 6 I′m going to study computer science中Period 3 Section B (1a-1e) 八年级(上)的前置小研究设计如下。

Ⅰ.完成1a, 并翻译成汉语。

Ⅱ.完成1b, 并翻译成汉语。

Ⅲ.用"be going to"造5个句子。

评析:本课时是一节生本听力课,学习的内容是进行听说练习,根据生本英语学科教育理念和新课程理念,学生通过听力练习,能够形成活动,用所学目标语言进行问答练习,并结合生活实际开展初步的语言运用活动。在这个前置小研究中,第一题只是单纯词汇知识记忆,第二题的形式单一,第三题缺乏语言情境,只有语言形式的练习。总之,这个前置小研究没有做到简单、根本、开放,不能有效地帮助学生达成学习目标。

建议:前置小研究是教师根据课程标准、教学内容、教学目标、学生实际等,针对学习内容提出的能体现知识的灵魂与线索的问题或小研究,是引导学生在学习新知识之前自己先学的"纲"。前置小研究体现了"先学后教"与"先做后学"的自主学习精神,反映了生本教育的理念及其方法论追求的价值,是为学习新知识做预备、铺垫和指引。有效的前置小研究绝对不是简单问题、相应习题的堆砌,不要把课堂上的学习活动和任务当作前置小研究;也不要把家庭作业作为前置小研究。学生通过完成前置小研究,感到这个知识是自己探究出来的,是自己学会的,从而在第二天的课堂上有了"展示"的欲望。

就英语学科来说,教师一定要先培养学生自己拼读单词的能力,然后在此基础上开展前置学习。学生首先要会读单词和句型,理解单词和句子的含义,可听录音;然后,把本课内容的重点、难点、联系点勾画或记下来,可从网上搜集资料;最后,做一些基本的练习,如单词和句型的英汉互译等,其中尤为重要的是激发学生的学习兴趣,创设语言学习情境。

笔者通过和教师沟通对前置小研究进行了修改,修改后的前置小研究如下:

Ⅰ.小组自学歌曲《Happy New Year》。

Ⅱ.新年即将来临,我们都应该有新年决心。你知道新年决心的英语怎么说吗?预习完44页的1a,你就知道了。你的答案是________________________。

Ⅲ.找出书上列举的五条决心,图片搭配好,然后小组朗读短语,同伴互相正音。

学习弹钢________________________ 组建足球队____________________

取得好成绩______________________ 吃更健康的食物________________

进行大量锻炼____________________

Ⅴ.你是个有目标的人吗？有目标才会有动力，请为自己设计近期和远期的奋斗目标吧！(用“be going to”句型)

Next week, ____.

Next term, ____.

Next year, ____.

修改后的前置小研究简单、根本、开放，紧扣本课时的内容和目标，创设了语言学习的情境；学生的答案不是唯一的，具有开放性，且紧密结合学生的生活实际。

五、小组合作学习形式化，合作学习的内容和形式单一，合作学习效果有待提高

案例：在一位教师的课堂上，每个小组5人，在进行两两对话练习时，一个学生就被排除在外；在另一位教师的课堂上，每个小组6人，小组展示时，有两个学生几乎没有说话。在大多数小组合作学习时间里，学生学习活动内容和形式单一。在另一位教师的课堂上，学生开展任务的过程混乱无序，组内争吵不休，有的学生跑到别的组，有的在课堂内游荡或打闹，有的坐在座位上不说话。教师在教室里不停走动，但对学生完成合作学习任务帮助不大。

评析：课堂小组合作学习不仅仅是形式，更是学生之间真正的协作与互助。而上述课堂上的小组合作学习却难以达到预期的目标。首先，小组组建不科学，5人或6人小组不方便学生之间沟通交流；其次，小组成员职责不明确，虽有分工，但流于形式；最后，教师的引导语及任务说明未能有效支持学生完成任务，学生不知道在任务活动中应该遵守怎样的行为规范以及在不同类型的学习活动中，应该如何进行交流，如何完成合作学习任务。

建议：合作学习是指在教学中通过让学生形成有效的学习小组，实现生生互动，学生在完成共同目标的过程中促进自己和他人的学习，在团队合作中提高个人的学习信心，在共同解决问题的过程中缓解个人焦虑，并在情感支持中实现语言能力的发展。要提高小组合作学习效率，要做到以下几点：

首先，教师组建4人小组，帮助学生掌握小组活动的组织和管理形式，帮助学生熟悉小组交流的方式和语言，如组内共享目标、组内分工、组员角色与个体

责任、交流策略、奖惩策略和组际竞争等。教师要有针对性地训练学生在组内交流策略,如按轮序发言、使用“请求重复”的礼貌交际用语等。

其次,教师要精心设计任务活动。教师要更精细地策划活动过程,任务设计要多考虑活动的可操作性和便于检测性,做到清楚、合理,以便于学生合作开展任务和评价结果。小组合作学习任务有三个特点:一是任务目的明确,组员之间存在信息沟,具有挑战性和趣味性,如单词自学、对话练习、小组展讲、问题探究、短剧表演、知识整理、作业评析等都是适宜学生自主学习的活动;二是有任务操作的具体步骤和任务完成的时间限制;三是要明确每个组员承担的任务和扮演的角色。

再次,教师要组织开展好任务活动。教师尤其要指导形成常规性任务的程序和管理规则,如组内接龙操练,可以包括组内结对活动、组内多人间活动、组际挑战、组际相互评价等。如组内接龙操练运用于组内试题研讨,组长开头,顺时针轮流讲解。又如在阅读课上,小组内四人分工协作,分别承担不同任务(读英文原文、英译汉、讲解重难点、板书重难点),进行展讲,效果非常好。

最后,教师要注重小组评价。这就要求教师及时检测和评价学生的任务结果,既评价学生说的方式,也评价学生说的内容。评价和反馈具体、有针对性,有利于学生进行语言调整和反思。鼓励学生自我纠错和同伴纠错,让学生了解任务目标和自己在学习中的问题,通过激励措施来鼓励学生积极表现,相互竞争与支持。

六、结语

生本教学改革的目的,是通过实施生本教育,改善传统教育中弱势的地方,让教育在现有基础上更完善。生本教学改革的核心是转变教师作用,在生本理念和英语课程标准的指导下,教师用心设计和组织学生进行任务型学习活动,使全体学生参与到教学活动中,变机械听讲为主动参与,使课堂教学生动、活泼、效率高,发展学生的自主学习能力和初步综合语言运用能力,为学生进一步英语学习和终身发展奠定坚实基础。

基于教师减负和专业成长的区域研修共同体

——利州区初中化学教研现状、问题及其对策

广元市利州区中小学教研室 ○ 何显春

在推进基础教育新课程改革过程中,各学科发展不均衡,从总体来看,初中化学教师新课改观念转变较慢,课堂教学传统。为了深入探究化学学科存在的问题,2018年10月,我们对利州区初中化学教师的教学教研现状进行了问卷调查、座谈访问及结果分析,提出建立区域研修共同体,破解学科教师专业成长困境。

一、区域学校化学教学教研情况调查

我们的调查分为问卷调查和座谈访问两种形式。为了尽可能得到真实信息,先问卷后座谈。

(一)问卷调查

我们研制了《广元市利州区初中化学学科教师研修情况调查问卷》(附件),就全区化学教师分布情况、教研基本条件、学科教研的基本诉求等问题展开调研。2018年10月,我们通过全区学科教研工作会向全区参会教师发放问卷40份,收回有效问卷40份,问卷有效率为100%。

问卷从以下四个方面进行设计:一是区分学校类别。根据教师任教学校分为农村学校教师和城市学校教师。这样分类是因为他们面对的教学大环境不

同,尊重他们不同的教研需求。二是区分教龄。根据学科任教时间以5年为一个教龄段,把区域化学教师分为四个教龄段,以此了解每个教龄段教师对教学教研问题的价值取向及教研活动的内容、形式、结果等基本情况。三是了解已有的教研活动情况。对化学教师的教研环境条件和开展专题教研活动基本情况进行调查,以便为有效开展活动搭建平台。四是对教师期望的教研活动进行调查。从具体的、可操作层面对教研活动的内容、形式、评价方式等方面进行调查,为构建有效的教研活动提供基本思路。

为了确保调查数据的真实性、基本情况的准确性,我们借助全体教师业务会议机会统一讲解问卷要求后作答。

(二)座谈访问

我们对全区的大部分化学教师采用随机座谈和结合学校开展其他常规工作进行访问。座谈主要围绕对新课程改革理念的认知、学科核心素养的培养、课堂结构的改变等主题展开,了解教师的工作压力、教学考核等情况,重点关注学校教研活动形式、效果及教研活动对教师自己专业成长的诉求。

二、调查结果统计与分析

通过座谈访问我们认识到,初中化学学科与其他学科相比具有自身的特殊性。主要体现在:一是学校专任教师最少并纳入高中阶段学校考试招生录取的计分科目。化学是在初三即九年级才开设的学科,这就意味着化学是初中学校或九年一贯制学校中唯一只开设一年的考试学科,是学校所需专任教师最少的考试学科。二是化学学科是应试压力最明显的学科。化学是只在九年义务教育的最后学年才开设的考试学科,因为学生要参加中考,化学的教学时间、复习迎考时间非常紧迫。三是纳入高中阶段学校考试招生录取计分科目中,相对赋分最高的学科。语、数、外三学年,课时也远不止化学课时的三倍,化学中考分值60分,语、数、外150分,因此化学是当前中考政策中单位学时中分值最高的学科。四是初中化学教师是压力最大的一个群体。初中化学教师年复一年承担毕业班教学任务,持续的高强度工作,中考升学的压力让他们根本没有放松的机会,使他们的工作始终处于一种紧绷状态。因此初中化学学科与其他学科相比具有特殊性。

从问卷调查的情况来看：我区任教化学学科的专职教师共计40名。农村学校有化学教师18名，其中11年以下教龄的教师10名，11～20年教龄的教师3名，20年教龄以上的教师5名。城市学校化学教师22名，其中10年以下教龄教师8名，11～20年教龄的教师5名，22年教龄以上的教师9名。只有1名化学教师的学校，农村学校占5所，城市学校占1所。

问卷统计结果：在专业成长中，80%的教师认为教学中的困惑很难得到有效的交流和指导；在教研方式中，90%的教师认为参加学科专题教研活动能提高教学水平、提升专业素养；在教研效果中，90%的教师认为好的教研主题决定教研的效果，认同度最高的教研活动主题依次是：案例分析、观摩课堂教学（如常态课、公开课、示范课、优质课）、研讨交流（如课后同事间的研讨交流）、四课评比（备、上、说、评）展示活动、课题研究交流活动；在教研活动的频次中，50%以上的教师认为，每一个教学月应有一次学科专题教研活动；在大型集体教研活动中，最感兴趣的内容是：有效教学的策略与方法、教材分析与教学设计、现代信息技术与学科教学的融合、名师的成长经验分享。

通过对问卷结果分析，利州区农村学校和城市学校化学学科专业教师数量和年龄（老、中、青）分布没有明显差异。结合课堂跟踪，诊断测试成绩、回访座谈情况，农村学校与城市学校化学教师的教研活动需求存在较大差异，主要表现在：一是教研氛围不一样。农村学校规模小，班级人数少，各学科专业教师1～2人，不能组建学科教研组，这些学校只有理科教研组（含理、化、生或数、理、化、生教师），基本不能开展化学主题的教研活动，缺乏同伴互助。城市学校大多数能组建学科教研组，能开展常规教研活动。二是教研内容不一样。农村学校教师更需要小班教学方法与策略，更需要提高学生的基础、改变不良学习习惯的教学经验。而城市学校教师主要是在开展常规教研的基础上改革创新，探索出与时俱进的有效的教研模式。

三、破解现存问题对策：建立区域研修共同体

（一）根据调查结果，结合我区实际，我们提出以下对策和意见

1.建立教学合作互助共同体

既要提高教学质量，又要减轻毕业班教师过重的工作负担，对学校和教师

来说似乎是一个两难的选择。但对九年级化学教师来说，建立合作互助共同体则是可行的，因为化学学科仅是一学年的课程，对于接手的新一届的教学，课标、教材一般不会有多大变化，常规备课是轻车熟路。但是由于一届接着一届，一年重复一年，往往原地踏步，课程难以获得创新。为应对此种情况，学校应建立教学合作互助共同体，基于提高教学质量、达成教学目标而合作，基于提高教学效率、专业成长、减轻教学过重负担而互助。

2. 建立"同质学校"教研活动共同体

辖区内中小规模学校因只有1～2名化学教师，无法开展学科专业教研活动；较大规模学校教师教学任务重，升学压力大，教研活动效果不佳。要解决这个问题，可从创新教研模式方面来提升教研活动的有效性，即变单一的学校教研组式为多元的"区片校式"。一是"区与片"结合，实行学期全区集中大型活动与片区中小型活动结合。二是"同质校"结合，组建教研共同体。三是"校与片"结合，按教研活动计划，学校申报承办片区主题教研活动，片区学校教师都是活动的主体。

（二）基于上述思考，以广元市利州区初中学校为例设计并实施了如下方案

1. 组建推进全区化学教师研修共同体的骨干教师团队

对全区化学骨干教师进行摸排，征求意见和建议，将热心公务、具有吃苦精神、讲奉献的教师组成了课题主研成员。他们分别是李勤、黄燕、廖洪波、向海、任勇、贺启芳 。

2. 组建区域教研共同体

将全区初中学校按学校的地理位置、学校班额、化学专业任课教师人数等基本情况作为分组条件，将全区初中学校划分为三个教研共同体，并根据各自的共性赋予特征文化的组名。

第一组：行知化学研修共同体。组长：任勇、贺启芳 。

成员学校：莲花初中、盘龙初中、赤化初中、工农小学、龙潭小学、白朝小学。

本组学校的化学教师比较年轻，并且一所学校只有一名化学教师；学校中的优秀学生大多被挖走，学困生面比较大；家长受教育程度和重视孩子教育程度普遍较低。

我们认为这些学校应遵从陶行知的平民教育思想，力求公平对待每一位学生，关爱每一位学生，用赏识激励的理念，构建适合我们的学生的行知赏识的化学课堂教学模式；探索以赏识激励的手段作为促进教师专业成长的方式方法。

第二组：生本化学教研共同体（以生为本，强调自主）。组长：李勤、黄燕。

成员学校：上西中学、西城中学、建平中学、大石中学、荣山中学、三堆中学、荣山三小。

本组学校里有2～3名化学教师，有年轻教师，也有教学经验比较丰富的教师；学生生源好、中、差都有，呈正态分布；家长对孩子受教育的平均关注程度不高。

面对这样的教师和学生群体，我们以生命、生活、生态作为课程特色，我们的共同体活动将积极探索"以生为本，激扬生命"的课堂模式。

第三组：智慧化学教研共同体。组长：廖洪波、向海。

成员学校：万达中学、宝轮中学、嘉陵一中、东城实验学校、大东英才学校。

本组学校规模大，化学教师在4人以上，教研基础条件较好；生源平均素质较好，优生面较大；家长文化程度普遍较高，普遍重视孩子的教育。

我们把尊重学生差异、促进学生全面发展、追求卓越作为共同体的理念；探索构建"信息技术与化学学科融合"的智慧课堂模式。

3.区域研修共同体的运行机制

利州区区域化学教研共同体既是一个化学学科专业教学研究团队，又是一个在学校教科室业务管理、区教研室业务指导下的教研团队。它区别于一般的民间学术或协会组织。

各组组长、副组长由利州区化学骨干教师担任，每一次大型活动推选一名首席教师主持。活动由首席教师所在的学校承办，每一次活动的组长与首席教师共同对研究成果和效果负责。

由组长和副组长创建共同体微信群，用于群成员学科教学信息共享、活动信息发布、教学教研咨询，让其成为共同体成员联系的纽带。

为确保教研共同体活动的有效性，我们重视活动的设计。活动设计的逻辑源于问卷调查的结果和解决实际教学中遇到的新问题。

4.区域研修共同体职能

一是开展化学教学前沿问题研究,如核心价值观的学科培育研究,核心素养的学科教学研究。二是开展区域化学学科教学重难点问题研究,关注区域化学学科教学问题,找准区域共同体的共同优势和当前最大的痛点需求,着力解决区域教学存在的瓶颈问题。三是开展区域化学学科教学进度同步的常规教学研究,同步就能保证有用、有效,同步就可以减轻教师的负担,提高教师的工作效率。四是开发区域资源,实现资源的共建共研共享。开发资源方式要多元化,要对本组教师具有吸引力。为此我们可以利用利州区内外的所有资源。比如请市区骨干教师、化学名师工作室成员与本组教师上同课异构公开课。五是关注加入共同体的所有化学教师的专业成长。共同体的活动主体是教师,教师通过活动展示自己的专业水平,在同行的帮助下提升自己的专业素养。

区域共同体开展的研修活动按照课题研究的逻辑来组织开展,以教学改进类研究为例,要深入课堂进行持续的行动研究,要确保教师改进精准、可持续的教学过程。其程序是:确定教学改进效果变量及测评工具—诊断教学—确定教学改革方案—教学实施、指导—教学改进效果再测评—(循环)—提供发展报告及建议—形成新的研究和实践方案。各共同体每学期按要求至少开展一次集中大型研讨活动。每次活动后要有相应成果(主题论文或总结)。活动要尽量形式多样、内容丰富。建议重点活动应该包括:化学实验、科学命题、教学困惑交流、先进理念学习、案例分析、观摩课(诊断课、示范课、展示课)、集体备课、课程资源开发、信息技术与化学教学融合、学科兴趣培养、教学设计、名师成长经历、课题研究、个人发展规划等。

5.区域教研共同体的价值策略

一是提高研修活动的组织管理水平,确保活动质量,让共同体成员教师在活动中提高教学水平,得到专业成长。还可以充分发挥市、区名师兼任共同体负责人的作用,充分调动各校教师承办活动、担当首席教师的积极性。二是充分发挥区教研室和学校教科室对教研活动的管理和指导功能。特别是要保证在共同体建立初期的活动开展中树立纪律意识。三是注重共同体文化建设。研修活动的有效性取决于教师是否自愿参加活动。我们引导教师把“减轻过重的工作负担,提升工作效率,争做好老师”作为共同体的价值追求,建立“开发、包容、互助、共赢”的共同体文化，让教师从专业走向专家，并在共同体内智慧成长。四是向学校和相关部门推荐参加活动积极、按时完成任务、活动效果好的教师为教研先进个人，并按活动参与情况推荐教师外出培训。

6.区域教研共同体的实践成果

利州区化学研修共同体已组建一年了，这段时间我们共开展了5次全区性大型研修活动，11名教师展示了11节观摩课，有33位教师做了专题发言和点评，集体备课4个单元，专题论文8篇，个人活动总结11篇，研制单元检测题7套，学期期末测试题3套，建立区域共同体研修QQ群4个，交流学科教学主题信息60余条。虽然这些数字尚微不足道，但相比以前，短期内能取得这些成果还是很不容易的。

几位农村学校的教师说：“研修共同体让我不再一个人在山上闭门造车了。”“研修共同体活动让我第一次经历了全程化学常规教研活动，因为我们学校是理化生教研活动。”“今天的活动刚结束，我们就期待下一次活动了。”这些信息让我们组织者很欣慰，但我们也深知持续推进共同体研修还有很长的路要走。今后，共同体研修活动如何更加深入、系统、持续地开展将是我们要努力的方向。

我们组建的区域研修共同体，得到了各校教师的广泛认同和积极参与。我们坚信随着活动的深入开展，必将进一步实现和提升我们的生命价值，必将促进利州区化学教师的专业成长和教学质量的不断提升。

附件:广元市利州区初中化学学科教师研修情况调研问卷

尊敬的老师:

您好!

为促进我区化学教研活动的有效开展,全面提高教学质量,我们希望倾听到我区化学教师的真实需求,特制订此问卷。您的回答无对错之分,无优劣之别,不作为评价您本人和学校的依据,所得资料我们将严格保密。特别希望得到您的真实回答,它将是我们研究分析的重要依据,将作为重要资料保存。对您的支持,我们表示诚挚的感谢。

1.您所在的学校属于(　　)。

A.农村学校　　B.城市学校

2.您的教龄是(　　)。

A.1~5年　　B.6~10年　　C.11~20年　　D.21年及以上

3.您所在学校化学专业教师有(　　)。

A.一名　　B.两名　　C.三名及以上

4.化学学科教学时您遇到的主要困难是(　　)。(可多选)

A.大多数学生不喜欢学化学

B.连续教毕业班的压力使自身教学水平难以提升

C.化学实验费时、费力、效果差

D.除了多做题,没有更有效的办法提升成绩

E.教学中的困惑很难得到有效的交流和指导

5.您认为参加学科教研活动对教学工作的影响是(　　)。

A.浪费教学时间、增加教师负担

B.能帮助提高教学水平、提升专业素养

C.对帮助提升个人的教学能力效果不明显

D.说不清

6.您认为对教研活动效果影响最大的是什么?(　　)

A.活动组织与服务　　B.活动内容设计　　C.活动时间的安排

D.活动组织者的水平　　E.活动方式

7.您认为参加教研活动的次数(　　)。

A.平均每周参加一次或以上　　B.平均每月参加一次或以上

C.平均每学期参加一次或以上　　D.平均每学年参加一次或以上

8.您赞同哪些形式的教研活动方式?(　　)(多选)

A.专家理论讲授

B.案例分析

C.观摩课堂教学(如常态课、公开课、示范课、优质课)

D.研讨交流(如课后同事间的研讨交流)

E.课题研究

F.四课评比(备、上、说、评)展示活动

G.师徒结对式指导

H.集体备课

I.光碟学习

J.阅读专业期刊或者论著(每次维持在30分钟以上)

K.课后自我反思(如写教学论文、教学案例、教学随笔等)

L.浏览网络教育资源

9.您最需要提升哪些方面的能力?(　　)(多选)

A.课程资源开发能力　　B.教学科研能力

C.应用现代教育技术教学的能力　　D.学生学习兴趣的激发

E.课堂教学活动的实施能力　　F.和谐的课堂氛围和师生关系

G.优秀率和合格率的提高　　H.运用现代教育教学评价能力

I.教学活动的设计能力　　J.教学反思能力

K.其他

10.下列内容您最感兴趣的是(　　)。(多选)

A.学习相关教育理论　　B.实施有效教学的策略与方法

C.名师的成长经历　　D.多媒体信息网络技术

E.制订教师个人发展规划　　F.校本研修能力

G.教育科研方法　　H.新课标解读

I.教材分析与教学设计　　J.校本课程开发

生物试卷讲评课的有效性教学探究（阶段成果之一）

苍溪县城郊中学校 ○ 王清平
苍溪县特殊教育学校 ○ 李炳华

在全面落实国家教育减负政策下，如何保证基础教育质量不断提高，这是摆在每个教育工作者面前不可回避的问题。我作为广元市高中生物名师工作室首位领衔人，有幸在2017年至2019年参加了浙江师范大学广元名师专项培养研修班的学习。通过拜访浙派名师、参观走访浙江名校，更新了教育教学理念，提升了自身素质，主动将浙派名师先进的教育教学理念很好地应用于教育教学科研工作实践中，对申报立项的2018年度广元市教育科研课题“高中生物有效教学策略研究”进行了阶段性独立研究，在“生物试卷讲评”“高中生物概念教学”“高三生物实验专题复习”的有效性教学探究方面取得阶段性独立成果，在全校、全县、全市高中生物教学方面起到了很好的示范、引领和辐射作用。现将该部分成果分享给大家，不妥之处望指教。

生物试卷讲评课是学生在练习和考试之后，教师对习题和试卷进行分析、讲解和评价的一种课型，也是中学生物教学一种常见的课型。上好生物试卷讲评课，对实现有效教学、强化教学效果、进一步提高学生的生物成绩具有重要意义。那么，如何上好生物试卷讲评课？这也是我多年来在高中生物教学工作中一直思考和探讨的问题。下面我结合自身多年的生物教学实践，将这一问题与各位同人进行探讨。我认为，一节高质量的生物试卷讲评课应该包括精心备课、用心上课、课后巩固提升三个环节。

一、精心备好讲评课

(1)情况统计。这包括考点分布的统计、考查类型的统计、考试结果的统计、错误类型的统计。统计工作将为试卷的分析和确定讲评的重点、难点提供重要的依据。

(2)试卷分析。一方面要分析试卷的内容、结构和答案,这样在讲评时,哪些内容该多讲,哪些内容该少谈,哪些该重点讲,就能做到心中有数,同时也避免了因试题设计或答案的不合理而导致讲评的连续性受到破坏。另一方面要分析犯错误的原因,并从中了解学生知识和能力的缺陷及教师教学中存在的问题,以便教师及时采取措施,在讲评时有的放矢地解决这些问题。

(3)确定教学中的重点、难点以及疑点,精心设计课堂教学。教学重点要多强调,而且还要做进一步的相关知识延伸。难点就是学生难懂、不太容易掌握的内容,因其难懂,要从学生角度出发设计思维过程。疑点就是学生混淆不清、容易误解且易产生疑惑的内容,因其容易混淆,要设计一些同类题举一反三,做进一步的比较分析。

这样做好课前准备工作,试卷讲评才有重点和针对性,才能提高讲评课的教学效率。

二、用心上好讲评课

(一)发挥学生的主体作用

1.试卷反思

观点一:将及时批阅完的试卷或练习马上发给学生,立即讲评。

观点二:将及时批阅完的试卷或练习马上发给学生后,先留给学生一定的时间,让他们自己去思考、去更正,确实解决不了的问题再由教师统一讲解。

我倾向于观点二:教师发下试卷后先留给学生一定的时间(1~2天),让他们自己去思考、去更正,确实解决不了再由教师讲解。这样不仅提高了讲评课的效率,也有助于学生素质和能力的提高。

2.上课形式

由学生讲解,教师组织、引导、点拨,这样不仅促进学生主动思考、积极探究、大胆假设猜想、提出问题,还培养学生的创新意识和敢想、敢说、敢做、敢于标新立异的思想意识,更好地发挥以学生为主体的教学思想,而且让学生在动脑、动手、动口的活动中获取知识、发展智力、培养能力。

(二)发挥教师的主导作用

1.情况通报

通报考试结果和总结答卷的情况,并与同等班级进行统计数据对比,从而让学生心中有一把尺子,量量自己所处的位置。通报要注意鼓励学生,要以赞扬、肯定为主基调。教师要对成绩好、进步快、思路清晰和有创新意识的学生提出表扬,鼓励其再接再厉,再创佳绩,同时要善于挖掘成绩较差学生答卷中的闪光点,肯定其进步,要让他们也在赞扬中获得满足和愉悦,使之树立信心,克服困难,奋勇直追。教师切忌对学生答卷中的失误进行埋怨、指责、讽刺、挖苦甚至侮辱学生人格,切忌出现“这道题我已讲过多少遍了,你们怎么还是记不住、还不会”等语言,以免挫伤他们的积极性和自尊心。教师应该让学生养成“胜不骄、败不馁”的习惯。

2.精讲

(1)讲重点、难点、疑点和关键点

教师讲课要击中要害。教师应将课堂上的主要精力、时间放在最突出、最主要和学生最想知道的问题上,为学生解惑、释疑,引导学生探究;讲解问题要具有普遍性和典型性,讲解要具有针对性和有效性;找出学生出现失误的“关节”点,教给学生解决这类问题的正确思路和解题方法,透彻分析解疑纠错,防止类似错误再次发生。

(2)分板块讲解

教师在讲评课时不能只按题号的顺序讲评,而是要善于引导学生对试卷上涉及的知识点进行分析归类,形成若干知识板块。然后,分板块将其中考到和未考到的知识点形成一个知识网络,分析各知识点之间的联系,以提高学生的综合能力。

(3)讲试题答案

讲评课当然离不开与学生核对试题答案,但教师一定要特别注意指导学生答题的规范性,即答题语言的科学性、逻辑的严密性、叙述的层次性等。这些看似细微的问题,却对学生的最终得分有着非常重要的影响。学生可能会忽视这些问题,但教师却绝不能掉以轻心。

(4)讲解题思路

讲评课教师要注意启发学生,应将重点放在解题思路的点拨。教师可以引导学生阅读题中的关键字、词、句,挖掘题中的隐含条件;或引导学生回忆题目涉及的相关生物知识,挖掘生物基本概念、基本规律的内涵和外延;或探寻题中的已知因素和未知因素之间的内在联系,发现已学的生物学知识。切忌满堂灌输式的面面俱到和蜻蜓点水式的简单肤浅。要针对重点知识精心设疑、点拨、耐心启发,并留给学生必要的思维空间,让学生领悟深、领悟透,不仅知其然,还要知其所以然。要使学生弄通知识的来龙去脉,触类旁通,并有效避免"错了改,改了错"的情形发生。

(5)讲命题思路

讲评课中,教师一定要善于指导学生去捕捉命题人的命题思路,思考命题人为什么要出这个问题?为什么要这样出?出这样的题目要考查什么知识?应该如何作答?只有如此,学生才能真正站在一个更高的层次上把握试题,找到合适的解题思路,正确地解答试题。

(6)讲错题原因

一份试题做下来,学生出现了种种错误,其原因往往是多方面的。例如,有的可能是因为平时学习不够用功,知识基础不牢固;有的可能是因为审题马虎,漏看、错看试题;有的可能是一时没有注意,掉进了命题人设下的陷阱;有的可能是因为答题不规范,或书写不认真而无谓失分;也有的可能是一时身体不适,影响了正常发挥。面对这些问题,教师都应该指导学生认真地反思与分析,特别应该对试题方面诱错原因做好分析。如果是综合运用知识的能力不强,讲评时应重点讲解题的思路、方法和技巧,加强思维训练和方法指导,避免以后再次出现随意答题的现象;如果是出现知识漏洞,讲评时应及时补充、完善,避免下次失误;如果是粗心大意,多为审题不慎造成,如对关键字眼、隐含条件、答题要求未弄清楚就草草作答,或是答题不规范,计算出错等,讲评时就应教会学生养成良好的审题习惯;如果是心里紧张,讲评时要提醒学生认真总结,吸取教训,培养"平时如高考,高考如平时"的良好应试心理素质。

(7)讲知识拓展

①不能就题论题。容量再大的试卷,能够涉及的知识点相对于学生平时所学的知识来说,也只能是沧海一粟。因而讲评课上,教师不要就题论题、孤立地逐题讲解,要透过试题情景的表面现象,善于抓住问题的本质特征进行开放式、发散式讲解。

②要以题带面。教师要善于以考题为切入点,从深度和广度上引申,带动学生对其他相关知识体系的梳理,形成一个完整而又牢固的知识网络,将更有助于促进学生知识和能力水平的提高。

③要进行变式训练。教师要加强学生进行变式或延伸性练习,注重渗透试题变形、重组、分解和组合的出题思想,可将原题中的情景、已知条件、设问等进行改动或改变命题条件,或将题中的因果关系颠倒等。

三、课后巩固提升

试卷讲评后应该根据讲评课反馈的情况进行巩固提升,这是试卷讲评课的延伸,也是保证试卷讲评课教学效果的必要环节。可要求学生将答错的题全部更正在试卷上,并把自己在考试中出现的典型错误的试题收集在“错题集”中,做好答错原因的分析说明,给出相应的正确解答。教师要及时将试卷中失分率较高的问题或知识点再变换角度设问、设疑或设题,精心设计一份具有针对性的练习题,用于下一次考试或作为讲评后的巩固提升练习,这样让易错易混淆的问题多次在练习中出现,提高知识点再现率,通过反复强化,提高巩固率。

课堂教学的有效性是课堂教学应该追求的永恒主题,但如何真正让我们的课堂教学的有效性更高,我想这是我们每位教师都需要思考的问题。

基于高中生物概念的有效性教学分析（阶段成果之二）

四川省苍溪县城郊中学 〇王清平 张菊

生物学科是高中课程体系的重要组成部分，更是学生每年高考的必考科目之一，其中概念作为生物课程体系的基础性要素，对学生生物学科学习效率的提升、生物知识点的实际掌握与应用具有极为重要的现实意义。因此，在高中生物教学中，教师要以概念为切入点，将此看作学生学好生物学科的前提条件，进而实施有针对性的教学策略。对此，我们以“基于高中生物概念的有效性教学分析”为题，对其相关内容做简要分析与着重探讨。

一、明确概念教学价值，加强概念教学理论学习

在高中生物概念教学过程中，教师要明确概念在生物课程中的重要教学价值，以生物概念教学为切入点，迎合当前的时代发展形势，新课改内在要求加强生物概念教学理论学习，充分发挥自身的教学组织引导作用，进一步提高教师自身的教学素养，以便为高中生物课程后续教学方案的顺利落实奠定基础。

一方面，高中学校要加强对高中生物一线教师的培训教育，包括理论培训和实践培训两项内容，通过教育加深教师对概念教学的理解。另一方面，高中生物教师在日常教学活动中要加强对概念教学理论知识的学习，及时了解概念教学的最新发展动态，根据时代形势善于吸纳新的教学方法，进一步提高教师在生物概念方面的教学能力。

二、秉持生本教学原则，选择合适的教学方法

在高中生物概念教学过程中，教师要秉持生本教学原则，以新课程改革精神为引领，尊重学生在生物概念教学中的主体地位，根据学生身心发展的客观诉求制订教学方案，创新变革生物概念教学方法，选择适合学生自身的教学方式，最大限度地调动学生学习的主动性和积极性，帮助学生消化、理解生物概念。

第一，对于浅显易懂的生物概念，教师可以通过直接表述的方式进行讲解。例如，在高中生物人教版“光合作用”这一概念的讲解过程中，教师可以以光合作用的场所、产物、原料、条件、能量转换等知识点的讲解为切入点，在整理相关知识点的基础上以问答形式引导学生回答光合作用的概念，从而加深学生对光合作用概念的理解。

第二，概念往往是由多个要素组成的整体，教师则可以将其进行解剖，根据其组成要素划分为相应的思路，引导学生理解并掌握这一生物概念的整体内涵。例如，在高中生物人教版必修2“相对性状”的讲解过程中，教师可以引导学生找到“相对性状”的组成要素，为学生讲解生物、生物性状、生物不同表现类型三大因素之间的关系，帮助学生加深对“相对性状”这一概念内涵及外延含义的理解。

第三，生物学科与生活实际之间存在必然的联系，在高中生物概念教学过程中教师要以生活实际为切入点，鼓励学生分析教材中知识点与生活实际现象之间的联系，指导学生发现生物现象的本质，并对其特征做出抽象概括。例如，在“氨基酸脱水缩合成蛋白质”知识点的讲解过程中，教师可以以“手拉手”游戏为切入点，2个学生各自拉一只手则会出现1个结，3个学生各自拉手则会出现2个结，通过这样的方式使得学生明白“类比氨基酸数目与肽键之间的关系”。

三、构建完善的概念体系，加深学生对生物概念的理解

在高中生物概念教学过程中，教师在明确概念教学价值、选择合适教学方法的基础上，需要以高中生物教材为蓝本，吃透教材中各章节的生物概念知识点，加强各章节、各册教材之间的有效联系，构建完善的生物概念体系，帮助学生加深对生物概念的理解，更好地提高学生生物学科学习的实效性。

首先，借助归纳方式构建完善的生物概念体系。高中生物教材中拥有众多的概念，教师可以将课堂教学的主导权交到学生手中，引导学生根据各概念之间的联系对其进行归纳整理，从而以类别的形式促进生物概念体系的形成。例

如，在对细胞中“有机化合物”知识点的讲解过程中，教师可以让学生按照“元素组成”“种类”“生理功能”等要素进行归纳。

其次，借助结构图构建完善的生物概念体系（见图1）。教师在讲解生物教材中的每一章内容之后，以主要生物概念为核心，将与其有关的生物概念整理后，将其收录于水平更高的系统结构图中，使得学生明确各概念的层次，帮助学生理解与记忆。以单元“细胞的基本结构”为例，在“细胞壁”“细胞膜”“细胞质”“细胞核”等核心概念的基础上，将其划分为不同的具体概念，进而构成一个完整的生物概念体系，这对学生加深对本单元相关概念的理解具有积极作用。

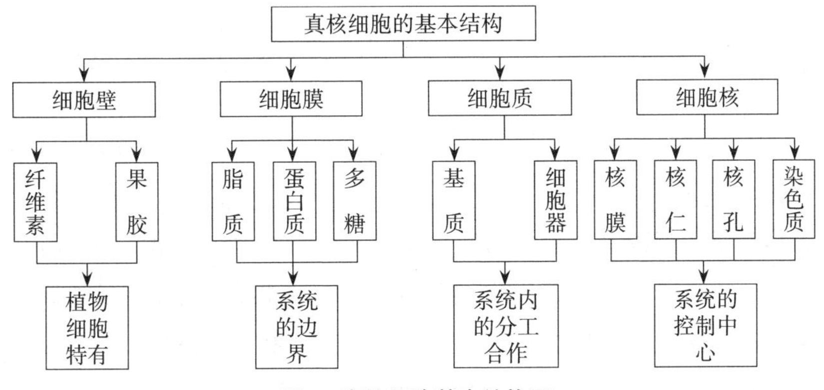

图1　真核细胞基本结构图

最后，借助连接点构建完善的生物概念体系。高中生物教材中所提及的概念往往具有多个维度的联系，运用节点、命题、连线、结构层次等要素将存在关联性的概念纳入同一个体系当中，可以为学生生物概念知识点的学习指明方向。例如，在“新陈代谢”相关概念的讲解过程中，教师可以将“呼吸作用”“厌氧性”“异化作用”“糖类”“蛋白质代谢”等概念纳入其中，帮助学生明确各概念之间的层次，从整体上加深对新陈代谢知识点的系统理解。

综上所述，在高中生物概念教学过程中，教师要以新课改精神为引领，明确生物概念在教学活动中的独特价值，充分发挥自身的教学组织、引导作用，加强生物概念教学理论学习，进一步提高自身的教学素养。同时，教师要秉持生本教学原则，根据学生身心发展的客观诉求制订教学方案，选择合理的教学方法，最大限度地调动学生学习生物概念的主动性和积极性，逐步构建完善的生物概念体系，帮助学生加深对生物概念的理解，使学生更为牢固地掌握生物概念，落实培养学生生物核心素养的课程教学目标。

浅谈高三生物实验专题的有效性教学（阶段成果之三）

四川省苍溪县城郊中学 ○ 王清平　傅显发

生物学是一门以实验为基础的学科，其概念、原理和规律大多是通过实验推导和论证的。实验不仅是生物学科发展的基础，也是生物学科学习的主要内容和研究的重要途径。在近年来的高考试题中，生物学科突出了对实验部分的考查，内容丰富、形式多样，实验题的分值越来越高，这也是学生最容易失分的部分，成为最能拉开高考生物成绩的一类题型。因此，加强高中生物实验专题复习势在必行。那么，在高三教学中如何有效复习生物实验内容，提高实验题的得分率，我们谈点粗浅的认识。

一、明确高考考纲对实验与探究能力的要求，复习做到有的放矢

（1）能独立完成“生物知识内容表”所列的生物实验，能理解实验目的、原理、方法和操作步骤，掌握相关的操作技能，并综合运用这些实验涉及的方法和技能（判断与识别—考查教材实验）。

（2）具备验证简单生物学事实的能力，并能对实验现象和结果进行解释、分析和处理（准确表述题，即填空与问答题—考查验证性实验）。

（3）具有对一些生物学问题进行初步探究的能力，包括运用观察、实验与调查，假说演绎、建立模型与系统分析等科学研究方法（分析与综合、演绎与推理题—考查探究性实验）。

（4）能对一些简单的实验方案做出恰当的评价和修订。

二、分析历届全国卷生物实验高考命题特点、考查方式、试题呈现规律

高考生物试题关注生物学科素养，体现生命观念与社会责任，注重科学思维、科学探究维度的考查。我们分析了近几年全国高考新课标卷生物实验试题，全国卷注重回归教材，注重基础，突出能力，其中基础题所占比例较高，实验题多数源于教材，高于教材，注重识记。试题覆盖了《考试说明》中所要求的教材实验，主要测试考生对实验的原理、材料处理、操作步骤、结果结论等方面的理解和识记情况。实验考查的内容与形式多样化，且形式不断创新，体现“常考常变”的特点。其重在考查实验的设计、分析、评价和探究能力，更加深入细致地考查考生的实际操作、逻辑推理、信息加工及实验掌握情况，或者考查考生对课本中的生物科学史的识记程度。最后，实验试题的分值逐年增大，考查范围更广，渗透到了各个知识板块，融入各种题型。

三、对高中生物实验知识进行系统的梳理和讲解

（一）回归教材，夯实基础

高考实验试题常以教材常规实验内容为命题素材，考试题大多是题在书外，理在书中。我们可以将教材实验分类，构建实验知识网络，再根据实际情况，有计划地为每个类别实验安排时间，尽量让学生动手完成。这样有利于学生掌握每个实验的目的、原理、材料和操作步骤、现象及注意事项，提高他们对实验问题的分析归纳能力。学生在扎实掌握实验基本知识和技能的基础上，将这些知识和技能迁移到新的实验情境中去，举一反三，提高学生的实验操作能力，解决新情境中的实验问题。

1.构建实验知识网络(见图1)

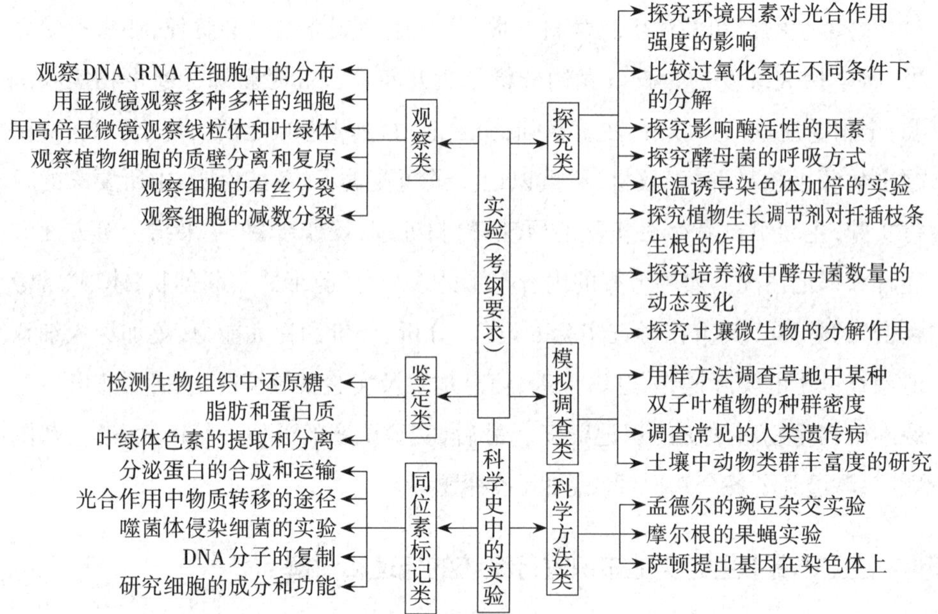

图1　构建实验知识网络

2.教材经典实验分析与拓展

(1)细胞内物质或结构的检测方法

①淀粉:碘液。

②还原糖:斐林试剂、班氏试剂。

③CO_2:澄清的石灰水、溴麝香草酚蓝水溶液。

④乳酸:pH试纸。

⑤有O_2:余烬木条复燃;无O_2:火焰熄灭。

⑥脂肪:苏丹Ⅲ或苏丹Ⅳ染液。

⑦蛋白质:双缩脲试剂。

⑧染色体:龙甲紫溶液、醋酸洋红液、改良苯酚品红染液。

⑨DNA:甲基绿;RNA:吡罗红。

⑩线粒体:健那绿。

(2)实验结果的显示方法

①光合速率:O_2释放量、CO_2吸收量或淀粉产生量。

②呼吸速率：O_2吸收量、CO_2释放量或淀粉减少量。

③原子转移途径：放射性同位素示踪法。

④细胞液浓度高低：质壁分离。

⑤细胞是否死亡：质壁分离、亚甲基蓝溶液染色。

⑥甲状腺激素作用：动物耗氧量、发育速度等。

⑦生长激素作用：生长速度（体重变化、身高变化）。

⑧胰岛素作用：动物活动状态。

（3）实验条件的控制方法

①增加水中氧气：泵入空气或吹气或放入绿色植物。

②减少水中氧气：容器密封或油膜覆盖或用凉开水。

③除去容器中CO_2：NaOH溶液或KOH溶液。

④除去叶片中原有的淀粉：置于黑暗环境一昼夜。

⑤除去叶片中的叶绿素：酒精隔水加热。

⑥除去光合作用对呼吸作用的干扰：给植株遮光。

⑦如何得到单色光：棱镜色散或彩色薄膜滤光。

⑧防止血液凝固：加入枸橼酸钠。

⑨各种细胞器的提取：细胞匀浆离心。

⑩骨的脱钙：置于盐酸溶液中。

（4）实验中控制温度的方法

①还原糖的鉴定：水浴加热。

②酶促反应：水浴保温。

③用酒精溶解绿叶中的叶绿素：酒精要隔水加热。

④用二苯胺试剂鉴定DNA：水浴煮沸加热。

⑤细胞和组织培养以及微生物培养：恒温培养。

（5）实验药品的用途

①NaOH：用于吸收CO_2或改变溶液的pH。

②$Ca(OH)_2$：鉴定CO_2。

③HCl：解离或改变溶液的pH。

④$NaHCO_3$：提供CO_2。

⑤NaCl:配制生理盐水及其他不同浓度的盐溶液,可用于测定动物细胞内液浓度或用于提取DNA。

⑥酒精:用于消毒处理、提纯DNA、叶片脱色及配制解离液。

⑦蔗糖:配制蔗糖溶液,用于测定植物细胞液浓度或观察质壁分离和复原。

⑧滤纸:过滤或纸层析。

⑨纱布、尼龙布:过滤。

⑩碘液:鉴定淀粉。

(二)加强对实验设计、探究相关知识的归纳讲解

1.变量

能准确分析实验的自变量、因变量和无关变量。熟悉自变量和无关变量的控制,因变量的观察或检测。在不同的实验中反复抽问训练。

2.对照

有且仅有一个自变量,其余条件相同(或相同且适宜),排除无关变量对实验的干扰。只有通过单一变量原则和对照原则才能分析自变量与因变量的关系,从而得出实验结论。分析教材中出现的对照实验,找出自变量。

3.实验材料的选择

(1)验证生物组织中的蛋白质、还原糖、脂肪,选用的材料要求相应成分含量高的植物组织或器官,且组织的颜色较浅或近于白色,易于观察。

(2)孟德尔选用豌豆作为杂交实验的材料。原因:自花传粉,闭花受粉;有多对相对性状且性状明显。

(3)质壁分离选用紫色的洋葱鳞片叶。原因:有中央大液泡,且有颜色,容易观察。

(4)摩尔根选用果蝇作为伴性遗传的实验材料。原因:染色体少,便于分析;繁殖快;果蝇有差异显著的相对性状;取材方便;果蝇个体小,在较小的空间内可以大量繁殖。

对策:注意考纲要求的实验中所涉及的实验材料,力求每个实验的选材原因清晰;注意课本中的科学史所涉及的经典实验,理解每个实验中的选材原因。

4.实验步骤

(1)确定是验证性实验还是探究性实验。

(2)确定实验目的、实验原理,理顺实验思路。

(3)找出单一变量,确定对照组和实验组,以及控制无关变量。

(4)设计实验步骤:

①分组标号。包括分组(实验组、对照组,其中实验组如果有浓度梯度,至少要分三组)、编号、非条件处理等。常用语言:选择长势相同、大小相似的同种植物随机等量分组,分别编号为1、2、3……取两支试管,分别编号为甲、乙,各加入等量的某种溶液。

本步骤强调分组的等量原则(器材的规格、生物材料的长势、分组的数量和随机性等),编号可以针对实验器具,也可以针对实验材料,有的非条件处理需在条件处理之后写在第二步。

②设置实验组和对照组。常用语言:在A组中加入“适量的”……在B组中加入“等量的”……

本步骤强调对照原则、各对照组条件处理的等量原则,通过“适量”和“等量”表达出来。在具体的实验设计中,可用具体的量,如“在A组中加入2毫升……在B组中加入2毫升……”

③培养或观察:放在适宜且相同的条件下培养,一段时间后观察现象,记录结果。常用语言:将两套装置放在“相同且适宜的环境中培养一段时间”(或相应方法处理,如振荡、加热等)。

(5)结果(结论)的分析:验证性实验如“验证……”“证明……”都可预测到与实验目的一致的结果。探究性实验如“探究……”预测的实验结果大多有三种可能:变量促进结果;变量抑制结果;变量与结果无关。预期结果与结论如“如果……则说明……”,“如果”之后是结果,“则说明”之后是结论,结果为结论提供证据。

四、实验复习方法指导

(一)重视对教材中经典实验的分析

科学发现史中的经典实验是科学家们精心思考、巧妙设计、反复实践,经历多次重复证明是正确的、具有代表性的实验。许多高考试题以经典实验的变形或拓展,考查学生的基础知识及运用已有知识在新情境下解决问题的迁移能力，因此在复习时应重视教材中涉及的经典实验。教师指导学生在理解实验设计思想的基础上，对实验的选材、条件的控制，对照实验的设计，对实验结果的分析、验证等方面做深入剖析。通过对经典实验设计思想的理解，提高学生的实验能力。

(二)理顺实验题的解题思路

考试时，有的实验题背景新颖，涉及生物科学研究的前沿领域，造成学生读完题干仍不明白问题。如果该题分值较大，此时有的学生可能出现心慌的感觉，就容易做错了。面对实验题，不论难易度大小，首先分析实验目的，明确实验原理，寻找该题与教材相似实验的关联性。实验目的中总是探究或验证某因素对另一因素的作用(影响、关系)，前者是自变量，后者就是因变量。若为探究实验，实验结果可能有多种情况，而验证实验，结果是唯一的。其次，分析实验的三大变量，分析自变量和无关变量如何控制，因变量如何观察或检测。最后，结合对照原则、单一变量原则和实验的基本步骤解题。

(三)反复训练学生的语言表达能力

新高考中对语言表达能力要求较高，语言表达是难点，也是失分的重要原因，因此在平时教学中要注意训练学生的表达能力。课堂上可以让学生多说，教师要对其表达的内容进行评价，是否合乎逻辑、是否用了生物学专业语言？是否直接用教材中的语言表达？考试后及时下发标准答案，让学生体会表达内容与得分点的关系。

(四)强化真题训练，多做高考题

我们选择性地将高考实验题进行归类，组合成小的专题，各个突破，让学生明白实验题考什么，怎么考，再建立基本的思路，如何分析、如何作答，从中寻找规律，总结经验，最终提升实验能力。

初中物理幸福高效课堂教学策略

——课题研究实施方案

广元市青川县乔庄初级中学校 ○ 刘德勇

刘德勇名师工作室于2016年4月在青川县乔庄初中挂牌成立，主持人1名，成员6名，7人都是一线教师，分布在5个学校，涉及15个教学班级，600余名学生。随着“三名”工程的不断推进，硬件设施的跨越式发展，教育科研就显得尤为紧迫和重要，因此工作室申报了这一研究课题。

一、课题的来源及选题的依据

1.课题的来源

目前，教师的课堂教学观念、方式都发生了可喜的变化，合作学习、探究性学习等现代教学方式已广泛运用于中小学的课堂教学。课堂教学是学校教学的基本形式，也是课程改革最重要的阵地，它不仅是教师教学、学生学习的物理空间，更是一个特殊的社会舞台。虽然我县物理课堂教学对此有过探索，但一些课堂教学改革效率比较低下的问题始终没有解决。目前教学中一个非常突出的问题是：教师教得很辛苦，学生学得很痛苦，而我们的学生都没有得到真正有效的发展。教学中少、慢、差、费的低效局面仍没得到根本改变。具体表现在以下八个方面。

（1）教师主宰。教师决定课堂教学的一切，形成“五个中心”，即教学活动以教师为中心，教学过程以讲课为中心，教师讲课以教材为中心，学生学习以做题为中心,教学价值以应试为中心。教师是指挥者,学生是执行者。对学生而言,教师是永远扮演“权威”的角色;对教师而言,学生则是“奴役”的角色。本该充满师生情谊色彩的交往互动过程变成了“不公平的交易”或“强行买卖”的过程。

(2)主客体错位。学生没有真正成为课堂教学的主体,课堂成了教师演出“教案剧”的场所,学生只是教师的配角。教师习惯于“专制式”的教,学生习惯于“被动式”的学;教师只顾“教什么”,不研究“怎样教”;学生只知“学什么”,不掌握“怎样学”;教师越俎代庖,学生对教师唯命是从。学生本应是课堂主体,但他们的学习兴趣、学习方法、学习习惯和学习水平被置之度外,结果是学生不会学、不愿学乃至学不好,学习效率差。

(3)忽视差异。教师没把学生当作一个个充满活力的生命个体,而把他们当作有待修剪的“花草”和需要加工的“器物”;没把学生的差异作为一种教学资源,而是当作一种教学阻力,始终用“一刀切”的方法进行教学,使千差万别的学生经过统一的打磨,塑造成一个个统一规格、统一标准的“产品”。

(4)知能脱节。课堂教学重接受,轻探究;重听课,轻动手;重记忆,轻应用;重结果,轻过程;重认知,轻情感和价值观。强调对知识的掌握和经验的沿袭,忽视对能力的发展和创新精神的培养,知识只是以孤立苍白的形态而不是生动联系的形态为学生所接受,在这种情况下学生成为“知识的巨人,行动的矮子”。

(5)重负低效。“拖堂之风”“题海战术”“增压之道”“人人过关”等教学之道盛行的结果是教师累,学生苦,家长难。教学代价高,效率低,课堂教学陷入了“高耗低效”的怪圈。

(6)物式灌注。教师是“水桶”,学生是“水碗”,课堂教学是“灌水”的物式行为和过程。知识本位的物式教学目标成了唯一的教学目标,全盘讲授的物式灌注成了唯一的教学方法。这种物式灌注的教学使学生自主学习的空间被挤占,自主学习的时间被挪用。

(7)追求形式。学校没有把课堂教学目标真正定位在学生发展上,缺乏对学生思维广度、深度、力度、效度的训练,而一味地追求课堂教学的表面形式,在“方法时尚化、手段媒体化、结构模式化、过程程式化、教授表演化”上大做文章,形成表面上课堂教学研究轰轰烈烈,实质上课堂教学效果空空洞洞的局面。

(8)发展畸形。课堂教学的高效性不是定位在学生的全面发展上,而是单纯注重认知发展,只训练学生的即时应试能力,而忽视了学生终身发展所必需的智力因素和非智力因素的整合培养,会导致学生表现出不会思维、不会创新以及情商较低的畸形发展状态。总之,课堂教学失去了教师和学生生命价值的依托,也失去了课堂教学核心的成长性质,使课堂生活变得枯燥乏味,缺乏生机和活力。

因此,如何使我们的教师拥有新课程背景下的物理课堂教学幸福高效的理念,掌握新课程背景下的物理课堂教学高效幸福的策略或技能,是摆在我们面前的一个难题。特别是在全面推进素质教育的今天,讨论新课程背景下初中物理课堂教学高效幸福就显得十分迫切与必要了。

2.选题的依据

高效教学的理念源于20世纪上半叶西方的教育科学化运动,经过一段时间的探索,大家普遍认为:教学也是科学,也就是说,教学不仅有科学的基础,而且还可以用科学的方法来研究。于是,人们开始关注在课堂上如何用观察、实验等科学的方法来研究教学问题。

著名教育家苏霍姆林斯基说过:感受职业的幸福,是教师工作的最大动力。"幸福"是一个温馨的词语,它是愉悦的、舒适的、令人满足的精神享受。把"幸福"和"教育"这两个词连在一起,表达了人们对理想教育的向往。让校园、课堂变成乐园,让学生享受幸福的教育,让教师获得教育的幸福,是无数教育工作者的追求,更是作为一校之长的理想。

二、课题研究的意义

通过该课题的研究,分析幸福高效课堂的基本特征,找到影响课堂教学幸福高效的因素,并提出提高幸福高效教学的基本策略,探究出课堂教学幸福感和高效性的方法和途径,以及幸福高效课堂教学的评价策略,从而进一步提高教学质量,促进教师向专业化的方向发展。

初中物理幸福高效课堂策略研究有利于扎实推进素质教育,有利于学生的身心健康发展。从当前教育改革的发展来看,进一步深入探讨教育改革的空间,必将会集中到如何提高教学质量上,进而提高每一堂课的教学质量,关注每一个学生身心健康发展的质量。感悟课堂教学改革,也越发使我们深刻地认识到,一切教育改革的重心在于提高课堂效率。"实现课堂教学高效率、高效益、高效果;使学生真正做到学会、会学、乐学,使学生健康积极发展,获得更多的幸福感和成功感”是幸福高效课堂的探索与实践的着力点。它的探索与实践有利于扎扎实实地推进素质教育。

初中物理幸福高效课堂策略研究有利于教师的专业成长。幸福高效课堂教学,是教学工作质量高层次的标准,是学校办学效益的最高体现,是每位教师实现课堂教学目标的理想追求,也是对教师教学工作能力的考查。因此,实施高效课堂教学的过程,既是教师业务素质提升的过程,也是教师专业发展的过程。教师在研究课堂中的学生、知识、人际关系和教学方法的过程中,教师的专业素养就会得到极大的提升。因此,幸福高效课堂的建设与探索为教师的专业成长搭建了一个广阔的舞台。

三、课题研究的内容与计划

(一)研究内容

(1)初中物理课堂教学幸福感和高效性现状的调查研究。

(2)分析影响初中物理课堂教学幸福感和高效性的因素。

(3)探索提高课堂教学幸福感和高效性的策略。

(二)研究计划

1.前期研究阶段(2017年9月至11月)

首先,大范围调查课堂教学现状,分析物理课堂教学高效或低效、幸福或痛苦的特征。然后,对文献进行探讨,确立课题并论证,制订课题实施方案。

2.组建课题组阶段(2017年11月至12月)

成立课题组,面向工作室成员所在学校的全体学生,进行成员培训,提出组织、管理、科研的具体任务。

3.具体研究阶段(2018年1月至2019年6月)

(1)进行幸福高效课堂教学策略研究。主要任务:深入课堂,通过听课、评课等教研活动,编写典型案例。

(2)问题研究阶段。主要任务:进一步发展研究实验,请教专家商讨实验中存在的问题,以及解决的对策。

4.总结研究成果阶段(2019年6月至12月)

四、课题研究的方法

本课题采用综合方法进行研究，即根据不同阶段的要求综合运用文献研究法、观察法、调查问卷法、行动研究法等科学研究方法，以期达到最佳的研究效果。

（1）前期研究内容主要采用观察法、调查法、文献研究法等，从多角度收集相关资料，分析影响课堂教学有效性的因素，找准突破口。

（2）具体研究阶段主要采用行动研究法，在行动中反思，在反思中行动，逐步完善教学方案和实施策略；采用个案法，通过具体的教学案例，总结验证课题假设。

（3）总结阶段主要采用抽样调查法，评价学生素质和教师专业发展情况；综合采用“质”和“量”的办法，形成研究报告。

五、课题研究的困难与解决措施

（1）课题研究经验少，会走很多弯路。通过理论导师和实践导师的指导来解决。

（2）教学工作任务重，时间与精力难以保障。争取学校领导决策大力支持，尽量少些其他工作，同时把课堂教学与课题研究合理地结合起来，减少重复工作。

六、课题预期研究成果

本课题力争形成有特色的课堂教学模式。

高中物理自主学习方式的建构与创新研究

四川省青川中学校 ○ 朱有光

自主学习是学生在教师指导下自觉主动地学习,要将自主学习应用到教学情境中,教师发挥着非常重要的作用。在学生自主学习的过程中,教师要给予适时适当的方法与策略指导。在学校教科室的统一部署下,物理组通过对本校不同年级学生学习物理的心理和现状的研究,以及针对当前贫困山区农村普通高中物理学习的一般方法提出了高中学生自主学习物理的方式是课前预习、自主学习、合作交流、总结归纳、反馈评价、创新实践。实施“15205课堂教学模式”,并配以导学案帮助学生明确学习目的,把握学习重点,明确学习任务,让学生在处理学习任务的过程中学会思考和自主学习。明确自主学习的首要环节是课前预习。

一、当前贫困山区农村普通初、高中学生学习物理的心理特点及现状

1.初中生学习物理的心理特点及现状

初中生学习物理的知识储备主要来源于生活经验、小学科学课程和其他学科中的一些知识积累。这个时候的初中生正处于青少年时期,他们精力充沛、求知欲强、记忆清晰、思维敏捷。初中生对于外界事物充满了好奇心,有很强的模仿能力,思维特点具有直观性和独立性,喜欢提出自己不同的意见,自我意识逐步增强,有很强的自尊心。初中生对于物理课堂的学习主要表现为两种类

型:第一类是对没有见过的物理现象和物理规律充满了好奇心,这会引发他们直觉层面的兴趣,但这种兴趣是表面的;第二类则是在已有的知识储备中发现问题现象和规律时,学生表现为接纳的态度,愿意去讨论和研究物理现象的本质和规律。

从思维上看,学生在学习物理和形成物理概念的过程中,多数是以表象为中介的。初中生的思维很多是属于经验型,大多都是借助生活中的亲身感受或习惯观念进行思维活动。在这样的思维过程中,思维定式起着重要作用。这有利于学生学习思维模式的形成,但也会产生许多消极的影响,比如产生错误的思维倾向,思维的发散性差,思维具有片面性和表面性。

目前初中生学习物理的心理特点和当前农村中学的学生学习情况,表现为以下几个特点:①义务教育阶段学生的基础知识不牢靠,基础知识掌握不全。在义务教育阶段许多中小学都推进了九年义务教育,而个别学生并不具有强烈的学习愿望,还对衣食温饱有一定的忧虑。②许多学生成为留守儿童,他们缺乏目的性、组织性、计划性的教育。学生没有形成优良的学习品质和习惯。③当前许多学生还是独生子女,学生的自主学习习惯比较差。目前大多数农村学生没有什么学习压力,也无法理解知识和教育对其生活带来的影响,所以学生是在教师和家长的督促和管控中被动接受学习的。现在的学生很少表现出思维的独立性和批判性。④当前成绩非常好的学生,以及部分重视孩子教育的家庭的学生,都被送去了经济和教育比较发达的城市。

2.高一年级学生学习物理的心理特点及现状

高一是学生初中到高中思维发展的关键期,这个时候学生的学习有一定的自觉性和学习动机,自控性和独立性都比初中时更强。高一年级学生学习物理要经过以下心理过程:从物理感受到物理知觉,从物理知觉到物理表象,从物理表象到抽象思维。

当前农村普通高中高一年级学生学习物理有以下特点:

第一,学生对物理概念和物理规律的理解还停留在表面的、片面的思维模式。比如,在描述物体运动的教学中对平均速度这个概念,学生运用的是一维的思维模式。如果将事物的运动变为曲线的或者是二维、三维的,学生对平均速度的理解就不是那么明确了。

第二,学生学习物理过程中的随意性和情绪性还很强。这一点在做物理实验过程中表现比较明显,学生在做物理实验的过程中,有些学生会忽略实验的目的性和探究过程,往往对实验的过程比较感兴趣,会使用实验器材按照自己的意愿去做实验。在物理课堂中,学生会按照自己的意愿去认定物理现象和物理概念。

第三,当前中学物理教育过程中,老师之间的协调性还没有达到一定的要求,同物理组的老师无法整合资源,教学进度也不同步,老师们还是按传统的物理教学过程进行教学。不同学科之间老师互相挤占时间,学生疲于应付作业。

第四,对于农村普通高中当前信息化的物理教学流于形式,手机这种现代化的通信工具,学生不是用来查资料学习,而是用来打游戏、聊天等。物理课堂的评价很多时候也以运用现代教育手段为目的,而不以培养物理综合素养为目的。

3.高二年级学生学习物理的心理特点及现状

高二年级学生的心理正逐步走向成熟稳定,从高一的直觉和经验的思维模式逐渐向理论抽象的思维过渡。抽象思维得到进一步发展,独立思考的能力和意识均得到了一定的发展。个体的智力特征和综合能力逐渐显现,个人的思想和行为更加理性。

目前,农村普通中学高二年级学生学习物理也表现出这样一些特点:第一,学生已经适应了从定性到定量的思维转变过程。从物理学习的内容上看,高一年级学生对力学和运动学的分析已经基本能够从物理情境中抽取出物理量,并且能定量地表达物理量之间的联系。在学习高二物理选修3-1和3-2中的电场、磁场及电场和磁场的综合,以及学习综合电场磁场和力与运动当中的功能关系时,学生会感到比较困难。第二,学习上两极分化日益严重。一部分学生,由于之前学得好,积极性高,自信心不断强化,学习兴趣很高,已经在学习上养成自觉的习惯,并不断从中得到成功的心理体验。而另一部分学生在学习或者考试中屡遭挫折,对学习物理没有信心,对自己感到失望。所以,部分学生完全放弃了取得好成绩的愿望,开始不思进取。

4.高三年级学生学习物理的心理特点及现状

高三年级学生的身体和心理基本都已经接近成人的状态,他们的心理比高二年级学生更加成熟和稳定,注意力更加持续和稳定,开始思考自己的现状和未来,基本上形成了稳定的价值观和人生观。

大多数农村普通高中的高三年级学生对学习物理缺乏信心,一部分学生认为自己不够聪明,而且在考试或平时的测评中,成绩较低。学生对自己的评价往往也从分数的高低中做出判断。如果考试的成绩比较好,那么学生对这门学科会更加喜欢,学习表现得也更加积极;如果考试成绩很差,学生就会试图逃避物理学习。在学习物理的过程中,多数学生表现出焦虑的心理状态,遇到大型考试会精神紧张,思维不清晰,遇到难题手足无措。大多数学生在考试或者做作业之前,极少进行系统的复习。教师的授课也仅仅是将一轮复习或者二轮复习的内容一点一点地向前推进,以完成教学任务。大多数学生也仅仅是跟着教师的指挥一点一点地完成教师布置的作业。学生学习物理十分被动,只有在教师的督促下,才能完成相应的作业任务。

二、当前贫困山区农村普通高中物理学习的一般方法

1."6+2"学习法

所谓"6+2"学习法,即在学习过程中严格贯彻"预习—上课—复习—作业—质疑—小结"6个环节,另外对于每一章或每一单元进行学习前后,还分别有"计划"和"系统"两个环节。

2."五会"和"双头堵"

"五会":①会表述:能熟记并正确地叙述概念、规律的内容。②会表达:明确概念、规律的表达公式及公式中每个符号的物理意义。③会理解:能掌握公式的应用范围和使用条件。④会变形:会对公式进行正确变形,并理解变形后的含义。⑤会应用:会用概念和公式进行简单的判断、推理和计算。物理知识的特点是由简到难,逐步深入,随着学习知识的增多,物理题也越来越难。增强解题能力要靠正确的思维方法。我们解答问题,可以采用两条思路:一是从结论入手,看结论想须知,逐步向已知靠拢;二是要"发展"已知,从已知想可知,逐步推向未知。这种分析问题的方法,就是我们平时常说的"两头堵"的方法。

3.CES学习法

CES学习法即创造、效率、成功学习方法,强调"通""点""解""变""简"。

①“通”强调“通读”课本，把好预习和听课两个环节。②“点”强调对所学知识的基本点、重点、难点的发现及掌握。③“解”是解决学习过程中遇到的难点、疑点，强调要及时、独立完成作业，并且要认真改错，解题时还要准确、规范和快速。④“变”强调知识运用阶段能举一反三。⑤“简”是一种化繁为简，从而形成积少成多、循序渐进的学习方法和模式。

在当前贫困山区农村普通高中，学生还没有系统的和固定的学习方法。具体来讲，学生是在完成相关的预习任务后进入课堂学习的，然后在课堂中教师对本节课要完成的教学任务进行讲解，针对相关的物理问题和物理情境选择解决方法。学生在课堂上观察教师解决问题的方式和方法，教师再针对相关的知识进行课堂练习。课后，教师再布置相关的练习以巩固知识点。学生学习的效果往往从考试的结果来评价，效率也往往比较低下。

三、自主学习物理方式的建构

针对我校贫困山区农村普通高中学生的学习现状和当前新课标下的教学，要求教师改变传统的教学观念，变讲授型课堂为自主合作探究型课堂，我们物理教研组针对物理学科做了以下关于自主学习方式指导的研究。

1.贫困山区农村普通高中物理自主学习流程

自主学习流程包括课前预习、自主学习、合作交流、总结归纳、反馈评价、创新实践。

2.“15205课堂教学模式”的实施

物理组在教科室的指导下实施了“15205课堂教学模式”。“15205课堂教学模式”就是15分钟教师与学生的互动，以使学生了解本节课的目标任务与重点；20分钟学生自主学习；5分钟教师与学生互动评价总结。该教学模式的实施效果如下：①学生上课有明确的目的，知道在什么时间该做什么任务。②学生的参与度相对传统课堂较高。③参与学习的学生如果解决了课堂中的问题时，对课堂的满意度较高，心理状态较愉悦；如果不能解决问题时，学生依然会焦虑。④学生参与学习的内容至关重要。

我们做了以下工作：

(1)深入课堂，反复实验。我们针对课题研究的重点，在高二年级专门将几个班级作为实验班级，按照初步探究的"15205课堂教学模式"进行实验教学。学校领导经常深入班级听课、了解课改实验情况，及时解决问题，鼓励实验教师大胆进行实验；同时学校领导也把指导课题、研究实验教师的课堂教学工作作为教研工作的重点。

（2）示范探究，及时总结。我们在听课的过程中，如果发现好的典型，就会及时召开物理教师课改实验观摩教研会，讨论课堂模式的实施优点和不足，集中大家的智慧和方法。在此项工作中，我们存在的主要问题有：①教师的教育观念转变得还不够彻底，新旧观念交织在一起，时新时旧；②对课堂时间的把握不够精准；对小组自主学习的合作、交流的评估方式不够完善。

（3）导学案的实施。在导学案的实施过程中，教师可以借助导学案，帮助学生明确学习目的，把握学习重点，明确学习任务，让学生学会思考和自主学习。

导学案具有以下优点：第一，学生有明确的学习任务；第二，学生的参与度比较高；第三，学生不是在听教师讲完课以后等待教师布置任务，而是学生自己已经明确了学习任务，对存在的疑点，自己动脑筋解决。但是导学案的实施过程中也存在以下问题：首先，导学案是教师通过一些资料编制的，有些题综合性过强，有些题则不利于这节课的学习；其次，有些导学案没有针对具体学期、具体学生的特点进行编制，学生应该掌握哪些内容，应该怎样掌握，没有很好地体现出来；最后，编制导学案会花费教师大量的精力和时间，很多教师在做这件事情时，都遇到了很大的困难，并且学校对他们的教育教学任务还有一定的要求。

四、指导学生掌握有效的自主学习物理的方法

1.课前主动预习对自主学习的作用及意义

课前预习对学生自主学习有重要的影响。课前预习使学生有备而学，课堂上学生对熟悉的内容有接纳的意向，学生对这部分的知识有更加清晰而明确的指向。所以课前预习是学生自主学习中非掌重要的一个环节。如果学生能主动地进行课前预习，那么实际上学生已经能自主学习了，教师只需要在学习方向上和方法上做一些指导。

第一，课前预习，可以提高自主学习的效率。通过课前预习，学生提前了解物理教材的基本问题和知识体系，做好了理解学习任务的心理准备，在课堂上

就能准确掌握学习的重点和难点。

第二,课前预习,使学生体会到自主学习的乐趣。学生通过课前预习,可以自己去发现问题、解决问题。

第三,课前预习,可以使学生由被动学习变为主动学习。在课前预习的过程中,学生可以自己找重点,查找资料、求证结论、验证规律、推导公式,实现真正的自主学习。

2.课中教师对自主学习的导向作用及意义

教师在学生自主学习的过程中起到导向作用。教师可以采用灵活多样的形式,组织学生自主学习,充分尊重学生个体自主学习方式的选择,调动学生的积极性,激发他们自主学习的意识,教师的导向作用也是非常重要的。

第一,精心组织,营造氛围。教师对学生自主学习的内容和方向要做出明确的要求。在学习之初,教师应根据不同层次的学生,提出不同的自主学习的要求和方向,做好学生的思想工作,努力营造自主学习的氛围。

第二,指导方法。对于自主学习过程中遇到问题的学生,教师要给予学生不同的方法去解决问题,鼓励和保护学生自主学习的动力和积极性。特别是在对物理概念和规律的佐证过程中,教师要积极地引导学生自主地创设情境。

第三,正确评价。教师要实时调控学生自主学习的进程。教师要对学生自主学习的效果进行检查,对自主学习过程中出现的错误,要及时纠正。

五、评价的有效性及意义

对学生自主学习的有效评价,是学生持续自主学习的动力之一。新课标要求评价要保护学生自尊心和自信心,体现尊重与爱护,关注个体的处境与需要。在高中生学习物理的过程中,评价具有导向功能、信息反馈功能、鉴别功能和激励功能,评价主要来源于以下三个方面。

一是学生的自我评价。学生通过对比所要学习的内容、考试分数等,可以对自己自主学习的能力及学习的效果做出一定的评价。这种评价具有一定的主观性,但是这种评价是学生发自内心的评价,对学生的学习起着更积极(或者更消极)、更持久的作用。所以,如何引导学生对自己做出正确的评价至关重要。

二是小组成员的评价。学生在自主学习的过程中会遇到许多问题,学生之间会互相交流、互相探究。在交流过程中,如果他们都是互相鼓励的,那么学生在自主学习过程中的积极性就会得到极大提高。因此,教师要积极引导,消除错误和消极的评价方式。

三是教师的评价。教师可以因地制宜地采用书面测试以外的其他评价方法:①观察和谈话法。面对面地与学生交流,站在学生的角度看待学生学习物理过程中出现的问题,从发展的角度发现学生闪光的品质。②自主实验评价法。在自主学习过程中,学生要通过一些自主设计的实验来验证一些问题和结论。教师可以通过这些实验来评价学生的物理核心素养。

六、取得的成果

(一)改变了课堂教学方式

学校探究教学的实践,改变了课堂教学的一些固定模式,实施的“15205课堂教学模式”,产生了课堂教学变革:一是学生变被动接受为积极自主;二是变以教师为中心的封闭、静态的讲授过程为学生主动参与的开放式动态教学;三是变学生呆板消极的学习行为为主动的动手、动口、动脑的灵活的学习过程。

(二)提高了学生素质

1.自主学习兴趣得到激发

学生主动探索知识、主动学习知识的欲望有所增强。在本次研究过程中,物理组请一些青年教师上了几节公开课,这几节公开课获得听课领导和教师的一致好评;在校青年教师评优课和骨干教师示范课展示活动中,这些班的学生表现出很好的自主学习效果。

2.自主学习能力得到一定的培养

学生在课堂上已经能向教师提问,发表自己的意见和看法,而且个别学生有良好的预习习惯和自主学习能力。课堂上,学生不需要教师多讲,自己弄清楚重点以后,就可以自主地去解决问题,学生之间有时会展开讨论。

3.学生个性有一定的发展

由于在课堂教学过程中,学生学习和交往的主动性、自信心得到增强,他们不仅向教师学习,还向同学学习,讨论并且提出自己的观点和意见。小组合作学习时学生兴趣高昂,人人参与。课堂上每个学生都表现得很积极,和以往昏昏欲睡的状态形成了鲜明的对比。

(三)提高了教师素质

通过“高中物理自主学习方式的建构与创新研究”课题课堂教学研究,物理组的青年教师得到迅速成长。参与课题研究迫使教师主动学习有关理论,分析和加工教材,设计自主学习的导学案和方法,从而更新了教师的教学观念,提高了教师的教学能力和研究创新能力。

显微镜使用及相关题型(案例)

四川省苍溪县城郊中学校 ○ 王清平 傅显发

生物学是一门以实验为基础的学科,实验操作十分重要,学会使用显微镜是一名合格中学生必备的最基本的技能。本文通过介绍与显微镜相关的考点和题型,让学生进一步熟悉显微镜的操作,并能分析和解决使用过程中出现的常见问题。

一、使用显微镜的基本步骤

1.安放

打开镜箱,右手握镜臂,左手托镜座,放在实验台正中偏左,右方留出一定的位置以便绘图。

2.对光

转动转换器,使低倍物镜对着通光孔。镜筒上方装目镜,左眼注视目镜内,用手调整反光镜直到视野呈圆形且明亮,对光就完成了。

3.压片

将玻片标本用金属夹固定在载物台上,使标本对准通光孔的中心,易于观察目标。

4.调焦

先用低倍物镜下降镜筒,并从侧面注视物镜下端使其接近玻片,然后左眼从目镜往下看，右手逆时针方向缓缓升高镜筒，当升高到某一高度时，即能看到标本的物像。如果物像不清楚则调节细准焦螺旋直至清晰。总之，先低倍后高倍，先下降再上升，先粗调再细调。

5.观察

左眼看目镜，右眼睁着以便边观察边绘图。

例1：当显微镜镜筒下降时，操作显微镜的人的目光注视的部位是(　　)。

A.镜筒　　B.目镜　　C.物镜　　D.物镜与装片的距离

例2：使用显微镜观察玻片标本时正确的方法应是(　　)。

A.两眼睁开，左眼观察　　B.闭右眼，左眼观察

C.闭左眼，右眼观察　　D.两眼睁开，右眼观察

二、玻片标本的分类

1.切片

由从生物体上切取的薄片制成。

2.涂片

用液体的生物材料，如细菌培养液、血液等经过涂抹制成。

3.装片

用从生物体上撕下或挑取的少量材料制成。

4.压片

将质地较疏松的生物材料，如花药、根尖、昆虫唾液腺等用力压在载玻片上，使其形成一个薄层。

例3：制作临时装片时，必须让盖玻片一侧先接触水滴，然后再轻轻盖上，其主要目的是(　　)。

A.避免盖玻片下面出现气泡　　B.防止水溢出

C.增加透明度　　D.防止实验材料移动

例4：下面是一组生物实验的名称：(1)血液涂片的制作；(2)洋葱根尖装片的制作；(3)洋葱鳞片叶表皮装片的制作；(4)用显微镜观察病原体。在实验过程中依次用到的制法是(　　)。

A.压片法　装片法　徒手切片法　装片法

B.装片法　徒手切片法　压片法　涂片法

C.涂片法　压片法　装片法　装片法

D.涂片法　装片法　压片法　装片法

例5:在显微镜下观察某切片,发现当转动细准焦螺旋时,有一部分细胞能看清晰,另一部分细胞较模糊,这是由于(　　)。

A.应用大光圈　　B.标本切得厚薄不均

C.显微镜物镜损坏　　D.反光镜未调好

三、光学显微镜的分辨率

光学显微镜的分辨率因受可见光波长的限制只有0.2μm左右。

例6:光学显微镜所能分辨到的最小长度单位是(　　)。

A.厘米(cm)　B.毫米(mm)　C.微米(μm)　D.纳米(nm)

四、镜头成像特点、组合及观察

1.目镜

放在镜筒的镜头,无螺纹,放大倍数与长度成反比。

2.物镜

安放在转换器上的镜头,有螺纹,放大倍数与长度成正比。

3.成像特点

显微镜所成像为倒立的放大的虚像。放大倍数为放大的长度或宽度。像与物体移动方向相反。

4.污物判断

可通过旋转目镜,移动标本,更换物镜来判断污物所处位置。

例7:如图所示1、2、3、4表示镜头,5、6表示物镜与玻片标本间的距离,哪种组合下观察到的细胞数目最少?(　　)哪种组合下的视野最明亮?(　　)

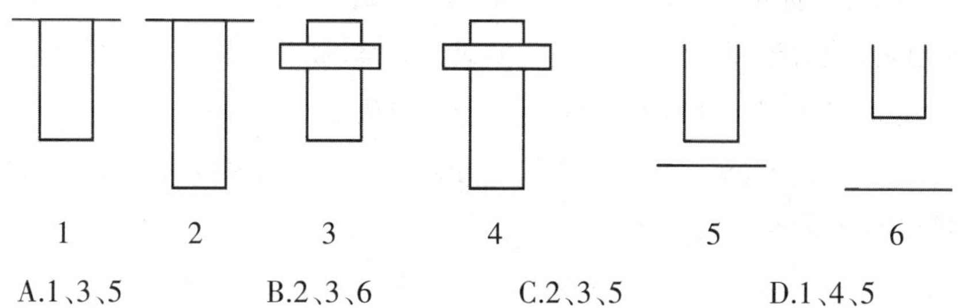

A.1、3、5　B.2、3、6　C.2、3、5　D.1、4、5

例8:图标“F”在显微镜下所成像应是(　　)。

A.F　　B.　　C.　　D.

例9:用显微镜观察时,物像被放大640倍是指放大物像的(　　)。

A.长或宽　　B.像的面积　　C.体积　　D.表面积

例10:右图所示为观察到的细胞质的流动方向和某结构的位置,则细胞质实际流动向是(　　),物体位置是(　　),要将物体移到正中心,则移动方向是(　　)。

A.顺时针　　B.逆时针

C.右上角　　D.左下角

例11:当显微镜的目镜为10倍、物镜为10倍时,在视野直径范围内看到一行相连的8个细胞。若物镜换成40倍时,理论上可以看到这行细胞中的(　　)个,若物镜为10倍时,视野内有64个细胞,则此时可观察到的细胞数为(　　)个。

A.32　　B.16　　C.4　　D.2

五、高低倍镜视野区别及转换步骤

1.高低倍镜视野区别(见表1)

表1　高低倍镜视野区别

倍镜	区别项目			
	视野范围	细胞数目	物像大小	光线明暗
低倍镜	广阔	较多	较小	明亮
高倍镜	狭窄	较少	较大	较暗

2.低倍镜转换成高倍镜的程序及注意事项

首先,将目标移到视野正中心,再转动转换器换上高倍镜,若光线较暗则应将小光圈换成大光圈,将平面反光镜换成凹面镜,最后调焦。由于高倍镜与玻片标本距离很近,不小心会压碎标本,所以只能调细准焦螺旋。

例12:用高倍镜观察洋葱根尖细胞分裂比用低倍镜观察到的细胞数目、大小和明暗情况依次是(　　)。

A.多、大、亮　　B.少、小、暗　　C.多、小、暗　　D.少、大、暗

例13:①②③④⑤是使用显微镜的几个步骤。下图为显微镜观察中的两个视野,由视野(1)到视野(2)时,操作步骤的正确顺序是(　　)。

①转动粗准焦螺旋　②转动细准焦螺旋　③调节光圈

④转动转换器　⑤移动玻片标本

A.①②③④　B.③①②　C.⑤④③②　D.④⑤①②

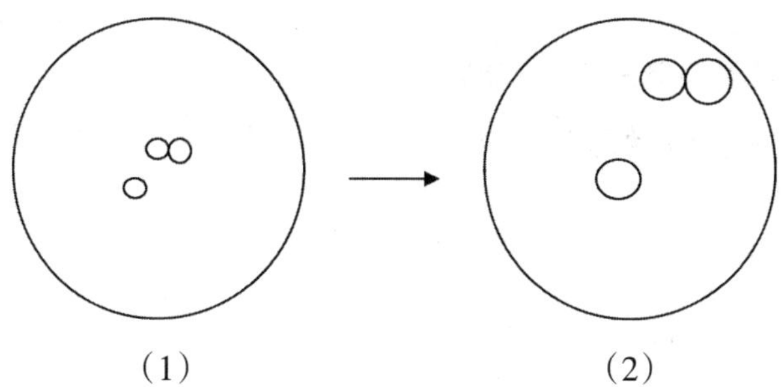

基于“二元一次方程组的解法”的“同课异构”课堂教学案例分析

广元市昭化区教育局教研室 ○ 黄拯
广元民盟烛光中学 ○ 沈琼华

“同课异构”是近几年中小学教学中比较流行的一种新的教学模式，是提升学校的教研水平、提高教师之间业务素养的一项新的举措。在教学中，以“导学案”为载体，利用小组教学的模式，让学生先进行自主学习，然后带着疑问进入课堂，通过小组互学、展讲等环节，提高课堂教学效果。下面是两个用“同课异构”的方式研究复习“二元一次方程组的解法”的课堂教学案例，基于此对课堂教学的方法进行了分析。

一、二元一次方程组的解法(一)

案例1：具体的教学过程介绍如下。

问题1：如何解二元一次方程组?（教师讲解）

(1)思想：消元

(2)方法：$\begin{cases}\text{代入} & \text{变形} \rightarrow \text{代入} \rightarrow \text{求解} \rightarrow \text{检验} \\ \text{加减} & \text{变形} \rightarrow \text{加减} \rightarrow \text{求解} \rightarrow \text{检验}\end{cases}$

问题2：

(1)用代入法解方程组$\begin{cases}x - y = 1 \\ x + 2y = 4\end{cases}$

(2)用加减法解方程组$\begin{cases}x-y=1\\x+2y=4\end{cases}$

两名学生在黑板上解方程,其他学生在练习本上练习。做完题后师生一起纠错。

(3)不解方程组,你觉得用什么方法解比较简单?

抽学生回答,教师点评。

(4)选择合适的方法解方程组:

①$\begin{cases}x+3y=6\\x-y=2\end{cases}$　②$\begin{cases}x+y=3\\2(x+y)-3y=6\end{cases}$　③$\begin{cases}2(x+y)-(x-y)=2\\(x+y)+2(x-y)=6\end{cases}$

④$\begin{cases}2x+3y=10\\3x+2y=5\end{cases}$　⑤$\begin{cases}\dfrac{x+y}{2}+\dfrac{x-y}{3}=6\\2(x+y)-3(x-y)=24\end{cases}$

先抽3个学生在黑板上解方程,其他学生在练习本上练习,然后师生一起评讲。第2小题和第3小题可用一般方法解答,也可以用整体思想解答。其中,第3小题和第5小题也可以用换元法求解。

问题3:这节课你学到了什么?

二、二元一次方程组的解法(二)

案例2:具体的教学过程介绍如下。

问题1:下列两个方程是什么方程?(学生回答)

$x=2y$,$2x+3y=7$

(1)$\begin{cases}x=2y\\2x+3y=7\end{cases}$　(2)$\begin{cases}2x+3y=7\\2x-3y=1\end{cases}$

抽学生在黑板上解方程,之后请学生讲解解题思路。

问题2:不解方程组,判断下列方程组用什么方法解比较简单。

(1)$\begin{cases}y=2x-1\\5x-3y=7\end{cases}$　(2)$\begin{cases}2s-3t=1\\2s+3t=7\end{cases}$　(3)$\begin{cases}5m+2n=25\\3m+4n=15\end{cases}$

(4)$\begin{cases}2x+3y=3\\3x+2y=12\end{cases}$

小题交流后请小组的代表发言。针对第2小题，方法一：用加法，将两方程相加消去t，求出s，两方程相减，消去s求出t。方法二：将其中一个方程转化为$2s=1+3t$，或$3t=2s-1$，然后整体代入求值。针对第3小题，方法一：可将第1个方程乘以2减去第2个方程求出m，然后求出n。方法二：用整体思想解答。方法三：消常数法。针对第4小题，方法一：利用常规法解方程组。方法二：将两方程相加除以5，可得到$x+y=3$，再将两方程相减，可得到$x-y=9$，然后利用加减法求出方程组的解。方法三：消常数法。方法四：常数代入法等。

问题3：选择合适的方法解下列方程组。

(1)$\begin{cases} y = 2x - 1 \\ 5x - 3y = 7 \end{cases}$　　(2)$\begin{cases} 2x + 3y = 3 \\ 3x + 2y = 12 \end{cases}$

两名学生在黑板上做，做好之后学生讲解，教师点评。

问题4：解方程组。

(1)$\begin{cases} 2(x + y) - (x - y) = 3 \\ (x + y) - 2(x - y) = 1 \end{cases}$　　(2)$\begin{cases} \dfrac{x}{3} = \dfrac{y}{4} \\ 2(x + y) - 3(2y - 3x) = 34 \end{cases}$

学生先各自练习，再进行小组交流讨论，然后请小组展示，最后请其他小组补充发言。

三、综合评析

由此可以看出，这是两个教学内容相同，但教学理念存在差异的案例。

案例1的教学流程是：教师直接总结归纳解二元一次方程组的方法，再让学生用两种不同的方法解方程组$\begin{cases} x - y = 1 \\ x + 2y = 4 \end{cases}$，学生在黑板上展示，教师点评后，学生练习用合适的方法解方程组，然后师生一起评讲，最后归纳总结。

案例2的教学流程是：教师通过举例，引导学生复习二元一次方程及二元一次方程组的定义，让学生解方程组并讲解解题思路及方法，总结归纳两种消元法的解题关键；再让小组讨论方程组的解法，然后请小组代表发言，其他小组补充发言，然后让每一个学生动手解方程组，再组织学生组内交流后进行展示，请用不同方法的小组进行补充，最后教师进行解法指导。

案例1的课堂教学中，教师讲得多，对知识的传授注重学生练习、学生展示，充分发挥了学生的主体作用，题型的设置由简单到复杂，有一定的梯度，但让学生自主思考的空间不够，学生主动参与的积极性不高，因此学生对解题技巧还有所欠缺。

案例2的课堂教学是以学生为主体，教师把课堂还给学生，对知识的传授注重了二元一次方程组的基本解法，同时拓展了二元一次方程组的解法，利用整体代入法、整体换元法及常数消元法，将复杂的问题简单化，从而达到了梳理知识，提升能力水平的效果，学生在学习知识时逐渐“爬坡”，题目由简到难，层层递进，力求各个阶段的学生都能掌握知识。教师在教学过程中为学生提供了充分的探索空间，注重引导学生独立思考，小组交流，创设民主、宽松、和谐的课堂气氛，让学生在活动中获取知识的同时，也学会数学的思想方法，提升学生的综合素质和自主学习的能力。

平行四边形的判定

——三角形的中位线

旺苍县七一中学 ○ 胡琼芳

一、教学目标

（一）知识与能力

1.理解三角形中位线的概念，掌握它的性质。

2.能较熟练地应用三角形中位线性质进行有关的证明和计算。

（二）过程与方法

经历探索、猜想、证明的过程，进一步发展推理论证的能力。

（三）情感与态度

能运用综合法证明有关三角形中位线性质的结论，理解在证明过程中所运用的归纳、类比、转化等思想方法。

二、重点、难点

1.重点：掌握和运用三角形中位线的性质。

2.难点：三角形中位线性质的证明（辅助线的添加方法）。

三、教学过程

(一)情境引入

如图1所示,A、B两点被池塘隔开,现在要测量出A、B两点间的距离,但又无法直接去测量,该怎么办呢?

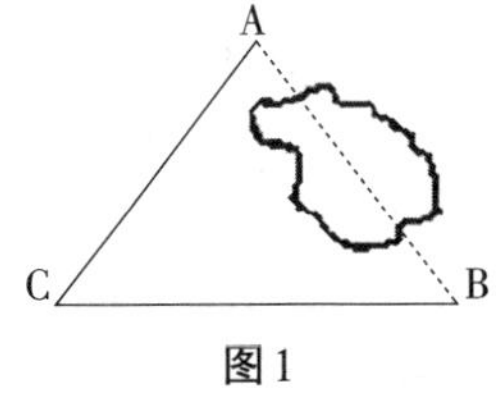

图1

(二)问题探究

活动一:

(1)自学教材第47页至第48页的内容,弄清楚中位线的概念。

(2)展示中位线的概念(引入课题)。

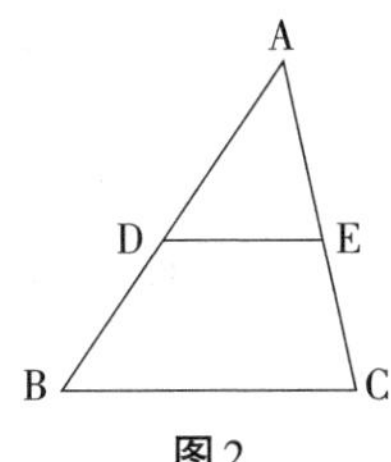

图2

活动二:探究三角形中位线的性质

1.让学生猜想DE与BC的关系。

(1)剪一个三角形,记为△ABC。沿△ABC的中位线DE剪开,分成一个三角形和一个梯形,你能拼成一个怎样的四边形?

(2)你能用说理的方法来验证它们之间的这种关系吗?

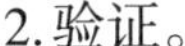

2.验证。

如图2所示,点D、E分别为△ABC边AB、AC的中点,求证:DE∥BC且DE=$\frac{1}{2}$BC。

分析:所证明的结论既有平行关系,又有数量关系,联想已学过的知识,可以把要证明的内容转化到一个平行四边形中,利用平行四边形的对边平行且相等的性质来证明结论成立,从而使问题得到解决,这就需要添加适当的辅助线来构造平行四边形。

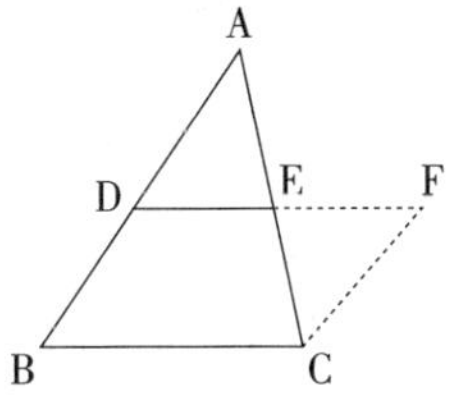

方法1:如图3所示,延长DE到F,使EF=DE,连接CF,由△ADE≌△CFE,可得AD∥FC,且AD=FC,因此有BD∥FC,BD=FC。所以四边形BCFD是平行四边形。所以DF∥BC,DF=BC。因为DE=$\frac{1}{2}$DF,所以DE∥BC且DE=$\frac{1}{2}$BC。(也可以过点C作CF∥AB交DE的延长线于F点,证明方法与上面大体相同。)

图3

方法2：如图4所示，延长DE到F，使EF=DE，连接CF、CD和AF，又AE=EC，所以四边形ADCF是平行四边形。所以AD∥FC，且AD=FC。因为AD=BD，所以BD∥FC，且BD=FC。所以四边形ADCF是平行四边形。所以DF∥BC，且DF=BC。因为DE=$\frac{1}{2}$DF，所以DE∥BC且DE=$\frac{1}{2}$BC。

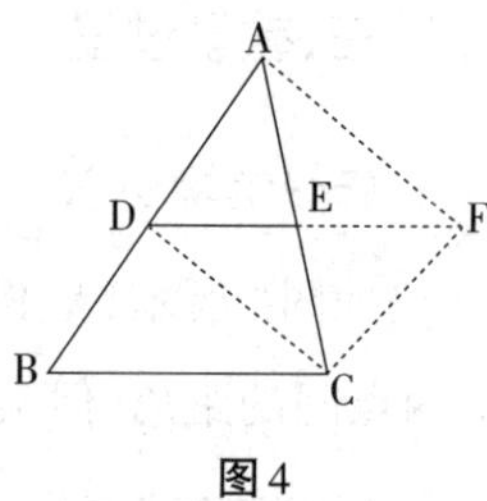

图4

3. 总结三角形中位线定理。

让学生总结三角形的中位线定理：三角形的中位线平行于第三边，且等于第三边的一半，并思考如下问题：

（1）①一个三角形的中位线一共有几条？②三角形的中位线与中线有什么区别？

（2）三角形的中位线与第三边有怎样的关系？①一个三角形的中位线共有三条；三角形的中位线与中线的区别主要是线段的端点不同：中位线是中点与中点的连线；中线是顶点与对边中点的连线。②三角形的中位线与第三边的关系：三角形的中位线平行于底边，且等于第三边的一半。

（3）被三条中位线分割的三角形与原三角形的周长、面积有什么关系？

（三）练一练

1. 如图5所示，在△ABC中，DE是中位线，那么：

（1）∠ADE=60°，则∠B=________；

（2）若BC =8 cm，则DE=________cm。

2. 已知三角形三边长分别为6、8、10，连接各边中点所成三角形的周长为____________________。

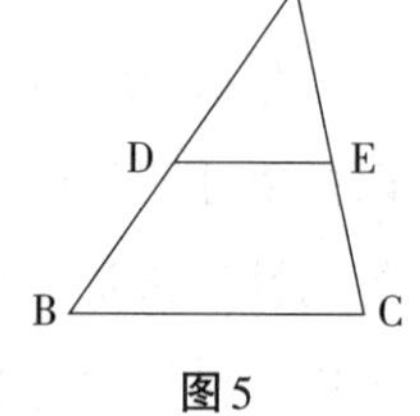

图5

（四）知识应用

已知：如图6所示，在四边形ABCD中，E、F、G、H分别是AB、BC、CD、DA的中点。

求证：四边形EFGH是平行四边形。

分析：因为已知点E、F、G、H分别是线段的中点，可以设法应用三角形中位线性质找到四边形EFGH的边之间的关系。由于四边形的对角线可以把四边形分成两个三角形，所以添加辅助线，连接AC或BD，构造“三角形中位线”的基本图形后，此题便可得证。

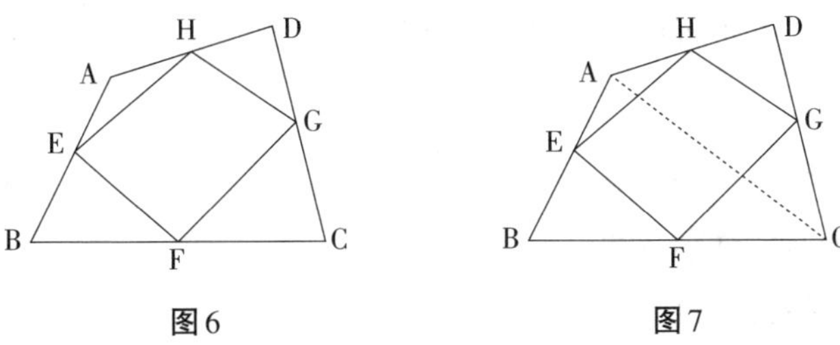

图6　　　　图7

证明：如图7所示，连接AC，△DAC中，

∵ AH=HD，CG=GD，

∴ HG∥AC，HG=$\frac{1}{2}$AC（三角形中位线性质）。

同理EF∥AC，EF=$\frac{1}{2}$AC。

∴ HG∥EF，且HG=EF。

∴ 四边形EFGH是平行四边形。

此题可得结论：顺次连接四边形四条边的中点，所得的四边形是平行四边形。

（五）学以致用

1.已知：如图8所示，△ABC的中线BD、CE交于点O，F、G分别是OB、OC的中点。求证：四边形DEFG是平行四边形。

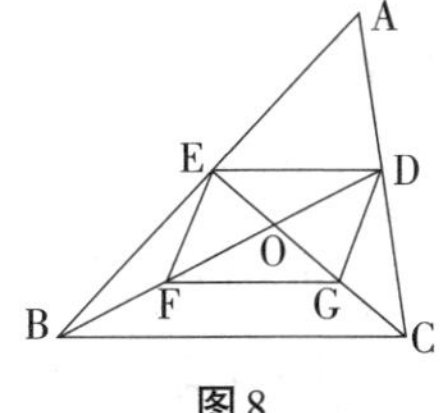

图8

2.已知：如图9所示，在四边形ABCD中，点P是对角线BD的中点，点E、F分别是AB、CD的中点，AD = BC，∠PEF = 30°，则∠PFE的度数是（　　）。

A.15°　　B.20°　　C.25°　　D.30°

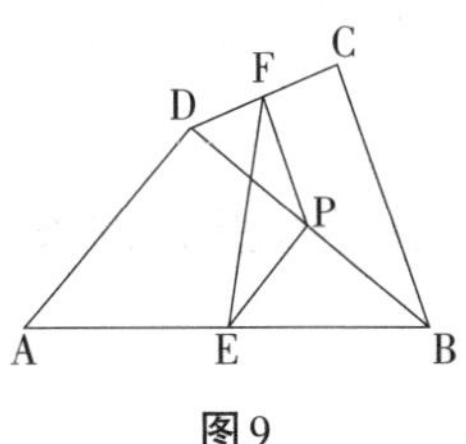

图9

3.已知：如图10所示，在长方形ABCD中，R、P分别是DC、BC上的点，E、F分别是AP、RP的中点，当P在BC上从B向C移动而R不动时，下列结论成立的是(　　)。

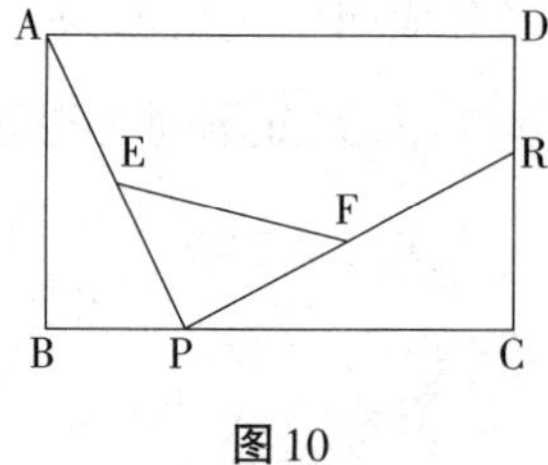

图10

A.线段EF的长逐渐增大

B.线段EF的长逐渐减小

C.线段EF的长不改变

D.线段EF的长先增大后减小

(六)拓展延伸

已知：如图11所示，△ABC的周长为a，面积为S，连接各边中点得$\triangle A_1B_1C_1$，再连接$\triangle A_1B_1C_1$各边中点得$\triangle A_2B_2C_2$…则

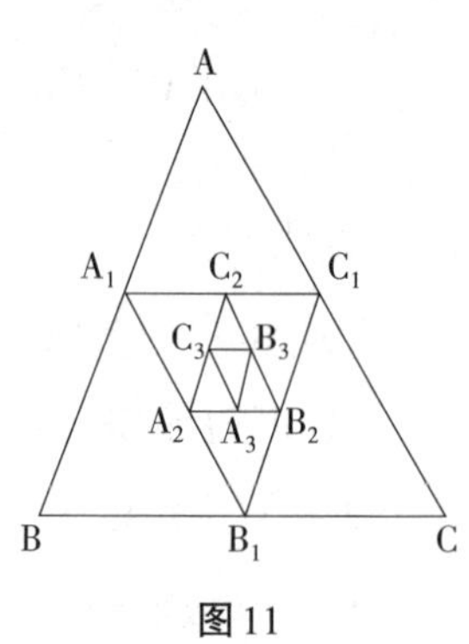

图11

第1次连接所得$\triangle A_1B_1C_1$的周长=______，面积=______；

第2次连接所得$\triangle A_2B_2C_2$的周长=______，面积=______；

第3次连接所得$\triangle A_3B_3C_3$的周长=______，面积=______；

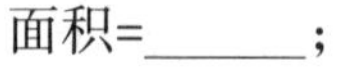

…

第n次连接所得$\triangle A_nB_nC_n$的周长=______，面积=______。

(七)课堂小结

这节课你有什么收获？

(1)三角形的中位线是三角形中重要的线段，它与三角形的中线不同。

(2)三角形中位线定理是三角形的一个重要定理。

注意定理的条件、结论，结论有两个，具体应用时，可视具体情况选用其中一个关系或两个关系，熟悉三角形中位线所在的图形结构，适当地构造三角形的中位线定理的条件是用好定理的关键。

同课异构促教研　同行切磋助成长

——广元市杨小芳名师工作室送教曾家中学活动纪实

广元市朝天区曾家初级中学 ○ 石晓艳

为实现城乡教育资源互补，增进城乡教师的相互学习，2017年9月13日至14日，广元市零八一中学杨小芳名师团队，在胡满金校长的带领下，带着课改成果和课改理念走进曾家中学，为朝天区数学教师送上了两节精彩纷呈的数学示范课。

胡满金校长做了“开启爱心和智慧的教育”专题讲座，详细介绍了智慧课堂的五大特点：一是尊重学生学习的主体地位与主动精神，使学生能够根据自己的节奏安排学习进度，并回顾学习过程，反思自己的学习；二是提升学生在课堂内外的思考力，致力于开发学生的创造潜能，使课堂时间的利用更加有效；三是

及时洞察学生的学习困难及其学习风格,因材施教;四是提供直观的、丰富的学习素材,拓展学生的视野;五是以"三人行"互助组建设为基础,建立评价与激励机制,增强学生的学习内驱力。

他提出了爱心与智慧教育的学生目标:学生由接受知识的容器变为有自主人格的人;由对知识的背记变为对规律的总结、内化;由内向羞涩变为勇敢大方;由自私变为公益;由享受变为感恩。

此次活动采用"同课异构"的方式,其中两位教师执教八年级数学"多边形的内角和",另外两位教师执教九年级数学"圆"。教师根据自己不同的生活经历、知识背景、情感体验建构出意义不同的设计,呈现出不同的教学风格的课堂,赋予静态教材鲜活的生命力,塑造了各具特色的创造性课堂教学模式,可谓异彩纷呈,为曾家中学校园增添了别样的韵智。

广元市名师杨小芳老师执教八年级数学"多边形的内角和"。她从生活实

际引入课题，采用“三人行”学习小组进行教学，通过小组合作探究、互帮互助，推导出了多边形的内角和公式。她和蔼可亲、循循善诱的教态，严谨的教学风格，巧妙的教学方法，灵活的应变能力，扎实的基本功等，得到了听课领导和教师的普遍称赞。

广元市名师张波老师风趣幽默的讲课方式让几何图形都活起来了。张老师引导学生大胆猜想，通过添加辅助线将多边形转化成了三角形，从而得出多边形的内角和。

杨小芳工作室成员杨建蓉老师执教九年级数学“圆”。“圆的认识”是一节概念课，她采用“三人行”学习合作模式，大胆放手让学生自己去“探”。她以剪的圆形为素材，用尺子和圆规为研究工具，有目的、有意识地安排学生用量一量、折一折、画一画的方法合作探究圆心、直径、半径之间的关系。她用迥异的教学风格、灵活多样的教学手段，营造出了快乐和谐的课堂氛围！

付兴军老师执教九年级数学“圆”。他让学生切身经历了“做数学”的全过程，感受到了学习数学的快乐。教学设计体现了新课程的理念，通过“观察—操作—体会”来获取知识，遵循数学来源于生活，又应用于数学，高于生活的理念。

赵小芳老师就这两堂课的设计理念做了说明：“这两堂课是‘三五模式’下的两堂课，是有丰厚的理论与实践做支撑的。一是我们只教学生不懂的知识；二是我们除了传授文化知识，还考虑到学生未来的长期发展，让学生自己去操作、去表达，促进学生隐性能力的发展；三是在教学中让学生学会欣赏、学会合作。”

主持人石晓艳点评四节课例："'三人行'小组这样的教学模式，真是教学的创新，课改成功的典范。"她指出了四节示范课在以下四个方面具有的闪光点：一是在创设情境和概念教学上；二是在教学目标的确立和重难点突破上；三是在学以致用上；四是在教学过程中。当然，也有欠缺之处：一是应强化概念的区分和表示方法；二是教学概念多，应给学生留足够的时间去消化和吸收。

朝天教研室主任李正生对广元市零八一中学两位教师的精彩献课有很深的感悟："一是鼓励学生自主学习，先学后教，充分体现学生的主体地位；二是小组合作学习，同伴互助，特别是'三人行'互助小组，各有分工，相互协作，每个学生都能够动起来，是小组合作学习的典范；三是落实'四基'，尤其是数学思维方

法的渗透,除了关注数学本身外,更关注数学以外的因素,既注重学生思维能力的训练,也注重学生非智力因素的培养;四是教师很好地利用了课堂评价,激励学生主动学习;五是课堂拓展既有深度,又有广度,忠实于教材而又不拘泥于教材,举一反三,触类旁通。”

广元市师培中心主任程勇讲话:“我们要找最好的方法,既改善思考又要善于实践,我们要搭建交流平台,更多交流、更多探讨;带去新的理念和模式,并共同学习和提高!”

本次活动得到了广元市教育局、广元市师培中心和朝天区教科局的大力支持,市师培中心主任程勇对本次活动给予了高度的评价,他希望名师工作室的成员,要立足于学校和教学第一线,不断提高自身素质,不断探索和勇于创新,多交流、多学习,争做广元市“本土”专家,他更希望把广元市零八一中学的“三五模式”“三人行小组”课改理念和课改成果,在全市范围内推广!

关于"农村高中学校研学旅行与地理教学的融合研究"的课题研究实施方案

四川省剑阁中学 ○ 刘绍志 梁艳芳 吴昱璇

一、课题背景和意义

(一)理论依据

1.《基础教育课程改革纲要(试行)》

(1)课程改革的目标:基础教育课程改革要以邓小平同志关于"教育要面向现代化、面向世界、面向未来"的重要思想为指导,全面贯彻党的教育方针,全面推进素质教育。新课程的培养目标应体现时代要求。

(2)基础教育课程改革的具体目标:改变课程内容"难、繁、偏、旧"和过于注重书本知识的现状,加强课程内容与学生生活及现代社会和科技发展的联系,关注学生的学习兴趣和经验,课程注重学生终身学习必备的基础知识和技能。

2.《普通高中地理课程标准》(实验)

(1)课程的基本理念:高中地理课程基本理念倡导"提供现代公民必备的地理知识,增强学生地理学习能力和生存能力。关注人口、资源、环境和区域发展等基本问题,以利于学生正确认识人与地理的关系,形成可持续发展的观念"。

(2)普通高中地理课程内容标准:专门有地理野外实习模块,包括考察工具的应用,野外观察、发现与欣赏,野外地理信息获取与样品采集,考察报告撰写与交流。旨在通过实践训练,提升学生使用各种工具获取野外地理信息,观察、发现、提出并获得证据,分析论证地理科学问题的能力,培养欣赏大自然的情趣。

(二)学校情况

四川省剑阁中学地处剑阁县普安镇,是一所有着千年文化底蕴的古老学府,其历史可追溯到唐代的"东园",宋代的学宫、隆庆府学,明代的兼山书院,再到清末的剑阁高等小学堂和民国时期的剑阁县立初级中学。1982年,被四川省人民政府命名为首批省属重点高中。目前学校占地面积169亩,有77个教学班。

1.现状

学校开设综合实践活动课、研究性学习课,开展多种社团活动,提高了学生的动手能力。学生社会责任感强,毕业离校后融入社会生活快,同时,每年高考有多名学子考入全国多所知名大学。近三年来,学生在省、市、县各类竞赛中多次获奖。

2.存在的问题

(1)教学资源匮乏。

(2)学生性格内向,缺乏自主学习能力。

(3)农村教师的综合教学能力不强。

3.成因剖析

(1)学校是学生接受系统性学习的地方,学校教学资源的丰富性在一定程度上决定了学生学习的范围和视野。高中地理学科的教学会涉及地理模型、地理挂图、地球仪、幻灯机、投影仪和影像资料等教学设备与资源,但就目前农村地区的教学资源现状而言,以教育部颁发的《高中地理教学仪器配备要求》中的必配要求为标准,学校现有的地理教学仪器配备尚未达到标准要求,仅有一些最常规的地理教学仪器设备。

(2)基于对农村生活条件的考虑,加之长期受到一些历史文化的影响,大部分农村地区学生的性格都比较内向,主要表现就是自主学习能力差。在性格的影响下,学生缺乏勇气和信心与同学展开讨论,或者大胆地向教师请教,导致学习视野愈加狭窄,长此以往还容易产生厌学情绪。对教师而言,他们在教学的互动环节难以及时了解学生的内心想法和学习情况,无法展开具有针对性的教学措施。

(3)地理学科在农村地区始终被视为副科,对地理教学的重视度不够,而在师资力量的建设方面也较欠缺。一方面,农村学校对地理教师的不重视导致缺乏专门针对地理学科的专业能力培训,加之大部分地理教师的学历偏低,且呈现老龄化发展的趋势,所以农村地区的地理教学水平始终较低。另一方面,尽管每年都有一些师范专业毕业的年轻教师扎根到农村学校,但是由于农村地区教师资源的紧缺,“一师多教”的现象普遍,导致教学效果不佳。

(三)课题意义

这是新课程改革的需要,是实施素质教育的要求,也是高中地理课程开发的需要。

(1)理论意义。研学旅行作为地理课堂教学的补充,这种实践教学形式的研究和探讨,有利于地理教师从宏观上将其与地理教学相结合,在一定程度上丰富地理教学形式,激发学生学习地理的兴趣,提升教师教学效果。同时,研学旅行有利于素质教育的实施和基础教育改革的推进。作为一门新的综合实践活动课程,地理是撬动素质教育的杠杆和实施新课程改革的突破口。

(2)实践意义。科学开展研学旅行,能够巧妙地将地理课本知识与实地观察和学生体验相结合,有效地缩短课堂教学与实际生活的差距,将理论和实践巧妙结合。不仅如此,研学旅行还能加强学生与社会生活的联系,促使其积极主动地探讨问题,有利于学生多种能力的培养。有效开展研学旅行活动对于教师和学生来说,在基本素养和社会生存知识等方面具有现实的教育意义。新课标倡导学习对生活有用的地理知识,而在研学旅行中各种资料的收集、工具的使用、野外求生知识的学习,对每个人的生活都有帮助。

二、课题内容

(一)关键词的界定

研学旅行。研学旅行是面向全体中小学生,由学校组织安排,以培养中小学生的生活技能、集体观念、创新精神和实践能力为目标,通过集体旅行、集中食宿的方式开展的一种普及性教育活动,是加强和改进未成年思想道德建设的重要举措,是推动学校教育和社会实践相结合、全面推进素质教育的重要途径,研学旅行重点突出全员参与、集体活动、走出校园、实践体验。

(二)研究目标

开展研学旅行,有利于促进学生培养和践行社会主义核心价值观。激发学生对党、对国家、对人民的热爱之情;有利于推动全面实施素质教育,创新人才培养模式,引导学生主动适应社会,促进书本知识和生活经验的深度融合;有利于加快提高人民生活质量,满足学生日益增长的旅游需求,培养学生文明旅游的意识,养成文明旅游的行为习惯。

(三)研究内容

(1)高中地理研学旅行的设计应遵循的原则:①安全性原则和就近原则;②三维目标统一原则;③学生为主、教师为辅原则;④趣味性原则。

(2)高中地理研学旅行内容的选择依据:①立足课程标准;②立足地理教材;③立足乡土地理;④立足学科交叉。

(3)高中地理研学旅行的内容框架:①研学旅行主题与研学课题;②研学旅行教学目标与教学方法;③研学旅行具体内容与线路选择;④研学旅行组织方式和活动形式;⑤研学旅行准备工作与注意事项;⑥研学旅行总结与成绩评定。

(四)研究的创新点

本研究旨在探索一套适用于农村高中学校的地理研学旅行模式,摆脱现有研学旅行的形式主义,与地理的课堂教学高度融合。

三、研究方法

(1)文献法。收集相关的文献资料和研究成果,进行比较、筛选、吸收和运用,结合本课题进行创新。

(2)访谈法。利用课余时间对部分学生进行访谈,和他们讨论研学旅行对高中地理课的影响,以及怎样合理地研学旅行,并将其与地理教学相结合。

(3)调查法。采用不同方法和不同规模的调查法,针对相关问题制订调查方法。比如,问卷调查法,对不同年级的学生,对症下药,调查与本课题相关的问题。

四、研究设计

(一)高中地理研学旅行设计应遵循的原则

(1)安全性原则和就近原则。研学旅行活动的设计,安全是第一位的,是活动顺利有效开展的保障，也是研学旅行活动得到家长、社会认可的必备前提。在具体设计时应该从学生、教师的安全角度考虑，选择具有相应资质的旅行机构，参观一些发展相对成熟的研学旅行目的地和青少年教育实习基地。考虑到经费问题及切实可行的原则，地理研学旅行的目的地可以就近选择，选取在学校周边较为熟悉的地方开展，学习身边的地理知识，这也体现了国家政策中对乡土乡情的要求。充分利用乡土地理资源优势，提高开展研学旅行的可行性。

(2)三维目标统一原则。课程的实施应严格遵循国家的教育方针、课程标准和心理学教育学规律。地理教师应熟悉教材编写意图和背景，熟悉课标中要求达到的层次目标，以便更好地开展教学工作。地理研学旅行是地理课外活动的一种，研学旅行的开展可以归为实践活动教学。

(3)学生为主、教师为辅原则。在研学旅行方案设计时，应该对学生和教师的角色进行明确定位。学生在活动中扮演什么样的角色，教师在活动中又该发挥怎样的作用是活动设计伊始需要考虑的问题。学生是主体，教师是辅导者。活动的设计应体现学生的主体地位，教师只是起到组织、点拨、监督导向的作用。毕竟研学旅行的开展是为了培养学生的实践能力和创新精神，学生应该是舞台中央的表演者，教师只能站在幕后进行必要指导。

(4)趣味性原则。面向中小学生的研学旅行活动与面向大众的旅游活动具有截然不同的内涵，因而在其形式的设计上也应该区别对待。地理研学旅行的方案设计要体现研学和地理的特性，而不是一般意义上的旅游线路设计。针对高中生这一特殊群体，其学业压力较重，走出校门的机会不多，对外界又充满好奇，接受新鲜事物的能力较强，研学旅行方案设计还要体现趣味性。所谓趣味性，就是要让学生感觉到这次旅行有意义，能够对其内容产生兴趣。所以，在研学旅行设计时，应该加入一些趣味性元素，让大多数学生都能感觉到有意思，有探究和思考的机会，有动手动脑的机会，有与课堂学习完全不同的感觉。只有这样，学生对研学旅行才能充满期待，教师才能寓教于游，学生才能寓学于游，在旅行中有所收获。

(二)高中地理研学旅行的内容选择依据

(1)立足地理课程标准。高中地理课程标准是开展高中地理教育教学活动的主要依据。虽然现行的高中地理课标中没有明确提到“地理研学旅行”一词，但是在课标的“活动建议”中多次提到“组织参观”“开展野外旅行考察”等。在课标的“课程资源的开发与利用”中明确提出学校要“积极建设学校地理课程资源库”“充分利用学校地理课程资源”“合理开发校外地理课程资源”。要组织和引导学生走进大自然,参与社会实践,开展参观、调查、考察、旅行等活动。这就为我们开展地理研学旅行提供了方向和参考依据。教师在教学实施过程中,可根据当地和所在学校条件及学生的实际拓宽思路,进行创造性活动,组织学生参加更多有意义的地理研学旅行活动。依据地理课标开展地理研学旅行,有利于将现行教材中的理论内容与实践相结合,将教师课堂教学内容与课外活动相结合,有利于加深学生对地理知识的深入理解和全局把握,体现地理的实用价值,真正落实“学习对生活有用的地理知识”这一理念。另外,在2015年12月华东师范大学段玉山老师的讲座“地理课程改革与地理核心素养”中展示的新修订的《高中地理课程标准过程稿》中明确提出“提高地理实践力”的要求。新修订的高中地理课程标准中提到新的地理教材中即将加入一门地理选修课“地理野外考察”,以此来提高学生的地理实践力,主要包括户外考察、人文调查、地理模拟实验的行动力和意识等。一是要会设计行动方案,二是要会使用资料、工具,三是要会获取、分析数据和解决问题。虽然目前应试教育的观念没有根本转变,校长保护学生的思想盛行,家长对学校组织的外出旅行存在各种担心,但是作为地理学科,从学科特性的角度来看,提高地理实践力的要求势在必行。可见,开展地理研学旅行不仅是学科性质和基础教育课程改革的要求,也是时代的需求。

(2)立足地理教材。地理教材是地理教师参与确定研学主题、开展研学活动最直接、最便利的第一手资料。基于对地理学科开展研学旅行的了解,目前一些学校开展地理研学旅行大多依托地理教材,根据教学内容和进度,首先考虑将地理教学中涉及的内容确定为研学旅行的主题。更进一步地说,教师应该在熟练掌握地理课标对教学目标要求的基础上,根据教学重难点,有所侧重地选择内容来开展地理研学旅行。尽可能选取那些在课堂教学过程中比较抽象、难以理解、学生学习有困难的、需要借助实地考察和体验来感知的地理原理和知识作为研学旅行的内容,学生能通过实地观察、考察、参观来体验和建构相应的地理知识。比如,山地的形成、河流地貌的发育等。所有教学活动都是以课程标准为依据展开的，包括教材的编写、课程的选择、活动的安排等，课程目标处于核心地位。所以在进行教学活动前，教师应先把地理课程标准研究透彻，然后根据地理教材内容的特点，确定研学旅行主题。地理教材中并不是所有内容都需要用研学旅行的方式去教和学。

(3)立足乡土地理。学生生活的地方通常也是学生最为熟悉的地方，通过乡土地理资源开展研学旅行，不仅能够将地理课程资源多元化，还能使学生学习身边的地理，落实新课程中“学习对生活有用的地理”的理念，加深对家乡的了解。利用乡土地理资源开展研学旅行，还能增加计划的可行性，减少对人财物的投入。

(4)立足学科交叉。地理学科是一门文理交叉的综合性学科，地理研学旅行内容的选取可以从地理与其他学科的相互关系入手，开展一些体现学科交叉融合的综合性活动。如在学习必修三“地理环境对区域发展的影响”时，可以就某一典型地区开展研学旅行的考察，不仅要考虑地理因素，还要考虑不同时期和阶段该地区的历史原因。同时，在研学旅行过程中会遇到各种问题，学生不仅要运用相关地理知识，而且要结合其他学科知识来解决问题。因此，研学旅行的开展不仅可以扩展学生的知识面，拓宽视野，还能起到间接培养学生地理技能的多元智能作用，促进学生全面发展。

(三)高中地理研学旅行的内容框架

研学旅行方案是顺利有效开展研学旅行的前提，对研学旅行过程起着指导作用。因此，设计一份切实可行、系统科学的研学旅行方案至关重要。

(1)研学旅行主题与研学课题。主题的设计是研学旅行方案设计的第一步，主题表明本次研学旅行主要涉及教材中哪些知识模块，着力解决什么问题。主题的设计要鲜明、切题，能够体现教材和课标的精神。更进一步地说明，主题应该来源于教材内容和相应的知识模块，或者是在教材内容、课标要求、重难点分析的基础上，联系客观实际和学生兴趣，为解决课堂教学遗留的问题而设计。研学旅行主题的选择和确立过程本身也可以看作研学旅行活动的一个方面，需要师生共同参与解决。研究课题指教师或活动组织人员在研学旅行活动进行前，根据教学需要和研学旅行目的地的实际情况，在研学旅行方案设计中纳入几个供学生探究和解决的具体问题，该问题可大可小，但应具有一定的探究价值和可操作性，是学生在旅行过程中需要研究和学习的问题，研究课题的设置应该与研学旅行的主题和目的地的选取具有高度一致性。

(2)研学旅行教学目标与教学方法。研学旅行的开展应该遵循课程性原则，它是一种课外实践教学形式，具有教育性，因此也应该确立自身的教学目标和任务。课外实践活动的教学目标和课内教学目标如出一辙，也可以从三个方面来分析：知识与能力、过程与方法、情感态度与价值观。与课堂教学相比，在课外实践活动教学中，教师也应该采用一定的方法来促进问题的解决和教学目标的达成，为学生学习活动的展开提供必要的指导。例如，可采用“自主探究法”“小组合作讨论”“问答法”等方法。

(3)研学旅行的具体内容与线路选择。关于地理研学旅行的内容，也就是针对需要研究的课题，在旅行中要去什么地方、做哪些事、考察什么、开展什么活动等，此部分内容主要从三个方面来分析。

①地理教材中涉及的内容。这一部分主要是指所涉及的地理教材和室内课堂教学中没有解决的内容。例如，本次是就“必修一”开展的以自然地理环境考察为主题的研学旅行活动，那么涉及的课本内容就有人教版必修一第四章第一节“营造地表形态的力量”、第二节“山地的形成”、第三节“河流地貌的发育”等。

②研学旅行目的地实际考察的内容。这里指的是为了配合解决教材及课堂教学中的问题和研究课题的实施，在研学旅行目的地所开展的具体考察内容，包括考察点、考察路线、考察目的等。

③研学旅行线路选择。一方面，由于野外考察的环境比较陌生、面积较大，所处环境比较复杂，研学旅行应该遵循“点线面”的地理考察方法，首先应该确定典型的考察点，然后将考察点相互连接形成研学旅行考察线路，最后由旅行考察线路形成旅行考察网络。另一方面，综合考虑多种原因，研学旅行线路的选择应该经济、可行、安全，具有针对性，有利于研学目标的达成和研学课题的完成。

(4)研学旅行组织方式与活动形式。组织方式指的是如何组织学生及如何到达研学旅行目的地。中小学生的研学旅行，通常遵循自愿原则，以班级和年级为单位，由指导教师带队(由各班班主任及相关任课教师组成)，事先联络研学旅行目的地或基地，教师预先考察后组织学生前往。远距离的研学旅行活动，通常由旅行社组织前往，旅行社统一安排食宿及交通。

活动形式指的是到达研学旅行目的地后，学生如何考察和参观，是单独自由地活动还是以团体形式有组织和纪律地活动。通常应该采取事前分组的形式，确定每个小组的负责人和带队教师。在实际活动过程中，采取班级成员内分组实施的形式开展，这样既便于小组合作讨论学习，又便于管理，确保研学的安全性。

(5)研学旅行准备工作与注意事项。准备工作主要从两方面来准备：首先是物质准备，要有当地的地图、地形图、景区导游图等，要考虑带哪些仪器和工具，比如GPS、铅笔、野外考察记录本等，可根据研学旅行的具体任务来准备。其次是精神准备，比如事先对研学旅行目的地的自然环境、社会文化要有所了解，端正研学旅行态度，做好吃苦耐劳、跋山涉水和克服困难的心理准备。毕竟，课外实践活动相对于课内教学而言，具有一定的变动性和复杂性。

研学旅行的安全性是第一位的，根据研学旅行的目的地和考察内容，制订相应的应急预案，对确保师生生命财产安全至关重要，也是确保研学旅行活动长久推行下去的必备条件。

注意事项包括两方面：一是研学旅行活动中为达到地理教育教学目标、顺利开展研学旅行活动而提出的教学要求，比如对学生的纪律、组织要求和学习过程的要求；二是在活动中为保障人身安全而提出的安全文明要求，如严禁嬉戏打闹、不破坏公物、不招惹无关人员、不随意单独活动，有特殊情况要向带队指导老师请示汇报等。

(6)研学旅行总结与成绩评定。学校或教师可按照一定的规格和标准制订“高中地理学科研学旅行考察报告”，也可对学生提出具体的标准和要求，让其自行准备写作本，填写考察的内容、感悟及研学旅行考察过程，以此对研学旅行活动进行总结，提高情感认识，提出下次活动的建议意见等，为以后研学旅行活动的开展做准备。

为了量化教师的教学效果和学生在旅行过程中的表现情况，可制订“学生地理研学旅行评价量表”。该表的制订可以采用满分十分制或百分制，可确定一些评价指标，根据学生在活动中的表现，通过学生自评、小组互评、指导教师评价的形式，确定学生在研学旅行活动中的最终成绩。

(四)研究阶段

1.准备阶段(2019年2月至3月)

阅读学习《普通高中地理课程标准》,认真梳理教学内容,分析教学方法,经过观察和研究,确立研究对象,制订研究课题,并申请立项。

2.实施阶段(2019年5月至10月)

收集有关教学文献资料,作为课题实施的参考材料,启动课题研究,按制订的研究方案,有计划、有步骤地实施,完成本阶段研究目标。

3.总结阶段(2019年11月至2020年2月)

以课题研究结果为标准,对课题研究获得的材料进行科学的分析、总结和归纳,汇编整理,形成课题结题报告,申请结题。

五、研究意义

研学旅行向学生提供了"游中学"与"做中学"的机会,尤其是在价值观的树立上,使学生既要在情感上认同,又要在思想行为上自觉践行,即"内化于心,外化于行"。

研学旅行有利于培养学生的爱国主义情怀。在研学旅行的过程中,学生可以通过走访名山大川、朝拜革命圣地、亲临改革开放现场等方式,深入了解我国的优秀传统文化,感悟革命先驱舍身献国的大无畏精神,体验改革开放以来所取得的丰功伟业,增强对国家的认同感与自豪感。

以"红色研学旅行"为例,江西东固红色旅游景区推出"行走三千年,感悟东井冈"红色研学之旅、"六个一"红色研学青原课程(行走一段正气街、拉练一条行军路、体验一次农务活、品味一桌状元餐、书写一帖正气歌、举办一次成长汇),有利于引导学生树立爱国主义与革命理想,传承革命文化,并取得良好效果。

研学旅行有利于学生树立崇高理想。研学旅行有利于学生联想到自身生活、学习、社交等方面的问题,反思自我的发展情况是否与国家发展大趋势相符合,从而树立崇高理想,将个人的奋斗志向与国家民族的前途命运紧紧相连,将实现自身价值与服务祖国人民相统一,将个人理想与中国特色社会主义共同理想相结合,坚持崇高理想和艰苦奋斗的统一,努力创造精彩人生。

研学旅行有利于培养学生的社会责任感。目前,学生的学习生活几乎是在校内进行的,远离真实的社会生活,缺乏对社会的责任感。开展研学旅行,可以让学生了解社会之复杂,体验生活之不易,感恩父母之伟大;可以使学生意识到自身的重大责任,回报社会与父母的培育之情,成为一名有责任、有担当的青年。

研学旅行有利于培养学生团结互助、吃苦耐劳、勇敢果断等良好品德。学生集体外出、集体食宿与集体活动,有助于培养学生的良好行为习惯、集体主义与团结精神。尤其是旅行中的劳动教育,可以让学生真正地“动手做”。同时,活动过程中会出现许多意外情况,这就需要学生有安全意识与自我保护的能力,在面对意外情况时能勇敢果断地采取措施。

学生在研学旅行中能深入体验中华优秀传统文化,了解多元奇妙的风俗,这有助于培育学生的人文素养。

研学旅行有利于培养学生文明旅行的习惯。旅行活动的筹备阶段,学生会了解旅行地的相关情况,避免出现有违当地民风习俗的言行;旅行活动正在进行阶段,教师可带领学生共同学习文明旅行的知识,引导学生文明举止并互相监督,形成文明旅游的良好氛围,并鼓励学生主动与家长、朋友分享文明旅行的体验,带动家长、朋友树立文明旅行意识。

总之,“读万卷书,行万里路”。在研学旅行中,学生通过亲身体验广阔的校外生活,增长了见识,开阔了视野,获得了真切的感悟。

Chapter❺

第五章

成长案例

专项研修助成长，我思我行结硕果

广元市零八一中学 〇 何凯让

第一部分　研修概述

2017年7月14日上午8时30分，广元名师专项培养研修班在广元市实验小学学术报告厅正式成立，广元市教育局党组书记、局长杨松林在行前动员大会上做了重要讲话，拉开为期两年的研修活动的序幕。次日上午8时30分，研修班开班典礼在浙江师范大学化学与生命科学学院阶梯教室正式开始，开启了第一次研修学习。

从四川广元远赴智慧城市浙江金华，从一线教师到台下学子，我们辗转于浙江省杭州市、衢州市、绍兴市等地，完成了角色转换。我们听专家讲座，看名校风采，与精英对话，和同行交流，反思自己的工作，规划未来的路径。耳闻目睹，无不让我心潮澎湃，感触良多。前后3次集中研修，1次跟岗学习，共20多天时间，我们有幸聆听了30多个精彩的讲座，考察了10多所学校，听了20多节公开课，开展了10多次课下交流，研修活动展示的新思想、新观念、新措施、新成果、新面貌，触动心灵，催人奋进！

第二部分　研修心得摘录

每走一处，每一次学习，我都认真记录下所见所闻所感，每一次整理记录都是对所学东西的一次重温，每一次重新翻阅都在经历一次思想的洗礼和职业追求的唤醒。我想,教有法而无定法,教学也是千人千法。那么,对一线教师来说,培训的最大作用不是获得方法,也不是获得知识,而是用一种方法去激活另一种方法,用一种思想去唤醒另一种思想,唤醒教师心中爱岗敬业的意识,唤醒教师认真学习进取的愿望,唤醒教师做一个科研型教师的激情,那么,培训的真正目的就达到了,培训的长效作用就发挥出来了。

<table>
<tr><th colspan="4">学习感悟摘录1</th></tr>
<tr><td>研修日期</td><td>2017年7月16日</td><td>研修地点</td><td>浙江师范大学</td></tr>
<tr><td>专题讲座主题</td><td colspan="3">创建和谐师生关系,享受幸福教育生活</td></tr>
<tr><td>授课教师</td><td colspan="3">郑小侠</td></tr>
<tr><td colspan="4">讲座要点:
怎样建设和谐的师生关系?
1.唤醒学生。谁唤醒学生,谁就是学生心中的灯塔。
2.用心用情的班集体建设。
3.柔性教育。
4.研究应试的秘诀。
5.以全体学生为本。
6.以学生的终身发展为本。
7.教师的自我完善与心态。</td></tr>
<tr><td colspan="4">心得体会:
郑老师用大量故事给我们呈现出他倾心做班级建设与管理的过程,以及因此而收获的累累硕果和满满的幸福,带给我心灵极大的感动和启迪。
1.班主任的工作是很烦琐的,是很多教师都不愿意做,但是郑老师宁愿辞去政教处副主任的职务,专心于班主任工作。他接手的任何一个班都能迅速成为一个团结奋进、积极向上的团队,都能取得优异的成绩。用心谋事、用心做事,平凡也能造就伟大。
2.勤于思考、敢于尝试、勇于探索、乐于超越,是突破现状、摆脱平庸的秘诀。郑老师带班,对每一件事、每一个环节都不会大意,更不会敷衍,想他人未想,做他人未做,紧紧结合班级实际,认真构思、认真设计、认真组织、亲自参与。这种工作态度和作风值得我们每一个老师学习。我们上每一节课如果也能像他这样认真,学生成绩何愁不好,教师何愁不能成为名师!
3.教育、教学,重点不是“教学生”,而是“唤醒学生”。“人之初,性本善。”我们要做的就是唤醒学生本性中的“善”,从而唤醒其“善”中的自尊、自强。这就是教育的根本!</td></tr>
</table>

<table>
<tr><td colspan="4">学习感悟摘录2</td></tr>
<tr><td>研修日期</td><td>2017年11月9日</td><td>研修地点</td><td>杭州绿城育华学校</td></tr>
<tr><td>专题讲座主题</td><td colspan="3">杭州绿城育华学校深化课程改革方案</td></tr>
<tr><td>授课教师</td><td colspan="3">查品洋</td></tr>
<tr><td colspan="4">讲座要点：
1.背景：民办学校，办不一样的学校，办理想的教育。
2.动机：学校，提升核心竞争力；学生，培养六个核心力（生命成长力、公民品格力、文化鉴赏力、思维探究力、实践创新力、国际理解力）。
3.实施：
课程目标：六个核心力。
课程开发：做精核心课程，做强校本特色课程，改革特色项目课程，创新个性拓展课程。
课堂变革：课堂为课程服务，有什么样的课程就有什么样的课堂。“信息化”的数字课堂；“生本化”的拓展课堂；“走班化”的选修课堂；“小班化”的基础课堂。</td></tr>
<tr><td colspan="4">心得体会：
江浙一带的教育总是走在全国的前面，此话所言不虚。深化课程改革十几年，到今天我们还在向其学习。在课堂教学改革、校本课程开发、考试制度改革、高中“走班制”等方面，我们很少有学校做得好、做得深、做成体系。我想这是我们最应该反思的。
当然，课程改革这样的系统工程，需要一个地方的顶层设计做好，要有政策支持和资金支持，更要有一批敢做实事、能做实事的校长亲历躬行。像查校长所说的“核心基础课程（必修）70%～85%，校本特色课程（选修）15%～30%，个性拓展课程（定制）”课程体系，绝非某一所学校或某几个老师能做到的。
杭州绿城育华学校的课程改革也给我们广元名师另外一个启示，那就是不能满足于现状，要有改革创新、不断进取的意识和行为。在课程开发的大背景下，我们每一个名师其实都是可以有所作为的。在探究课堂教学改革的领域，我们更应该勇于探索，做学校的骨干，做行业的精英。</td></tr>
</table>

<table>
<tr><td colspan="4">学习感悟摘录3</td></tr>
<tr><td>研修日期</td><td>2018年3月4日</td><td>研修地点</td><td>浙江师范大学</td></tr>
<tr><td>专题讲座主题</td><td colspan="3">未来已来,将至已至</td></tr>
<tr><td>授课教师</td><td colspan="3">蒋维云</td></tr>
<tr><td colspan="4">讲座要点:
1.有什么样的思想就有什么样的行为(做一个有教育思想的老师)。
2.教育是一门技术。
3.你们是否研究过我们教的学科对学生的成长有什么影响?
4.教育的终极目标是什么?生活与人生。如果我们的教育不去关注人的生活,那就说明我们的教育出了问题。
5.教育的宗旨和使命应当是引导和教会人们去追求幸福的生活,追求高贵的生活,追求有质量的生活,追求有价值的生活,追求有意义的生活。
6.学生得有自己的思想,没有活跃的思维,没有独到的见解,学生成为学习的主体就是一句空话。
7.教师要学会和学生打交道。
8.互联网时代教育最根本的特征是从标准化的教育走向个性化的教育,从经验的教育走向实证的教育。
9.我们的困境是什么?固守原来的教学模式,接受新鲜事物能力欠缺(习题教学成为学科教学的主流,除了学科还是学科,跨界能力弱),最缺乏的是解决问题的方法。
10.我们的突破点在哪儿?借力发展(如信息技术、学科融合等),培养学科和技术融合的专门人才。</td></tr>
<tr><td colspan="4">心得体会:
蒋维云是衢州市教研室主任,虽然在一线任教时间只有5年,但快速走上全市教育科研工作领导岗位,这得益于他的专业生长,他没有满足于完成一天的工作,上上课,改改作业,得过且过。用他的话说,有什么样的思想就有什么样的行为,他是一个有思想的教师,一生践行着这句话,也成就于这句话。作为广元市政府表彰的名师,我的思想应该向两个方面延伸:一是不满足于教书的现状,将“教书”作为一项事业而不仅仅是职业,认真规划自己的人生,做一个好教师,一个称职的名师;二是不断学习当下教育发展理论,紧跟时代步伐,持之以恒地思考“教什么”和“怎么教”的问题,立足于课堂教学改革,着眼于学生核心素养发展,不断探索、不断总结、不断进取,让我教的学生因为跟我学习而自豪和幸福,因为我的教学而全面发展,获得终身受益的学习能力。</td></tr>
</table>

<table>
<tr><td colspan="4">学习感悟摘录4</td></tr>
<tr><td>研修日期</td><td>2018年11月6日</td><td>研修地点</td><td>浙江师范大学</td></tr>
<tr><td>专题讲座主题</td><td colspan="3">基于学校特色的课程规划与拓展课程建设</td></tr>
<tr><td>授课教师</td><td colspan="3">周晓燕</td></tr>
<tr><td colspan="4">讲座要点：
以浙江课改3.0时代为例，阐述了自己对课改的总体目标、主要任务、课程规划等的理解和看法。</td></tr>
<tr><td colspan="4">心得体会：
一、个人看法
1.校本课程开发有益，可行，但不是必须的。
2.如果一定要开发校本课程，则必须是立足于学校的需要和实际，突出学校特色。
3.校本课程开发唯一的目标指向应该是学生核心素养发展。
因此，校本课程开发得不好是会适得其反的。在条件不成熟或不允许的情况下，我们要努力用好国家课程。
二、心得体会
(一)被周老师大力推崇的北京十一中，校本课程开发得好，其中有几个重要因素不可忽视，这是我们不具备或学不来的。
1.北京市区的学生和家长的文化素养整体很高。
2.北京十一中的硬件设施设备一流。
3.北京十一中在开发校本课程中“下深水”的决心，成体系的设计，是一般学校无法做到的。
(二)我们应该做的是好好研究课程标准，研究教材编排思路和题例，吃透教材，因材施教，用好教材。我相信，只要是对着学生核心素养发展而实施的教学都是有效的。每一所学校，每一个老师，都要首先树立这样的思想，要有这样脚踏实地的教学行为，彻底改变自己的教学方式，做一个研究型的教师。在这个基础上，可以根据自己的实际情况，尝试在一定层面或范围内开发校本课程。</td></tr>
</table>

第三部分 研修感悟

为期两年的名师高级研修极大地开阔了我的眼界，增长了我的见识，激发了我踏踏实实立足本职岗位，兢兢业业搞好教育教学工作，认认真真发展自己的专业和业务素养的热情，也让我对我们所处的时代和教育环境有了更深刻的感悟。

一、这是一个社会大变革，教育大转型、大发展的好时代，如何抓住机遇迎难而上，是每一个名师首先应深刻思考的问题

广元是一个经济落后的城市，也是一个教育弱市。但市委、市政府和教育局党组高度重视发展教育，努力加强教师队伍建设和教育科研管理，上下齐心推动广元教育内涵发展。每年安排名师参加各级各类各种层次的任职培训、高级研修，每年给每个名师安排一笔不菲的工作经费和考核奖励。这对一个经济并不发达，财政收入并不高的地级市来说绝非易事，由此可想，市委市政府、市教育局领导眼光的长远、魄力的巨大。生逢其时，我们每一个名师应该永葆一颗学习之心、永葆一颗敬业之心、永葆一颗感恩之心，爱岗敬业，孜孜不倦，为让广元的孩子在家门口享受到真正的优质教育尽心尽力！

二、浙江师范大学对这轮高级研修高度重视，精心安排，这其中彰显的是对教育的尊重与敬畏，对所承担工作的重视与认真，值得我们学习

出发前，我们还存着出去走一走、玩一玩的想法。到了杭州，迎接我们的是化学与生命科学学院办公室主任杨东，发到我们手中的研修手册上有浙江师范大学的院校介绍、开班安排、学员生活指南、研修课程表、学员通信录等，这反映了浙江师范大学严谨的工作态度和治学精神。研修期间，无论哪位专家讲课，无论专家距离浙师大有多远，从来没有一个人迟到，而我们也是早早地来到教室外面等候。专家的讲座内容有深度，案例丰富而典型。听说很多专家为了来做讲座，先在本单位把自己的工作调剂了，然后赶动车前来给我们上课；有些专家讲座一结束，马上就要回本单位上班。知道这些后，我的心里受到极大感动，他们这种劳动纪律观念、这种敬业精神、这种对自己工作的看重和对培训学员的尊重，折射的是高尚的人格。

三、教育管理部门，包括学校各处室，只有用心谋划工作，细心推进工作，精心组织管理，才能不负上级领导所托和广大师生家长所望，做出实实在在的成绩

东阳市的新课程改革和教育质量能走在浙江省前列，离不开教育局局长、基教科科长、教科所所长等领导的高瞻远瞩和务实开拓，课程开发不仅扎实做好顶层设计，还扎实抓好过程实施。这个过程中他们的工作做得很细很实，如课程开发先抓校长，三枪起步，强力推行。这个强力不是停留在发文件、喊口号上，而是制订时间表和检查考核办法，局长亲自带头走访每一个镇、每一所学校。又如，抓新教师培训，是将全市新教师集中在一个地方，用一周至两周的时间，让教师读一本教材；备课，让学科带头人、骨干教师进行一对一评价、指导。再如，促进教师专业成长也不是靠一纸空文，而是建设“三飞工程”，制订详细的实施方案和措施，重抓落实。这些工作不仅为全省教师树立了学习的榜样，而且很快提升了教师的业务能力和师德修养，提高了教育质量。

四、没有做不到，只有想不到；没有做不好，只有不愿做

沈教授身兼两个重要职务，行政事务及其他烦琐之事应该不少，可是我们看到的不是一个行政领导，而是一个学者、一个专家、一个教授，他把大部分时间都用在了业务管理和具体的工作操作落实中，深入一线，“下深水”勤思考，细指导，他创造了很多经验，取得了丰硕的成果。我们从事的工作不是什么高精尖，只要有责任心，做有心人，带着开创意识去思考、开展工作，就没有做不好的。

杭州大成实验中学校长王盛之说，他去这所学校的时候，这所学校基本是一个烂摊子，学生少，校风差，教学质量自然也不会高，社会影响力几乎没有。他任校长之后，厉行改革，求新求变，从研究学生开始入手，“研究每一个学生的起点，寻找最近发展区”。能顺应时代发展趋势，敏锐地捕捉到信息化建设在教学领域的巨大潜力，瞄准智慧课堂建设发力，足见他的敏锐、务实、胆识和魄力。王校长的治校方略及取得的成绩向我们昭示了一个道理，那就是“事在人为”。同理，一个教师只要想把书教好，能不断地钻研教材、分析学生、探究教法，认真备课，认真组织教学，及时反馈学情，及时调整教学进度和方法，大处着眼，细处

着手,就一定不会有极差的成绩,甚至不会有极差的学生。

杭州绿城育华学校初中部校长查品洋认为,民办学校就是要办不一样的学校、办理想的教育,他将办学动机确定为:学校,提升核心竞争力;学生,培养六个核心力。为了达到这个目的,他从改革课程、开发校本课程入手,敢于尝试,敢于“下深水”,推行课堂教学改革、校本课程开发、考试制度改革、高中“走班制”等。这些,我们很多时候也在想、也在说、也在做,但我们很少有学校做得好,做得深,做成体系。我想这是我们最应该反思的。杭州绿城育华学校的课程改革也给我们广元名师一个启示,那就是不能满足于现状,要有改革创新、不断进取的意识和行为。

五、我行我思,我思我成。很多老师的话富有哲理,闪耀着思想的光芒

浙江省东阳市教育局沈兵谈到个人成长,他强调要“自我构建”,就是“吸纳别人的,唤醒自己的”,重新构建自己的认识体系,听别人的课,也要“听别人的,想自己的”;“智慧教师,精彩演讲”,教师要完善自己的语言媒介,使语言简洁、生动,富有启发性和示范性;“听课笔记看态度,现场评价看水平”,认真地听课评课,考量教师能力;“由磨课转向磨师,这就是课改”,真正的“教研要科研化”,要有目标、有计划、有方案、有总结、有系统性;教学“真正的媒体是语言,教学效率低是因为语言表达能力差”,教师要修炼自己的语言;教师要认真对待每一堂课,要“把课堂当成礼堂,把讲台当成舞台”;教师也要注重自己的外在形象,教师要适度地打扮自己。这些总结是从实践中得来的,对我们的教学、教研具有很强的提示和指导作用。

衢州市教研室何其平书记在列举重庆公交车坠江事件,分析个人修养和素质对群体的影响时,他说:“一个人错过了站,一车人永远到不了站。”分析正义对社会造成的影响时,他说:“不为正义站立,终为邪恶埋单。”这些经典的概括,对每一个教育者来说都是值得深思的。他在谈到当今的教育乱象时说,很多培训机构为一己之私,都讲不能让孩子输在起跑线上,但是现在的起跑线越来越往前了,而且不断有人偷跑抢跑,总有人不断在助跑帮跑。他认为,人生是一场没有终点的马拉松,不要以为暂时的领先就可以赢得人生。教育,要为孩子终身发展奠基,而不是揠苗助长。

绍兴市柯桥区实验中学董校长将课程改革的探索，将课程开发和学生培养的目标概括为“会选择，能自主，敢创新”九个字，认为学习归根到底是自学，学生解决自己发现的问题比教师讲更重要，教育的最终目的是让学生“学会学习，带走思想”。这些闪耀着思维光芒的论断值得我们认真领悟、反思、践行。

六、社会发展日新月异，引领着教育的发展健步如飞，教师如果不学习，不更新观念，不改变自己，将会成为教育的拖累者

社会变化催生教育的变化，我将其概括为三个来临：法治时代已经来临；课程时代已经来临；信息时代已经来临。

一是法治时代已经来临。严禁体罚或变相体罚学生；严禁向学生推销课辅资料；严禁有偿家辅；严禁向家长索要财物等。因各种原因而出现的师生矛盾、家校矛盾等不断增多，由此引发的治安、刑事案件也不在少数，“校闹”和“医闹”一样已经成为一个较为突出的社会问题。浙江师范大学宋高初教授运用大量案例，为我们分析了学校教学中的法律风险。依法治校、依法执教不再是一句口号，它已经渗透到教育的每一个角落。

二是课程时代已经来临。杭州绿城育华学校深化课程改革，绍兴市柯桥区实验中学从“统一”走向“订制”的课程改革体系探索等已然吹响了课程改革的号角，迈出了坚实的步伐；浙江师范大学周晓燕教授的讲座“基于学校特色的课程规划与拓展课程建设”更是向我们展示了课程改革的大趋势、大格局、大场面。这让我们用一本统编教材教一辈子的一线老师突然感觉自己变成了井底之蛙，突然产生一种落伍的紧迫感。教学改革，既要改课堂教学，也要改课程建设，两者相辅相成。

三是信息时代已经来临。杭州大成实验中学推行智慧课堂精准教学，丽水实验学校探寻从经验教学转向基于实证精准教学新范式等，都从实际操作的层面向我们展示了信息技术与学科教学、学校管理深度融合的强大作用。衢州市教研室主任蒋维云的讲座“未来已来，将至已至”、浙江师范大学教授张立新的讲座“信息时代的教师专业发展”、浙江师范大学教授黄立新的讲座“微课的设计、开发与应用”又从更为宏观的层面向我们展示了信息化的强大背景和教育信息化的必然趋势。这些更是给一些用一支粉笔、一本书上课的教师，本能

地抗拒新事物的教师敲响了警钟,如果再不学习、运用新的教学理念,那这些教师就真要被淘汰了。

以上三个方面,是我们作为名师要认真学习、领悟的,是我们要自觉维护、投入的,我们一定要顺应时代潮流,不断学习,不断革新,从知识、能力、个人素养、思想革新、实践探究等方面充实自己、武装自己、提高自己,做一个名副其实的名师,充分发挥名师的示范引领作用,为广元教育更好更快地发展贡献一分力量。

两年研修,听大家讲课,如沐春风,启智益思,受益匪浅;我们一腔热血,看自身行动,反观自省,临渊羡鱼,不如退而结网。

我理想中美好教育的模样

——读《罗恩老师的奇迹教育》有感

广元市利州区中小学教研室 〇 解学英

如果说利州区宝轮一小孙水仙老师的“真爱教育——让爱看得见、听得到、感受到”是现实中美好教育的模样,那么罗恩·克拉克创建的克拉克学校就是我理想中美好教育的典范。克拉克学校超越了我对教育的理解和想象,拓展了我的教育视野和想象空间,曾经困扰我的一些教育问题有了答案,书中一些观点常常让我赞叹不已,并受到鼓舞和激励!

克拉克学校是一所什么样的学校呢？克拉克学校颠覆了“传道、授业、解惑”的教育内容和形式,以全新的、创造性的方式来教育学生,他们是怎么做到的呢？

首先,创建一所成功的学校的关键在于有一个优良的教师团队。学校的创建人罗恩·克拉克是一位责任心强、充满激情、追求卓越、勇于创新的教师,同时也是校长,他塑造了克拉克学校的灵魂。学校严把教师聘用关。学校只聘用喜欢学生、能和学生保持良好互动的具有很高职业素养的教师。教师真正相信每个学生都有潜能,都能学好,并且用一种积极向上的态度与学生一起努力。他们对每个学生都视如己出,疼惜他们,每个学生都受到来自教师和同学的爱与激励。他们从不把时间花在抱怨上面,从不给自己找借口,也从不怀疑自己的能力,他们充满激情,总是想办法完成事情。他们要求学生勇于创新并追求卓越,他们也这样要求自己并做好表率。他们做事全力以赴,努力在学校的所有领域都做到最突出。他们具有无私奉献的精神，无论在任何时间、以任何理由，他们都很乐意投入进来帮助学生。作为教师，他们是学生可以信赖的顾问，是教育者、指导者，甚至有时还是父亲或母亲，他们用心聆听学生的心声，想办法让每个学生都有远大梦想，无论条件多么艰苦，挑战有多么大，他们都关照每个学生，让他们获得不可思议的进步。

其次，教师在环境氛围的营造上创造了一所“不一样”的学校。他们相信，没有人愿意在一个沉闷、无聊的环境中工作、学习，只要创造良好的环境，每个学生都会成功。印象最深刻的是那一架放在学校中间的巨大的蓝色管状滑道，其不仅诠释了克拉克学校的使命——以全新的、创造性的方式来教育学生，也成为学生快乐的载体。

为了强调全球课程，努力让学生成为世界公民，学校的主楼梯装饰着约136千克重的硬币，学生可以亲自去观察和触摸楼梯的每一处，看看来自不同国家的硬币。他们很兴奋，叫出了不同国家的名字，议论着精美的设计图案。另外，学校也非常重视教室内部环境的营造。这种借助环境来渗透文化和教育的力量值得我们学习借鉴。

最后，克拉克学校抓住了教育教学主阵地——课堂，让课堂的每分钟都有吸引力。克拉克认同教师要为学生的成绩负责，但他同时也鼓励教师寻找创造性的方法激发学生学习的积极性。提高成绩不必“为应试而教”，有很多办法可以让学习变得有趣，同时实现教学的最高水准，并提高考试分数。罗恩·克拉克没有教学生应试，他竭尽所能把教学变得有趣和吸引人，激发学生对知识的渴望，他们自己想学习就能取得进步，考试成绩也能名列前茅。这些观点和由此产生的教育奇迹有助于我们跳出应试教育的窠臼，真正为学生好学而设计教学，激发学生内在的学习动力，变“要我学”为“我要学”，把学习热情注入学生的心灵深处。

为了让学生爱上他的课堂，喜欢上他的课，罗恩·克拉克常常绞尽脑汁寻找学生喜欢的东西，不管是电影、歌曲，还是体育，通过创造性的改动，将学生喜欢的东西运用于课堂教学之中，例如说唱课堂的教学效果非常好。罗恩·克拉克还运用许多方法让课程生动有趣。开始上每堂课时，如果学生不能尽力而为地解决黑板上的难题，他会给每个学生一只气球，让他们在气球上解题。60秒之后，解出正确答案的学生就可以坐在气球上并把它压破。还有一个有效的方法是让学生自己把所学的内容表演出来。诸如此类的招数,使课堂活力四射并气氛高涨,学生对下一节代数课总是充满期待。这样的例子在书中不胜枚举,这些新奇的做法让我们大开眼界,课堂原来还能这样生动活泼,这样的课堂学生怎么会不喜欢呢?我们需要向罗恩·克拉克学习,找到一些属于自己的绝妙方法来为我们的课堂增加活力、欢乐和惊喜,让学生喜欢我们的课堂。

克拉克学校还有一点做得非常好,那就是充分发挥父母在孩子成长教育中举足轻重的作用。父母是孩子的第一任老师,也是永远的老师。父母在小时候教给孩子正确的行为,将会帮助他们顺利成长。克拉克学校认识到父母在孩子学习和成长中的作用,对家长提出要求,并在年初时把这些要求写在一份协议里,发给家长,让家长明白该做些什么。协议的基本内容是:家长会支持克拉克学校的教育工作;参加学校的活动和家长会;确保自己的孩子每天都按时上学;学年之内,家长为克拉克学校提供40个小时的社会服务工作。我们对协议中的最后一条是非常陌生的,我们学校还没有接受家长服务的意识,也没有给家长提供服务学校的机会。除了对家长提出要求,克拉克学校也会具体地告诉家长如何帮助他们的孩子。他们最成功的做法就是举办家长夜校,通常在星期三晚上6点到7点半,教师会把教给学生的内容完全教给家长,家长就有能力、有知识成为孩子的家教,一旦家长们进入教室,奇迹就发生了,这些在书中有生动具体的描述。这和我们学校请家长开家长会的效果是完全不同的,我们习惯于空洞的说教。但也有教师觉醒了,记得我区一位小学语文教师曾经说过,她带了两个班,一个是学生班,另一个是家长班,她把家长的力量充分发挥出来了。我们也应该采用有效的方法,让家长真正有能力为孩子的学习负责。

克拉克学校还有许多值得我们学习借鉴之处。比如教师带领学生到全世界去游学,把世界作为学生学习成长的天地,让学生努力成为合格的世界公民;教师竭尽所能去创造让学生铭记一生的特别时刻,让学生自我的形成、信仰的皈依以及世界观的建立,得益于这些难忘的时刻。这些教师是一群无私忘我、富于同情心且把鼓励学生视为人生使命的人。我们应该向他们学习,对自己的工作也有这样坚定的信念,教学并非一份工作,而是一种使命,为学生培育爱心、启迪智慧、创造幸福是我们教育者的首要任务,让我们为此付出自己的全部智慧和力量,创造属于我们自己的教育奇迹!

大胆表扬学生,尊重学生兴趣

——读《教学机智:教育智慧的意蕴》有感

四川省广元中学 ○ 宋伏建

马克思·范梅南先生在《教学机智:教育智慧的意蕴》一书中采用了很多丰满鲜活的事例,把枯燥乏味的教育学、心理学的基本观点以故事的形式呈现在读者面前,语言通俗易懂,情节生动有趣,饱含教育哲理,充满教育智慧。

一、大胆表扬学生,激励学生成长

心理学研究表明,每个人的内心都有一种被表扬的渴望,被肯定是一种幸福,鲜花和掌声会激发人心中的无限潜能,让人产生想要成功的冲动。

我班学生王某性格非常内向,开学两个月以来第一次主动举手回答问题,我马上大大方方地表扬了他,他的脸上露出了灿烂的笑容。课后他主动与我交流,希望我今后在课堂上多多让他回答问题,没想到几句简短的表扬与肯定竟然在全班产生了意想不到的连带效应,以前从未举手发言的几个学生受到该生的感染,都在课堂上频频举手了,而且还能主动提出一些疑问,我欣喜地看到学生的变化,也由衷地为自己当初的"明智之举"而高兴。

二、尊重学生兴趣,培养学生的问题意识

在课堂上,学习内容是教师事先安排好的,学习方式是教师备课设计好的,学习过程是教师课前确定好的,这些课前预设让学生的思维和意识失去了自

由。他们服从教师的指挥,在教师的号召下统一完成一系列学习动作。时间久了学生就习惯了这种按部就班的学习流程和模式,这在一定程度上意味着主动思考的多余性,儿童时期的好奇天性开始退化。

在教学中我们不难发现,学生的思维往往不是按教师的预设去发展的,而是在他们感兴趣的事情上产生积极思维,提出问题,并且通常发生在教师讲课中间,这考验着教师的教育智慧。倾听学生发问,教学计划会落空,甚至会被学生难住;制止学生发问,学生会纠结这个问题,心中不悦而无心听课。有时学生的质疑就是一时的灵感,稍纵即逝。所以每次遇到学生提问时,我会把它看成是激发学生思考和鼓励学生探究的大好时机,而不是纠结这堂课的任务是否能完成。我会干脆停止讲课,号召学生一起思考,共同探究,让尽可能多的学生参与进来,培养他们同伴互助,共同解决问题的意识和能力。这样的授课方式才能真正解决学生的问题,也极大地鼓励了学生的参与热情,提高了学习效率,培养了学生的进取精神。只有当学生的提问行为受到保护时,学生的问题意识才能自由呈现。这种方法带来的教学效益远远胜过教师单方面的知识讲解。

著名教育家苏霍姆林斯基认为:要像对待荷叶上的露珠一样,小心翼翼地保护学生幼小的心灵。晶莹透亮的露珠是美丽可爱的,却又是十分脆弱的。一不小心露珠就会滚落,就会破碎,就会不复存在。教师要保护好学生心灵深处迸发的每一点火花,即使是异想天开,也不要简单地否定和斥责,这是每个教师都应该小心谨慎的地方。

我庆幸自己再次成为学生

四川省广元中学 ○ 李现文

学而知不足,不足而知学,学而无止境。为期两年的浙师大研修学习,我从开始的"就当作是出差",到后来的积极参与,再到现在的深入学习、大胆探索、努力实践,让我深刻地感受到"未来已来,将至已至:基于项目的主动学习,面向真实的深度学习,基于证据的智慧学习,突破校园的无边界学习"形势逼人。我们的教育不能停留在"是什么"上,而是要追寻"为什么",然后上升到"怎么办"。可我们还局限在校园、教室、教材、课内、应试,远远落后于现代教育,不学习、不研究、不实践,授课已捉襟见肘,育人更是举步维艰。我庆幸自己再次成为学生。

一、我敬佩浙江教育人的实干精神

"浙江大地,历史上孕育过务实、知行合一、经世致用等思想,今天又形成了'干在实处、走在前列、勇立潮头'的浙江精神。"(2018年浙江高考作文题)"实干"是浙江精神的精髓,也是浙江教育的灵魂。

我在浙江回浦中学跟岗学习期间,幸遇包建新老师。他比我长两岁,现任浙江省回浦中学副校长兼管委会主任,是浙江省特级教师、台州学院兼职教授、浙江师范大学硕士生实践导师、浙江省浙派名师导师、台州语文教研中心副主任、台州中语会会长、浙江省学习方式研究会理事,先后出版《包建新与本真教育》等6部专著。我们在回浦中学跟岗学习期间，他正着手编写两部书稿，还上两个班的语文课。他备课、讲课、辅导学生是那么一丝不苟，实在令我钦佩。我曾经认为，浙江教育敢于领先，勇立潮头，实在了不起，现在我真切地感受到浙江教育更了不起的是教师的实干精神。

最近72岁的余映潮先生分享了他的"2018年工作小结"——学术讲座150次，讲公开课174节，发表文章60篇，出版1部专著……《教育时报》的记者采访他："您是全国闻名的语文特级教师，现在72岁了还这样拼，到底是为什么呢？"余老回答，自己割舍不了对语文教师这份职业的珍爱，身为教师理所应当多讲课，多写文章，多到课堂上听课，多培养优秀的学生，多工作几年。他专心致志地做自己的事，多要求自己，少计较外界；多关心教师，少考虑自己。他备课、撰文、读书、做笔记，进行专项研究，观察现象、总结规律……学习不止，研究不停，实践不断。他每天打字千字以上，"坚持不懈"天天做事，夯实学问，苦练教学技艺，为实现自己的教育理想矢志不渝。

我现在当班主任，教双班语文，担任教研组长兼备课组长，还要负责3项课题的研究工作。似乎我每天都很劳累，其实每天也都在单纯之中、美好之中。

二、我坚信教育不仅仅是传授知识，更是唤醒生命

周末，我去看望一位生病住院的学生，临走时她交给我一封信，我打开信感到非常震惊。信里写到她多次想到死，但一想到姥爷、姥姥、妈妈，她就舍不得离开。她说："李老师，你真的让我感到很温暖，我没有父亲，我不知道父爱是什么，但我从你那里感受到父辈对我的爱……我想告诉你，你不仅是一个好老师，更是一个好人，当一个好老师容易，当一个好人难……"我何德何能，竟被学生如此看重。

在浙江的学习，使我越来越坚信：一位教师用自己生命里的感动和情趣、意志和向往，去感染学生，呼唤学生，这样的教育才是扎实的、深入的。美国老师雷夫·艾斯奎斯在56号教室散发着他的生命光辉。他的教室不仅天天都在上"课"，而且在"课"里，师生的生命得以确认、精神得以构建、感情得以交换、情趣得以培养、性格得以养成……只有洋溢着生命能量之光的课才是好课，它的前提是，教师与学生，都应该成为自我这个"人"的生命主体。

“真正的教育应包含智慧之爱，它与人的灵魂有关，因为‘教育是人的灵魂的教育，而非理智知识和认识的堆集。”（雅斯贝尔斯《什么是教育》）“有灵魂的教育意味着追求无限广阔的精神生活，追求人类永恒的终极价值：智慧、美、真、公正、自由、希望和爱，以及建立与此有关的信仰，真正的教育理应成为负载人类终极关怀的有信仰的教育，它的使命是给予并塑造学生的终极价值，使他们成为有灵魂有信仰的人，而不只是热爱学习和具有特长的准职业者。”（刘铁芳《回到原点：时代冲突中的教育理念》）作为教育者，也许有许多具体的工作要做，有许多具体的课业要抓，但我觉得更重要的是培养学生珍爱生命、悲悯世人、服务社会的情怀。

三、我们尝试走语文教学变革之路

我带领语文组的教师瞄准新课改、新高考的改革趋势，从高一开始根本性地变革语文课堂教学。诗歌鉴赏和文言文阅读进行单篇教学，每周用3个课时。现代文阅读和写作进行群文阅读和整本书阅读，每周固定两节课让学生自己阅读和写阅读笔记，一节课学生交流阅读笔记。尝试开发新的课型：“积累知识，总结方法，读懂文言文”课、“写文言笔记，巩固知识，提高阅读能力”课、“整本书阅读”阅读指导课、“群文阅读”笔记交流课、诗词背诵比赛课、学术性论述类文章阅读课、群文阅读课、群文写作课。名师工作室成员贾强林老师、周萍老师获得四川省高中语文优质课展评一等奖，吕文妮老师、侯裕老师获得广元市高中语文优质课展评一等奖，胡琼芳老师、龚凤老师获得学校“五学”教学策略课堂教学展评一等奖。

我们试着做课题研究，在浙江专家和名师的指导下，成功申报市级课题“高中语文古诗文教学与中华优秀传统文化传承研究”，省级课题“基于高中语文群文阅读的校本研修创新策略”，全国教育科学“十三五” 规划课题“基于大规模推广的群文阅读理论与实践深化研究”子课题“高中语文群文阅读课堂教学策略的研究与实践”。校本研修创造性推行“菜单教研”，一课一研，一研三得。课前生成问题，确定主题；课堂示范引领，探究问题；课后研讨问题，拓展提升；最终达成共识，形成方案，解决问题。这一教研形式在“问题生成、精品课堂、教学实效”三方面成效显著，确保全校语文教学质量大幅提升。这一教研形式在全校进行推广，广元市教科所组织全市学校教研组观摩广元中学语文教研活动。语文组贾强林老师在四川省高中语文群文阅读研讨会上献课，曾海滨老师在广元市学科教研组建设研讨会活动中献课，詹勤老师在市直属学校语文学科高三联合教研活动中献课，刘莹老师在广元市高三语文复习研讨会上献课。

我们语文组教师有着共同的精神追求、赤诚的教育情怀、坚定的专业信仰、扎实的教学功底、踏实肯干的工作作风，我们在各自的工作岗位上恪尽职守，奋勇争先。近三年，广元中学语文高考成绩高居广元市榜首，学生参加全国作文大赛获国家级特等奖2人，国家级一等奖18人，国家级二等奖40人，国家级三等奖49人，省级一等奖107人，省级二等奖287人，省级三等奖325人。语文组教师发表论文67篇，并有大量论文获奖，其中国家级一等奖14篇，省级一等奖20篇，市级一等奖16篇；16人获写作指导特等奖，30人获写作指导一等奖。语文支部被学校评为“先进党支部”，语文教研组于2017年、2018年连续两年被表彰为广元市普通高中优质发展“优秀学科教研组”，同时被广元市总工会命名为“工人先锋号”，被《语文教学通讯》杂志社作为“全国作文教学先进教研组”在杂志封底整版向全国推介。

吾生也有涯，而知也无涯，学亦无止境。在浙师大的研修学习让我尝到了学习的甜头、思考的奥妙、实践的乐趣。古人云：“为者常成，行者常至。”我已然成为学生，理当终身学习，时刻保持思考和探索的姿态，并在探索中实践。教育之路漫漫修远，吾必上下而求索。

研学路上逐梦飞翔

青川县关庄初级中学 〇 王海蓉

尼采曾说:“每一个不曾起舞的日子,都是对生命的辜负。”而我,有幸参加广元名师专项培养研修班,有幸走在研学飞舞的路上,不负时光,逐梦飞翔。

等闲识得东风面

常言道:“玉不琢,不成器;人不学,不知道。”学习就是和新的世界相遇,和新的他人相遇,和新的自我相遇。回顾研修培训的两年,点点滴滴尽现眼前。

开班典礼,研修起航。吕院长的讲话振聋发聩,程主任的叮嘱句句在心。还记得吕院长介绍了浙江师范大学的辉煌历史和学院雄厚的师资力量,让我们感受到这所百年名校厚重的文化和独特的魅力与底蕴;师培中心主任程勇对参加研修班的老师提出了“两个提升、两个形成”的要求,让我们明白研修的目标和肩负的使命。

聆听讲座,醍醐灌顶。才华横溢的毛醒策老师,从独特的视角向我们讲述了何为“国学”。作为一名语文老师,我折服于毛老师对国学教育的独到见解,更折服于他认为国学是真诚的、通透的。他认为,国学是明镜,可以反照自己的内心与社会;国学是良药,可以医治病态的社会与个人的躯体。毛老师讲座尾声的三句话:“我们要儒道互补,既要有儒家的‘拿得起’,又要有道家的‘看得开’。”简短的三句话,何其经典,至今犹在耳旁,给我无尽的思考与启迪。

儒雅随和的沈兵老师，既是东阳市教育局行政管理干部和业务部门领导，又是浙江师范大学的教授。他将自己几十年的积淀与智慧浓缩在两堂讲座——“课程顶层设计与实施的问题及对策——区域性推进义务段学校课程建设的实践与思考”“东阳‘高质量’背后的区域有效教学实践”中，深深吸引了我们这些参培教师。案例剖析，成果分享，经验交流，思想碰撞，一句句富有哲理的论断，一道道课程开发的大餐，深入浅出地向我们讲解了“互联网+教育”的时代背景下，作为基层学校教育管理者应如何聚焦课程，向顶层设计要质量；如何真心减负，向规范办学要质量；如何有效教学，向课堂40分钟要质量；如何借教育云，向“互联网+”要质量等。3个小时悄然而过，让我顿悟：学习是我们一辈子的干粮，是一把能解开谜团的万能钥匙，是一扇窥视世界的窗口。

潇洒洋溢的郑小侠老师向我们彰显了名校精品教育的风采，一个个典型生动的教育教学案例和一张张感人至深的教学图片，形象地展示了他是如何唤醒学生的梦想，点燃学生的激情，从而塑造出一个个鲜活的生命。他的讲座如大海一样激情澎湃，又如涓涓细流般娓娓道来，让我们真切地感受到一名班主任带班的幸福和乐趣。

名校游学，大开眼界。学军中学、绿城育华，让我们切身感受到什么是真正意义上的智慧校园；跟岗金华五中，邂逅这所百年名校，触摸新时代最前沿教育，零距离地倾听新教育的声音。观摩老师精彩的课堂，感受老师的教学风采，他们精湛的教艺，无不让我们佩服。原来，我的知识储备是那样肤浅，以至于认为教学只有“认真”二字，殊不知“教之道在于度”，要做一名优秀的老师，必须得有思想、有智慧、有激情、有文化、有个性！

梅花香自苦寒来

畅想名家讲坛风采，沐浴名校阳光雨露。感谢这两年的培训经历，让平淡若水的我又找到了心动的理由，既成长了自己，也成长了别人。

两年的培训至少让我收获了五个“得到”：一是教学理念得到提升；二是自身素质得到全面提高；三是教学方法得到大大改进；四是教学效果得到明显进步；五是教学资源库得到进一步丰富。

“一枝独秀不是春，百花齐放春满园。”在工作室成立两年多的时间里，我组织或参与了20余场研修活动，自己上公开课或示范课20余堂(县级以上6堂)，专题讲座或会议发言交流10余次(县级以上6次)。工作之余大家纷纷在QQ群上畅谈教学感悟，交流教学得失，分享教学资源。我们在探索与实践中前行，也看到了工作室成员的茁壮成长，以李红梅为代表的20多名教师在市、县级公开课中取得好成绩，个人教学成绩居全县前列。我所在的学校教育质量快速提升，连续三年位居全县前三名，成为全县课改示范校、教学质量的"排头兵"。

三年里，我这只平凡的蜗牛始终未停止前进，勤耕苦耘，也算小有成就，先后获得四川省优秀乡村教师、广元市教学大比武一等奖、广元市中小学生艺术展演优秀指导教师奖、青川县优秀培训者等荣誉；论文发表或获奖10余篇，市级以上获奖4篇；主持在研课题2项。

向青草更青处漫溯

"一位骨干教师要克服成长路上的高原现象，达到更高层次的教育境界，就必须逐步明晰自己的教学主张，形成自己独特的教学风格。"

两年的培训时光匆匆而去，这无疑给我带来了短暂的快乐和兴奋，但接下来忙碌的日常工作和名师团队的带动、引领、辐射任务又让我产生了新的困惑和焦虑。我自己的教学主张是否清晰？我自己的教学风格是否已形成？从一个人到一个团队，又如何打开格局、厘清思路，确定专业发展路径？怎样做好团队建设，有效发挥带动、引领、辐射作用？想想3年后、5年后乃至10年后，我们自己和我们的团队又有怎样的发展目标？我们团队成员能否因我们的提升而受益？我们的学校、县区的教育能否因我们的进步而获得发展？一系列问题萦绕脑海，这既是我亟待思考解决的问题，又是工作室的目标与前行的方向！

人生因责任而高贵，生命因奉献而灿烂。教育之路漫漫，我将铭记肩负的重任，砥砺前行，逐梦飞翔，努力成为广元市实施素质教育、开展课程改革的中坚力量，为推动广元的教育事业贡献自己的智慧和力量！

做仰望星空的教育者

——广元名师赴浙江师大专项培训学习的思考

苍溪县中小学教学研究室 ○ 孔祥平

黑格尔说过:“一个民族需要一群仰望星空的人,他们不只是注意自己的脚下。”在2017年7月14日至2018年11月10日,为期两年四次的广元市中小学名师专项培养研修班培训”在浙江师范大学完美落幕。这次研修学习,让我感触颇多。

一、问道课堂,思维变革了我的行动

从毛醒策教授的“国学文化与师德修养”到温州瓯海中学郑小侠老师的“创造和谐的师生关系,享受幸福的教育生活”,再到李力加教授的实证教学研究,他们诠释了一个共同的命题:名师的成长在课堂,在研究和思考。

名师首先要明确“我在哪里? 要到哪里去?”,然后要明确“我为何教?”“为谁教?”“教什么?”“怎么教?”“如何教好?”等问题。有了正确的心态,才会有正确的价值观,提高认知水平,提高政治站位。我有幸参加了绍兴市柯桥区实验中学的跟岗学习,美术老师爱岗敬业的精神、团队合作的力度、专业深度学习的态度、教学方法的准度,让我受益匪浅。

通过两年的学习,我提出“案例+反思”的教学思路,是一种用自己的话讲述自己的故事的哲学思维方法。强化自己的教学教研工作,坚持没有调查就没有发言权,深入一线课堂,开展了以下课堂教研活动。

1.送教下乡

做到活动前有调研、活动中有方案、活动后有反思总结。我先后在苍溪、青川、朝天、昭化、旺苍等地开展送教活动，还受邀到南充、成都、绵阳等地开展交流活动。两年来，采取以公开课、专题讲座和集体交流的方式送教到校达到80多次。

2.以赛促教

两年来，我积极参与市、县名师办、县教研室区域县区美术教研员联合开展的美术教学大赛和教学研讨会，集中培训、体验与践行美术课改新理念。我还坚持到各学校具体指导并开办专题讲座，指导学生参加四川省艺术大赛，获四川省一等奖达800人次。

二、聚焦课题，研究提升了我的品质

1.研究是名师进步的原动力

名师要勇于实践——做教育科研的引领者，教育科研是名师与普通教师的分水岭。工作中，我提出“实施五大转向，促进课堂研究创新”的工作理念与工作方向，与成都、绵阳、南充美术名师工作室建立川北美术研修共同体。

三年来，我参加省部级课题7项，市级课题2项，荣获省级教育科研成果18

项，获得第六届四川省普教教学成果奖一等奖，获得国家级基础教育成果奖二等奖。

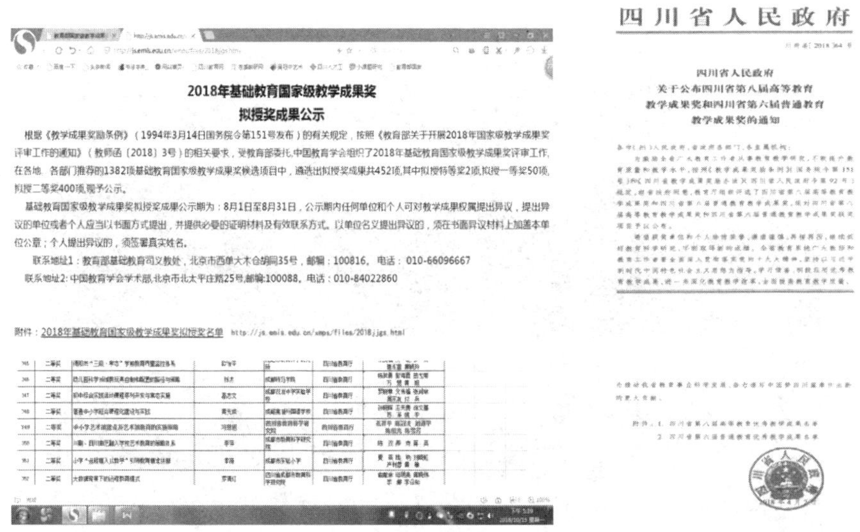

2018年基础教育国家级教学成果奖

拟授奖成果公示

根据《教学成果奖励条例》（1994年3月14日国务院令第151号发布）的有关规定，按照《教育部关于开展2018年国家级教学成果奖评审工作的通知》（教师函〔2018〕3号）的相关要求，受教育部委托，中国教育学会组织了2018年基础教育国家级教学成果奖评审工作，在各地、各部门推荐的1382项基础教育国家级教学成果奖候选项目中，遴选出拟授奖成果共452项，其中拟授特等奖2项，拟授一等奖50项，拟授二等奖400项，现予公示。

基础教育国家级教学成果奖拟授奖成果公示期为：8月1日至8月31日，公示期内任何单位和个人可对教学成果权属提出异议，提出异议的单位或者个人应当以书面方式提出，并提供必要的证明材料及有效联系方式。以单位名义提出异议的，须在书面异议材料上加盖本单位公章；个人提出异议的，须签署真实姓名。

联系地址1：教育部基础教育司义教处，北京市西单大木仓胡同35号，邮编：100816，电话：010-66096667

联系地址2：中国教育学会学术部，北京市北太平庄路25号，邮编：100088，电话：010-84022860

附件：2018年基础教育国家级教学成果奖拟授奖名单 http://js.emis.edu.cn/xmps/files/2018jjgs.html

四川省人民政府

四川省人民政府
关于公布四川省第八届高等教育
教学成果奖和四川省第六届普通教育
教学成果奖的通知

2. 交流是名师成长的基础

回忆在研修活动中课堂休息时的讨论、名师之间的争论，以及网上与老师的交流，最后反思并梳理培训的感悟，不难发现，浙江的老师虽然工作很辛苦，但是也很幸福，很有成就感，追根溯源是浙江的教育很实在。三年中，我参加了省教育厅艺术教育重点改革活动，负责全省中小学艺术素质测评工作和艺术工作坊建设的研究；加入了西华师范大学研究生导师团队；成为了四川省美学与美育研究中心成员。

聘书

兹聘请 孔祥平 为我校 美术（油画） 专业硕士研究生指导教师。聘期三年。

此聘

西华师范大学研究生院

二〇一九年一月八日

荣誉证书

HONORARY CERTIFICATE

孔祥平

同志，在全[illegible]中小学生艺术素质测评实验区暨四川省[illegible]网络题库建设中做出积极贡献，特发此证。

四川省教育厅

2018年12月13日

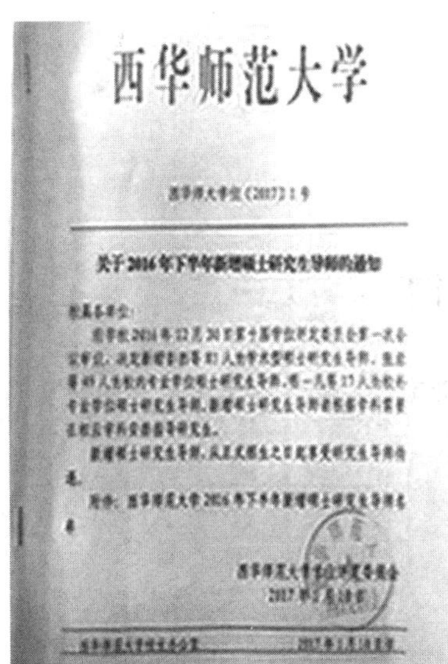

西华师范大学

关于2016年下半年新增硕士研究生导师的通知

为期两年四次的广元名师专项培养研修班的学习结束了，但浙江师范大学的淙淙流水、芳草绿地、红枫梧桐还历历在目。在这里，我发现了自己教学上的不足、理论上的肤浅、研究中的彷徨，我要成为“仰望星空”的教育者，就必须“脚踏大地”地工作，要有勇于探索、乐于思考、敢于创新的品格，教给学生基本的做人道理。在此意义上，教师更应该经常“仰望星空”，做“仰望星空”的教育者。

知行合一知更行

广元市利州区中小学教研室 ○ 解学英

教育的改变是一场革命。课堂改革是一场心灵的革命，也是一场理念和教育技术的革命，更是行为的革命。作为教育者，我们很想改变，所以我们推进“1+5”生本教育、行知赏识文化，推动师生阅读，就是想激发师生的生命活力和内在的发展动力，使其过上一种完整而幸福的教育生活。我将为此付出更多的时间和精力，为创造美好教育的可能而努力。

一、铸内外兼修之美

“要做教书人，先做读书人”是我们利州星空教师读书社的宣言，我们提倡“与书为伴、与智慧携手、与美好同行”，静下心来读书，潜下心来研究，修炼自身，沉淀底蕴。我认真阅读教育类书籍，如《为未知而教，为未来而学》《罗恩老师的奇迹教育》等，提高了自己的教育理论水平和教学研究指导能力，我撰写了《教师——未来学习方式的变革者》一文，在《四川教育》上发表。

我在做好自我阅读的同时，也在引导师生阅读。组织2017年、2018年暑期教师读书征文比赛；2018年3月至6月，组织利州区女教师参与广元“玫瑰书香”读书征文和家书征集活动，在全市80位获奖人员中，有28位利州女教师获奖，占获奖总数的35%，其中有1/3获奖的文章经过我的修改和润色。2017年，开展市级课题“心自在师生阅读十大行动实践与研究”，以课题的形式推动师生阅读；2018年，启动心和基金会二期项目，投入项目资金约20万元。开展书箱行动，培养30名儿童阅读种子教师（广心阅读教师），创建30个阅读教室，推动利州儿童阅读更上一层楼；经过心和基金会伍松秘书长、孙传美老师的推荐，2017年和2018年我两次入围“阅读改变中国”年度点灯人，并在2018年亲近母语成都种子教师培训班上做“书有光，读最美”交流发言；2018年11月，我在广元市第三届名师通识性培训中做了题为“发挥名师影响力，促进区域教育发展”的交流分享，受到与会老师的好评。

我借助国际行知赏识教育专家曾桂安先生回访利州的契机，大力推动行知赏识教育。2018年11月，我参与利州区举办的第十届国际行知赏识年会的各项活动。

二、教学主张定方向

1.树立三种教育常识

教育首先是科学，其次是艺术；教师是靠一个完整的人的形象工作；高标准的专业水平是一种高尚的师德。教育有一定的规律可循，不遵循规律，就是高耗低能，教师要用个人的人格魅力和天赋把它变成一种艺术。好的教学不能降格到技术层面，而是来自教师自身的认同、内心的完整。只有善于学习、不断提高自身专业素质的教师才能做好教育。教师要有教育的情怀，追求理想的教育，要认识到教育的意义和价值，还要从教书育人中感受到趣味和快乐，努力过一种幸福而完整的教育生活。

2.明确初中英语生本教学改革的目的

（1）生本教学改革的目的是通过实施生本教育，改善传统教育中的教学弊病，让教育在现有基础上更完善。生本教学改革的核心是转变教师作用，转变教师角色，教师的作用是激发学生内在学习动力，培养学生核心素养。

（2）初中英语学科教学要改变过分重视语法和词汇知识的讲解与传授，应强调学习外语不再是一个枯燥的背诵和记忆的过程，而是一个积极主动学习的过程，一个不断提高语言运用能力和人文素养的过程。

教师的作用是设计和组织任务型学习活动。首先，要给学生良好的语音和语言运用的示范。其次，要培养学生基本的英语学习能力——拼读能力。最后,要把学生应掌握的知识设计成学生能动手、动口和动脑的语言实践活动,引导学生开展自主、合作、探究学习,培养学生英语学科的核心素养:语言能力、文化品格、思维品质、学习能力。

(3)教学改革要整合教研组的力量,开展不同课型的课例研究。强调生本教学模式和英语不同课型的活动设计相结合,要体现生本理念和英语课标的要求和学科特点。

三、学用结合出成果

跟岗期间,陈露和郑仁飞名师工作室联谊活动中的两节写作课例展示和研讨,为框架式写作和过程性写作教学模式提供了范本,让我对初中英语写作高质有效教学模式有了更深的认识。

在2017年广元市教学大比武课堂教学赛课活动中,广元市初中英语解学英名师工作室成员、利州区东城实验学校中学部范红丹老师上了一节生本写作课,荣获广元市教学大比武课堂教学竞教一等奖。在利州区的展示活动中,听课教师从这节课中学到了高质有效的写作策略和方法,并运用到自己的写作教学实践中。

在培训中,我认真聆听了一个关于教育论文写作的讲座——“教学论文写作的规矩与方圆”,讲授者是浙江《教学月刊》的主编吴颂华。这个讲座的实用性和可操作性强,能帮助老师写出好的教育论文。因此,我把这个讲座内容也作为我给区内老师开办的讲座内容之一。我在吴老师讲座的基础上,结合自己写教学论文的经验,分别为赤化初中、东城实验学校和行知共同体学校的老师做了讲座,受到老师们的欢迎。

四、教研力求科研化

“由磨一节课转向磨一类课,这就是教研”,“由磨课转向磨师,这就是课改”,真正的“教研要科研化”,要有目标、有计划、有方案、有总结、有系统性。

教师要成长为一名真正的名师或特级教师,一定离不开自己的成长规划,离不开做教育科研。规划是方向、目标,科研是基础。沿着“经师—能师—人师”的成长路线,实现教师角色的逐渐升级。一个个教育科研课题的立项、研究、结题是一名教师成长的历练;一次次课程改革,是理论与实践的总结归纳与运用。这些充满教育智慧的话语让我更加清楚了教研工作的方向,浙江名师的成长之路,为我提供了成功范式。

课堂教学是教师的立身之本,通过课例研究,引导教师重实效、求改进、问学理、有招数,倡导求真的课堂评论文化。

2017年11月,在第二次集中研修时,理论指导老师对拟申报的课题进行了指导,进一步明确了课题研究的主要内容和具体措施;2018年1月开展申报工作,“初中英语生本课例研究”被立项为市教科所省级课题子课题。

在初中英语教学中,树立“以人为本、以生为本、以学为本”的现代教学理念;强调生本教学模式和英语不同课型的活动设计相结合;体现生本理念和英语课标要求与学科内容的特点;围绕怎样有利于学生对所学知识的意义建构来设计教学内容;主要以一人同课多班多轮和多人同课多轮的形式,整合校本教研、名师团队和区域教研力量,开展以下八种课型的课例研究。

(1)生本语音课:培养学生拼读拼写能力。

(2)生本词汇课:词汇学习的策略和方法。

(3)生本听说课:听前活动—听中活动—听后活动。

(4)生本语法课:如何在情境中感知理解和运用语法。

(5)生本阅读课:读前活动—读中活动—读后活动,培养思维品质和文化品格。

(6)生本写作课:如何从读到写,开展过程性写作。

(7)生本复习课:如何进行单元或主题整合复习。

(8)生本展演课:学生如何开展一个或几个单元的小剧表演活动。

重点研究生本语法课、生本阅读课、生本写作课和生本展演课。

以四个市级名师工作室成员和学校教研组骨干教师为主开展本课题研究,探索名师工作室建设和区域教研有效开展的策略和方法。

解学英名师团队:生本词汇课、生本展演课。

徐海燕名师团队:生本写作课、生本复习课。

杨宇恒名师团队:生本语音课、生本阅读课。

张秀珍名师团队:生本听说课、生本语法课。

2018年召开课题开题会和开展英语生本课展示活动，提高教师为学生好学而设计教学的能力，进一步提升教师实施学科生本教学的能力。

组织利州区教学大比武课堂教学竞赛暨生本课堂教学展示活动，英语教师通过观摩生本课例，开展研讨交流，受益匪浅。年轻教师通过用心开展生本教学实践，在专业发展上取得长足的进步。

我针对生本英语课堂中的问题，写了一篇文章《老师基本不讲、把课堂还给学生，这样做是偷懒还是创新?》在《四川教育》编辑的《川教之声》微信公众号发表(2018年10月8日)，阅读人数超过万人，引起众多老师的关注和讨论。

两年的集中培训虽已结束，但我的研修学习永远在路上。那些先进的教育理念、丰富的教学经验和方法将充实我的头脑，重塑我的学科教学观，我要向浙江名师学习，树立教育的理想和信念，增加教育的爱与智慧，为利州师生阅读和英语学科教学质量更上一层楼贡献自己的力量!

巧借专项培训，铭记专家教导，续写教育辉煌

——广元市朝天区名师专项培养学习小组

广元市朝天区教育和科学技术局 ○ 李正生

广元市朝天区两河口乡小学 ○ 佘维学

广元市朝天区曾家初级中学 ○ 石晓艳

相逢一见太匆匆，校内繁花几度红。厚谊常存魂梦里，深恩永志我心中。

——题记

由广元市教育局重点规划，市继续教育办公室组织实施的第一期广元名师专项培养计划，自2017年至2019年，完成了在浙江师范大学的四次集中培训，现将我区三名学员的培训情况总结如下。

一、基本情况

李正生，正高级后备人选，初中数学学科；佘维学，名师代表，初中语文学科；石晓燕，名师代表，初中数学学科。同时三位教师均属各单位中层管理干部。

二、培训过程简述

本期专项培训研修的内容主要包括“教育教学理论”“现代教育技术”“教育科学研究”“综合实践与应用”；以“集中学习+跟岗实践+在岗研修”的研修模式为主，采用导师帮带、极课时间、自主学习等方式进行。2018年3月23日—4月1日，研修班开展了以“丰富实践操练，凝练教学风格”为主题的跟岗实践活动。李正生、石晓艳两位老师前往杭州西溪中学跟岗，实践导师为浙江省特级、正高级教师兼学校校长潘云芳。佘维学前往衢州市衢江区第一初中跟岗，实践导师为浙江省特级教师兼衢江区初中语文教研员李晓雯。

三、我们的感悟

两年共四次的培训，我们聆听了数十位来自名校的教育大咖高水平的讲座，跟岗观摩了浙派名师精彩纷呈的高效课堂，得到业务精湛的专家团队的悉心指导，无论是从理论的高度还是从课堂的实践乃至生活的点滴，我们都感受颇深。

作为教师，我们要热爱自己的职业，关爱每一位学生，因为没有爱就没有教育；我们要善于改变思维模式，改变角色定位，转变教学方式，因为只有变革才有创新；我们要通过反思促进专业发展，通过反思成就精彩课堂，因为只要反思就有进步；我们更要通过广泛阅读来提高教学能力，通过阅读提升我们的文化素养，因为会读书的人才是最幸福的人。

作为正高级后备人选或名师，我们要深入教学第一线，加强课堂教学研究，做一名研究型教师；要立足师生实际，坚持问题导向，做一名智慧型教师；要紧跟时代发展，把信息技术与课程有效整合，做与时俱进的教师；更要率先垂范，充分发挥示范、引领、辐射作用，做一名专家型教师。

作为学校管理者，我们要心中有德、立德树人、育人为本；我们要眼中有法、依法办学、科学治理；我们要肩上有责、敢于担当、引领发展。

四、培训效果

通过培训，朝天区三名学员均已达到预期目标。

1.李正生，广元市朝天区中子实验学校教师

2017年12月，李正生被朝天区党委、政府评为朝天区优秀人才；2018年9月，李正生被广元市教育局评为广元市优秀教育工作者；2018年12月李正生被评为正高级教师。

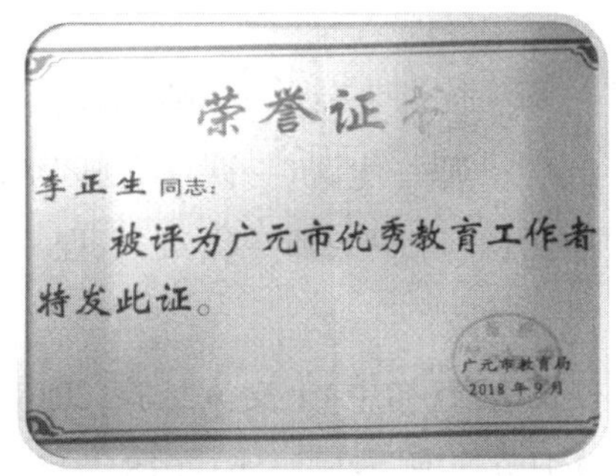

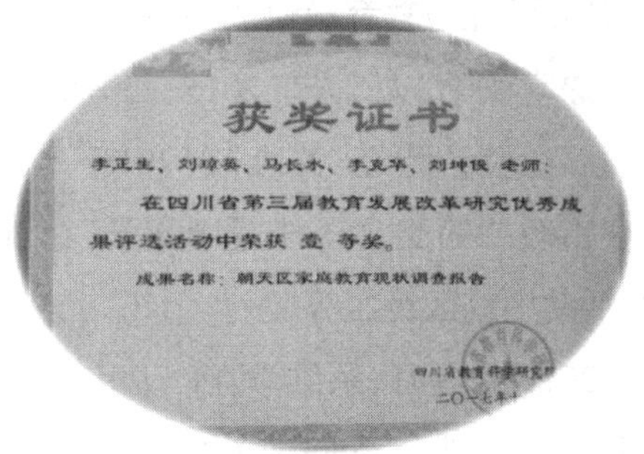

他主持并参研的省级课题“朝天区家庭教育现状调查报告”于2017年11月获四川省第三届教育发展改革研究优秀成果评选活动一等奖；课题“农村地区家庭教育现状调查及区域推进家校合作育人的策略研究”荣获四川省教育科研课题2018年度阶段研究成果二等奖。

他独立撰写的论文《极课大数据在初中数学学业评价与诊断中的作用》于2017年发表于《教育科学论坛》；《初中数学课堂教学的有效性解读》于2017年发表于《教育》第4卷；《初中班主任德育教育功能的理论与实践分析》于2017年发表于《教育》第5卷。

2016年3月，李正生在国家级“国培项目跟踪培训”中做了专题讲座——“解读初中数学新课标”；2016年9月在“广元市优质课展评”中做了“勾股定理课例点评”专题讲座；2018年5月在国家级“国培计划团队研修班”做了“数学概念课教学研讨”专题讲座。

2.佘维学,广元市朝天区两河口乡小学教师

2017年12月,佘维学被四川省人民政府授予“四川省特级教师”称号;2018年6月被中共广元市委评为“优秀共产党员”。

市级课题“信息技术与语文学科教学深度融合的实践研究”于2018年9月立项(广教函〔2018〕295号)。

他独立撰写的教学论文《活动铸就写作梦想》发表于《新作文(小学作文创新教学)》2017年第5期;德育论文《爱心成甘露 滋润留守花》发表于《关爱明天》2018年第5期;教学论文《语文教学应注重细节处理》发表于《教育科学探索》2018年第5期;教学论文《七年级下册第二单元》发表于《新作文·随课微写》(中学版)2019年第1—2期;教学论文《赏经典之作 吟心灵之诗——以三首乡愁诗的教学例说》发表于《中小学教育》2019年第2期并获“国家中长期教育发展改革与实践”优秀教育教研成果一等奖。

课堂教学“人生”在2015—2016年度“一师一优课、一课一名师”活动中获省级三等奖;“诗经·关雎”在2016—2017年度“一师一优课、一课一名师”活动中获市级二等奖;“谈谈戏剧文学”在2017—2018年度“一师一优课、一课一名师”活动中获区级二等奖。

2017年11月,佘维学在广元市第三届校长论坛(初中)上交流经验;2018年10月,在内江师范学院做了“语文教学应注重细节处理”专题讲座;2018年11月,在大滩片区举办“践行新思想·奋进新时代”讲座。

3.石晓艳,广元市朝天区曾家初级中学教师

2018年9月,石晓艳被四川省教育厅评为“四川省优秀教师”。

她主持并参研省级课题子课题“极课大数据在学业评价与诊断中的应用研究”;省级课题子课题“农村初中学校校本研修创新研究”于2018年1月经四川省教科所批准立项;市级课题“农村初中基于同伴互助的校本研修策略的研究”于2019年结题。

荣誉证书

石晓艳 同志：

被评为四川省优秀教师，特发此证，以资鼓励。

四川省人力资源和社会保障厅 四川省教育厅

2018年9月

荣誉证书

HONORARY CREDENTIAL

石晓艳同志：

你在2017年“极课教育杯”微课大赛中，荣获初中数学组

壹等奖

广元市教育科学研究所

2017年11月30日

她独立撰写的教学论文《浅谈极课大数据在初中数学学业评价》发表于《中学生导报·教学研究》2018年第31期。

课堂教学“课题学习——镶嵌”在2015—2016年度“一师一优课、一课一名师”活动中获省级优课；“最短的路径”在2016—2017年度“一师一优课、一课一名师”活动中获省级优课、市级一等奖；“正多边形的内角和”在2018年度“文轩杯”微课大赛中获省级二等奖。

2017年5月，她在广元市名师送教活动中做了专题讲座；2017年12月，在内江师范学院交流经验；2019年3月，在曾家中学举办“如何写好论文”讲座。

五、后续工作建议

第一期的培训已告一段落，我们真心地希望浙江师范大学的教授专家们能一如既往地持续关注我区教育发展，能长期与学员进行线上线下各种方式的沟通与交流；更希望结对帮扶的指导团队们能抽空到地处偏远山区的朝天区中小学校进行问题把脉，指导我们的实操演练。

我们也希望广元市继续教育中心协调并安排参训人员相互切磋与交流，特别是城市学校应经常送教到农村中小学；也希望今后为大家提供更多学习培训机会，搭建更高的交流平台，促进教师队伍的长足发展。

我们所有学员也一定会把专项培训所学应用到教育教学中去，提升教育教学质量；一定会铭记专家教授的谆谆教诲，谱写广元市名师之歌；一定会不忘初心，发挥好示范引领作用，创造广元教育的辉煌！